江加贝 著

面向老年人的参与式设计

 化学工业出版社

·北京·

内容简介

本书主要分为理论和实践两个部分。理论部分主要总结归纳了实现老年人积极参与设计研究活动的理论依据。本书将活动中提升老年人积极性的时刻定义为参与接触点，基于情感化设计理论，提出活动前、活动中和活动后的参与接触点原则，并建立以参与者为中心的参与接触点研究框架。并且，根据研究者在不同活动阶段的目标，结合公共服务的可及性理论、计划行为理论、设计赋能研究以及实践案例，分析总结面向老年人的参与接触点原则实现维度及其要素，最终构建了面向老年人的参与接触点方法。

在实践部分，根据OETP指南开展了九个面向老年人的参与式设计工作坊，作为案例帮助读者更好地了解如何运用OETP方法协同老年人参与设计研究活动；并结合实践案例对OETP指南进行了优化。最后，通过参与式评估法和专家访谈法对OETP方法及其构建过程进行检验与迭代。

本书主要适合面向老年人设计研究的设计师、研究者和管理者阅读参考，同时适合设计类专业师生学习使用。

图书在版编目（CIP）数据

面向老年人的参与式设计 / 江加贝著. -- 北京：化学工业出版社，2025.4. -- ISBN 978-7-122-47424-7

Ⅰ．C936

中国国家版本馆CIP数据核字第2025H2R358号

责任编辑：李彦玲　　　　　　文字编辑：谢晓馨　刘　璐
责任校对：边　涛　　　　　　装帧设计：梧桐影

出版发行：化学工业出版社
　　　　　（北京市东城区青年湖南街13号　邮政编码100011）
印　　装：河北延风印务有限公司
787mm×1092mm　1/16　印张12¾　字数239千字
2025年6月北京第1版第1次印刷

购书咨询：010-64518888　　　　　售后服务：010-64518899
网　　址：http://www.cip.com.cn
凡购买本书，如有缺损质量问题，本社销售中心负责调换。

定　　价：58.00元　　　　　　　　版权所有　违者必究

"面向老年人的数智化产品与服务设计"

大多数老年人的父母已经离开了他们,从这个角度看,他们其实成了孤儿,所以我们的科技产品与服务应该充当他们父母的角色照顾他们。

——清华大学未来实验室首席研究员、老龄用户体验及服务系统研究中心主任
郑址洪(Jeung Jihong)教授

前言

在信息时代的浪潮中，数智化产品和数智化服务的应用和快速普及已经成为一种不可逆转的趋势。这种趋势不仅改变了我们日常生活和工作的方方面面，还显著提升了整体的生活质量和工作效率。例如，线上挂号系统的引入，解决了传统医院挂号时间长和排队的问题，使患者能够更加方便快捷地完成挂号手续。这一技术不仅减轻了患者排队挂号的负担，也提升了医院的运营效率。同样，滴滴打车等共享出行服务的普及，让人们能够在任何时间、任何地点轻松呼叫车辆，这种便捷的出行方式极大地改善了人们的出行体验，减少了传统出租车服务中乘客的等待时间和不便。这种服务模式的广泛应用，不仅提升了人们出行的效率，还带来了更为灵活和高效的城市交通解决方案。手机支付的普及更进一步推动了交易方式的变革，通过手机支付，人们省去了携带现金的麻烦，避免了现金交易的风险和不便。手机支付不仅提升了交易的安全性，还使支付过程更加迅速和便捷。这样的数智化产品和数智化服务在提高生活效率的同时，也促使我们重新思考传统服务方式的局限性和改进的可能性。

然而，这些数智化的进步为老年人群体带来了很大的挑战。老年人由于生理、心理和社会角色的变化，常常难以适应新技术的快速发展。生理方面，随着年龄的增长，老年人的视力、听力、认知功能和运动能力都会出现不同程度的衰退，这种衰退不仅使他们在使用新技术时遇到困难，还可能使他们在信息处理和操作方面出现更多问题。心理方面，老年人可能会因为生理功能的衰退而自信心减弱，对新技术的接受度降低，产生畏难情绪和抵触心理。这种心理状态的变化使得他们更难主动学习和适应新技术，从而进一步加剧了他们在技术融入方面的困难。从社会学角度看，尽管老年人群体通常具备丰富的社会阅历和专业知识，但他们的社会参与度却因为年龄增长和技术发展的双重因素而逐渐降低。退休之后，老年人的社会参与开始减少，他们获取相关资讯的途径也变得越来越有限。这种情况导致他们面对新产品和服务时，往往会出现延迟和更多的困难。

这些挑战的根本原因在于设计研究者们对于老年人的需求和体验缺乏足够的理解。传统的设计研究方法容易忽视老年人的特定需求，不能有效地让设计研究者与老年人建立共鸣和同理心。因此，参与式设计方法被引入老年用户研究领域，旨在提高研究的针对性和实效性。通过这种方法，设计研究者们可以更深入地理解老年人的真实需求，根据他们的生理和心理特征，设计出与他们认知模式和行为习惯相符的数智化产品和数智化服务。

在实际操作中，设计研究者们往往面临两个主要问题。首先，老年人群体的招募难度较大，这使得设计研究者们难以触及目标群体。其次，年轻的设计研究者们往往不擅长与老年人互动，建立有效的沟通模式也显得尤为困难。这些问题导致老年参与者难以沉浸到设计研究活动中，即使参加也无法准确理解研究内容，进而影响了研究的有效性和结果。因此，迫切需要一种方法来指导设计研究者们如何有效地招募老年人，如何在设计研究活动中与他们建立良好的互动关系，以确保老年人在理解研究内容的基础上能够真正融入设计研究过程中，有效反馈他们的接受程度和需求，实现设计结果与用户需求的紧密结合。现有研究虽然普遍认可参与式设计方法在老年用户研究中的重要性，但是关于促进老年人积极参与设计研究活动的方法，尚缺乏系统性的总结和梳理。本书的目的在于为从事适老化设计研究的研究者和设计师提供系统的、科学的方法和工具指南。通过反复的实践，总结和分析现有研究，我们期望本书能帮助研究者们更好地与老年人建立有效的互动，开发出更符合老年人需求的数智化产品和数智化服务。

编写本书的初衷有两个。第一，在设计层面，为面向老年人的参与式设计方法提供理论依据和实践指导。社会老龄化进程的加快，对解决数智化产品和数智化服务与老年人之间的冲突提出了更迫切的需求，进而对设计师开展面向老年人的设计研究提出了更高的要求。参与式设计方法是研究适老化产品与服务的有效途径，尤其在产品与服务智能化迅速发展的现代社会，传统设计方法已不再适用于适老化产品和服务的开发。希望本研究成果可以帮助设计研究者们更好地了解老年用户，与老年参与者建立有效且融洽的联系，理解他们的真实需求，并提出正确的解决方案。现有的关于老年人积极参与设计研究活动的成果比较零散，一些关于老年人协同参与设计研究活动的发现分散在各种实践案例中，缺乏系统性的总结。本书将老年人参与的设计研究活动定位为一个专门为他们量身定制的设计研究服务过程。在这一过程中，设计研究团队扮演着服务提供者的角色，他们负责构建、引导和管理活动的各个环节。而参与的老年人则是该服务的对象，他们通过参与设计研究活动，表达自身需求，获得知识和启发，并且能够享受到这种服务带来的切实价值与改善效果。因此，影响老年人参与设计研究活动的因素可以通过服务接触点展开研究。本书通过服务接触点，提出在设计研究活动中影响老年人积极表现的时刻为参与接触点（ETP，Engagement Touchpoints），结合理论研究和实践研究，总结面向老年人的活动中参与接触点的原则和不同原则下的实现维度，最终构建了面向老年人的参与设计活动的方法——OETP（Engagement Touchpoints for Older Participants），同时基于这个方法设计了面向老年人组织设计研究活动的参与接触点指南。该研究成果将在一定程度上弥补我国面向老年人的参与式设计研究中理论和实践指导的缺口，并为面向其他人群的参与式设计研究活动提供一定的参考和借鉴。

第二，在社会层面，为促进老年人融入数字化社会和积极面对社会参与提供实践经验参考。通常情况下，大量老年人步入退休生活后，其社会参与开始逐渐减少，获取相关资讯的途径也随之变窄，这导致他们对新产品和服务的了解与使用，相较其他人群存在延迟性以及更多的困难。尽管这个研究的目的是为设计研究者提供方法指导，但该过程包含如何吸引老年人参与设计研究活动，以及如何提高活动参与在老年人心中的预期价值。通过这些内容，促进老年人协同完成设计研究任务，不仅能够更好地帮助设计研究者们开发适老化数智化产品与数智化服务，还可以增加老年人接触新资讯、了解新产品的机会。谢立黎等学者指出，推动老年人参与社会活动可以增强其适应社会发展变化的能力。邱红等学者认为，老年人参与社会活动能够增加他们的社会支持，促进他们的身心健康，提高他们的生活质量。所以，本研究的社会价值在于提升我国老年人的社会参与度和个人价值。

随着时代的发展，传统意义上的"老年人"已经无法充分阐释现代"老年人"所代表的内涵，"老"需要被重新定义。中年和老年的边界逐渐模糊，中年的限期不断推延，变老的感知愈发迟缓。当前，在科技产品的助力下，老年人正在积极地开拓生活领域，努力拓展生命空间，踏上探索新世界的旅途，为社会贡献老年人的活力和价值。在此意义上，本研究成果或许能为现在的他们以及未来终将衰老的我们开启晚年美妙旅途提供助力。

著者
2024年10月

目录

第 1 章 概述

1.1 关于参与式设计　　1
1.1.1 参与式设计的起源及发展　　1
1.1.2 参与式设计的语境　　4

1.2 国内外参与式设计的研究现状　　6
1.2.1 以方法构建为导向的参与式设计研究　　6
1.2.2 以技术手段为导向的参与式设计研究　　16
1.2.3 以参与者为导向的参与式设计研究　　21

1.3 面向老年人的参与式设计的发展及挑战　　28
1.3.1 为老年群体的设计研究　　28
1.3.2 从为老年人设计到协同老年人参与设计　　31
1.3.3 协同老年人参与设计活动的挑战　　38

1.4 理论框架构建 43
1.4.1 研究范围 43
1.4.2 相关概念和术语 44
1.4.3 研究内容和研究框架 46

第 2 章
参与式设计活动的研究框架

2.1 参与式设计活动概述 48
2.1.1 参与式设计活动的范围界定 48
2.1.2 参与式设计活动的定义与内涵 50
2.1.3 参与式设计活动系统的构成要素 51

2.2 参与式设计活动的参与接触点 57
2.2.1 基于服务设计思维的参与式设计活动 57
2.2.2 基于服务接触点的参与接触点 59

2.3 参与式设计活动中的参与接触点原则 62
2.3.1 基于情感化设计理论的参与接触点原则 62
2.3.2 活动前参与接触点的可及性原则 65
2.3.3 活动中参与接触点的引导性原则 66
2.3.4 活动后参与接触点的赋能性原则 67
2.3.5 参与式设计活动中的参与接触点框架 68

第 3 章
面向老年人的参与式设计活动方法

3.1 老年参与者概述   72
    3.1.1 老年参与者的范围界定   72
    3.1.2 老年参与者的特点   73

3.2 面向老年人的参与接触点原则的实现维度   78
    3.2.1 可及性原则的实现维度   78
    3.2.2 引导性原则的实现维度   80
    3.2.3 赋能性原则的实现维度   83

3.3 参与接触点原则实现维度的要素   85
    3.3.1 可及性要素内容   87
    3.3.2 引导性要素内容   90
    3.3.3 赋能性要素内容   96

3.4 面向老年人的参与式设计方法构建   97
    3.4.1 面向老年人的参与接触点方法   97
    3.4.2 OETP方法模型   100

第4章
面向老年人的参与式设计活动实践

4.1 以启发为导向的设计工作坊   **103**
4.1.1 概述   103
4.1.2 "移动照相馆"工作坊   104
4.1.3 "未来由我设计1"工作坊   111
4.1.4 "面向老年人群活动参与度调研"工作坊   118

4.2 以共创为导向的设计工作坊   **122**
4.2.1 概述   122
4.2.2 "未来由我设计3"工作坊   123
4.2.3 "图标在哪里"工作坊   127
4.2.4 "隐形护理员"工作坊   131

4.3 以测试为导向的设计工作坊   **135**
4.3.1 概述   135
4.3.2 "ICF图标风格测试"工作坊   136
4.3.3 "在线购物导航测试"工作坊   140
4.3.4 "镜头中的世界"工作坊   144

4.4 基于实践案例的工具卡优化   **149**
4.4.1 可及性原则   149
4.4.2 引导性原则   151
4.4.3 赋能性原则   153

第5章
OETP方法及指南的评估与优化

| 5.1 评估内容与方法 | 156 |

5.2 参与式评估	158
5.2.1 工作坊背景与目的	158
5.2.2 参与式工作坊的评估过程	159
5.2.3 多方利益相关者访谈结果	164

5.3 专家评估	168
5.3.1 专家选择与评估内容	168
5.3.2 专家评估过程	169
5.3.3 专家访谈结果	170

5.4 评估结果讨论与OETP模型的构建	171
5.4.1 设计师与专家的评估结果讨论	171
5.4.2 面向老年人的OETP方法优化	172

| 5.5 展望未来 | 175 |

| 附录1 参与接触点实现要素参考表 | 177 |

| 附录2 OETP指南卡 | 180 |

| 参考文献 | 187 |

第 1 章

概述

1.1 关于参与式设计

1.1.1 参与式设计的起源及发展

"参与"这个词是参加、加入某事的意思。在过去,"参与"更多地被视为帮助民众行使民主权利的手段。这种观点认为,"参与"是实现更公平的社会结构的重要工具,通过让相对弱势的社群参与不同层面的决策过程,能够改变资源获取与分配不公平的现象。在这种情况下,"参与"具有较高的规范性要求,被视为一项基本人权,参与过程本身成为一种目的,赋予公民一定的权利与责任。这种对"参与"的理解强调的是其内在的价值和目的,即通过参与过程提升社会公平和公正。

随着时代的变迁,"参与"的概念逐渐演变,扩展为在研究和决策过程中征求各利益相关者意见的一系列方法和工具。这种新的理解强调了"参与"的工具性和实用性,认为通过广泛的参与,可以获得更有效的干预措施和更具包容性的视角。这一变化不仅扩展了"参与"的内涵和外延,也使其在社会和研究领域中的应用更加多样和深入。例如,在研究过程中,设计研究者通过与各利益相关者的互动,能够更全面地理解问题的复杂性,从而制订出更有针对性的解决方案。这种方法不仅适用于政策制定和过程规划,也在学术研究和商业创新中得到了广泛应用。

参与式设计(Participatory Design,PD)正是这种新理解的具体体现。参与式设计被看作是一种包含研究过程的设计方法,具有明确的方法和操作技术。在设计活动中,设计研究团队通过一些适合非专业人士参与的方法和技术,与参与者保持紧密合作,确保设计过程的每个阶段都能充分反映参与者的意见和反馈。最终,这一活动不仅确保了设计方案的有效性,还促使参与者对其产生广泛的认同和积极的支持,提升了设计的实用性和人们的参与感。

在这一过程中,参与者不仅是设计对象的使用者,更是设计过程的积极参与者和合作者。他们的经验和反馈为设计提供了切实可行的参考,使得设计结果更具创新性和实用性。参与式设计强调设计过程的开放性和互动性,注重各方意见的协调和整合。通过让参与者直接参与到设计过程中,设计研究团队能够更好地理解和回应参与者的实际需求,确保设计方案不仅在理论上可行,而且在实践中能够被有效应用。这种方法的优势在于能够充分调动各方资源和智慧,集思广益,找到最优的解决方案。同时,参与式设计还强调过程的透明性和参与者的自主性,确保每个参与者都有机会表达自己的观点和意见,从而提升设计方案的公平性和可接受性。

参与式设计的概念起源于20世纪60年代末70年代初的斯堪的纳维亚地区,是基于用户为中心的理念提出的。它倡导设计师不再只从专家视角出发进行设计,而需要与用户共同参与设计过程,通过各种技术手段接触和理解目标用户。尤其是在科技日益成熟的今天,市场不断增加对消费者需求的挖掘,因此参与式设计的重要性日益凸显。在美国,以用户为中心的设计方法强调将用户作为主要研究对象,通过观察和访谈来获取用户需求和反馈。自1970年以来,用户在设计的早期阶段的参与度逐渐提升,不仅提供个人专业知识,还参与信息收集、创意生成和概念化活动,展现出更大的影响力和主动性。这种将用户视为设计合作伙伴的理念,成为北欧设计师主导的参与式设计方法思想的重要组成部分。

进入20世纪80年代后,参与式设计扩大了应用范围,研究方法得到了拓展,成为被广泛认可的设计思维方法。它不仅包括传统的用户研究方法,如问卷调查(questionary)、访谈(interview)和焦点小组(focus group),还引入了需要用户深度参与的文化探查(culture probe)、日记研究(diary study)和照片研究(photo study)等。这些方法通过更广泛深入的用户参与,获取了更丰富和多样化的数据,帮助设计师更全面地理解用户的需求和行为模式。

除了这些传统方法,参与式设计还采用协同设计(co-design)的形式让研究活动不再刻板乏味。协同设计通常会通过拼贴(collage)、弹性建模(flexible modelling)和创意工具包(creative tool kits)等多种设计方法,帮助参与者表达个人想法与感受,提高设计师与参与者之间的沟通效率,并提升设计研究活动的趣味性和互动性。这些方法不仅促进了参与者的创造性思维,还增强了他们对设计过程的参与感和责任感。其中,拼贴是一种通过图像和文字的组合,帮助参与者直观表达他们的想法和情感的工具。弹性建模则利用可变形的材料,让参与者通过动手操作,构建他们心目中的理想产品或服务原型。创意工具包提供了一系列有助于激发思维的工具,如色卡、形状模板和标记工具,鼓励参与者在轻松愉快的氛围中进行头脑风暴。通过这些多样化并适合非专业人士的设计方法，参与式设计能够在设计过程中不断迭代和改进，从而确保最终的设计方案更有效地满足实际需求，并赢得更广泛的认可和支持。在这个过程中，设计师与参与者之间建立了紧密的合作关系，共同面对挑战，寻找最佳解决方案。这种合作不仅提升了设计的质量和创新性，也增强了用户对产品和服务的满意度和忠诚度。

综上所述，参与式设计作为一种现代设计思维方法，凭借其强大的用户参与机制和丰富的设计工具，为设计师提供了全新的视角和方法。在科技高速发展的今天，参与式设计的重要性和影响力将继续扩大，成为引领设计创新的重要力量。通过不断探索和实践，参与式设计将为我们创造出更多更符合用户需求的创新产品和服务，以推动社会的进步和发展。

关于参与式设计的学术发展。1990年，在美国华盛顿州西雅图举办了第一届参与式设计会议（PDC，Participatory Design Conference），这是一次具有里程碑意义的学术盛会。会议每两年举行一次，汇聚了来自不同学科领域的研究者和实践者，共同分享他们的研究案例、经验和成果，同时为志同道合的研究者们搭建了一个合作交流的平台。第一届参与式设计会议的成功举办标志着参与式设计进入了一个新的发展阶段。会议不仅促进了参与式设计理论和实践的发展，也推动了这一领域的国际化进程。随着学术会议的推广和影响力的扩大，参与式设计逐渐引起了更多学科领域的关注和参与，涵盖了人机交互、信息系统等计算机支持的新兴领域，以及医疗保健、社区建设、建筑环境设计等多个应用领域。在这些领域中，参与式设计为解决复杂问题提供了新的思路和方法。例如，在医疗保健领域，参与式设计方法被用来开发更符合患者需求的医疗设备和服务；在社区建设中，居民的参与可以帮助设计师设计出更适合社区使用的公共设施；在建筑环境设计中，通过与用户的互动，设计师可以创造出更符合人们生活习惯和心理需求的空间环境。

现代社会背景下，社会变革和技术发展迅速，参与式设计方法的应用范围也在不断拓展。研究者可以利用参与式设计深入了解人们如何看待和使用日常生活中的产品或服务，从批判性的视角来界定问题，而不是仅仅着眼于找到解决方案。通过这种方法，设计师和研究者可以更全面地理解用户的需求和期望，从而开发出更具创新性和实用性的产品和服务。

参与式设计不仅是一种设计方法，更是一种社会创新和可持续发展的重要工具。面对复杂的社会挑战和技术挑战时，参与式设计方法可以调动各方资源和智慧，通过集思广益找到最优解决方案。它强调用户的主动性和参与度，通过与用户的紧密互动，获取更真实和深入的用户需求，从而推动社会进步和发展。

在全球范围内，参与式设计的影响力正在不断扩大。越来越多的研究者和实践者认识到参与式设计在解决社会问题和推动技术创新方面的巨大潜力。他们通过参与式设计会议等平台，分享经验和成果，探讨新的方法和技术，共同推动参与式设计的发展。

综上所述，参与式设计的学术发展经历了从初步探索到逐渐成熟、从局部应用到广泛推广的过程。第一届参与式设计会议的成功举办，为这一领域的发展奠定了坚实的基础。随着参与式设计方法的不断创新和应用范围的不断拓展，它将继续为解决复杂的社会问题和技术问题提供新的思路和方法，推动社会创新和可持续发展。参与式设计不仅是一种设计方法，更是一种能够适应社会变革和技术发展的重要工具，具有广阔的发展前景和深远的社会意义。

1.1.2　参与式设计的语境

在对参与式设计进行文献梳理时，我们发现了很多具有相似属性的专业术语频繁出现，比如共同创造（Co-creation）、协同设计（Co-design）和参与式行动研究（PAR，Participatory Action Research）。这些术语虽然在某些方面有相似之处，但在具体应用和研究范围上仍有明显区别。相对于共同创造和协同设计，参与式行动研究与参与式设计的研究范围和应用边界较为清晰。

参与式行动研究是一种自20世纪40年代以来一直在使用的探究方法。它涉及研究者和参与者共同去理解和改善一个具体问题。参与式行动研究的核心在于其周期性的合作研究过程，强调通过行动促进民主和挑战社会不平等。通常会聚焦于特定群体的需求，如公共卫生、女权主义和社会正义等领域。

参与式设计是一种设计方法，强调协同目标参与者在设计过程中的重要性。在参与式设计中，设计师和用户共同参与设计的每一个阶段，通过各种技术手段和工具，确保设计方案能够更好地符合用户需求。这种方法不仅注重用户的实际需求，还强调通过用户的积极参与，提升设计的质量和创新性。参与式行动研究则是一种研究原则，强调参与者在研究过程中的主动性和反思性。在这种方法中，参与者不仅是研究的对象，更是研究的合作者和推动者。他们通过不断地反思和调整，寻找最佳的解决方案，以实现预期的社会变革目标。参与式行动研究的重点在于通过实际行动促进社会变革，研究过程本身就是一种社会实践。根据不同研究项目的需要，参与式设计和参与式行动研究有时会混合使用。例如，在一个社区建设项目中，研究人员可能会采用参与式行动研究的方法，与社区成员共同识别和分析问题，通过实际行动改善社区环境。同时，在设计具体的社区设施时，可能会采用参与式设计的方法，与社区成员共同设计出符合他们需求的设施。这两种方法的结合不仅能够确保研究和设计的科学性和实用性，还能增强社区成员的参与感和责任感。

无论是参与式设计还是参与式行动研究，它们都被视为一种让人们参与可能对他们产生影响的研究和设计活动方法。这种方法使参与者能够自主地定义目标，根据自身条件自由做出贡献，共享决策过程，并期待通过行动产生实际的变革。

综上所述，参与式设计和参与式行动研究虽然在某些方面有相似之处，但在具体应用和研究范围上仍有明显区别。参与式设计更注重设计过程中的用户参与和协同，而参与式行动研究则强调通过实际行动推动社会变革。两者的结合使用可以在实践中发挥更大的作用，推动社会进步和发展。

相比之下，参与式设计、共同创造和协同设计之间的界限较为模糊，甚至使一些学者将协同设计的概念等同于参与式设计展开讨论。学者Sanders认为共同创造是指集体成员一起贡献创造力的行为，这一术语应用非常广泛。而协同设计则指集体成员将创造力应用于整个设计过程。因此，协同设计可以被理解为是共同创造的表现形式。在更广泛的意义上，协同设计指的是设计师和未接受设计培训的人在设计开发过程中平等参与，共同决定研究目标、过程和结果。协同设计不仅强调平等地参与，更注重在设计过程中的合作与互动，使各方的意见和创意得到充分表达和融合。因此，协同设计可以被认为是基于参与式设计思维的方法。

综合以上内容，图1.1将这些相似术语之间的关系概括如下：参与式行动研究是一种研究指导，参与式设计是一种设计研究方法，协同设计是参与式设计中利益相关者之间设计合作的形式之一，共同创造是协同设计的具体内容，指集体成员一起贡献创造力的行为。通过这些概念的关系，可以看出参与式设计从最初为促进跨学科研究者的协作合作而发展，逐渐演化为用户与设计师以合作伙伴的方式共同探讨设计问题的实践。这种跨学科的交流与合作不仅促进了理论研究的发展，也为实

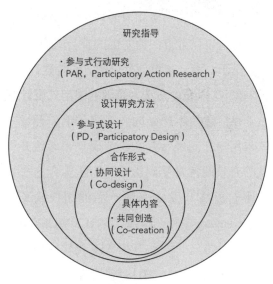

图1.1　相似术语之间的关系图

践应用提供了更加丰富的思路和可能性。这种跨学科的合作和参与，使设计过程更加开放和包容，激发了更多的创意和创新。同时，通过参与式设计方法，设计师不仅能够更好地理解用户需求，还能够在设计过程中不断调整和优化方案，以达到更高的设计质量和用户满意度。

总的来说，参与式设计的方法和理念在现代设计实践中发挥着越来越重要的作用。它不仅是一种设计方法，更是一种推动社会创新和变革的工具。通过设计师与用户的紧密合

作，参与式设计能够有效解决复杂的社会问题，推动各领域的进步和发展。因此，进一步探索和研究参与式设计的方法和应用，将为未来的设计实践提供更加丰富的理论支持和实践指导，推动设计领域的持续创新和发展。

1.2 国内外参与式设计的研究现状

在国外，面向参与式设计的研究内容非常多样化。总的来说，可以归纳为以方法构建、以技术手段和以参与者为导向的三个主要研究方向。根据对国外文献的梳理，这些研究不仅展现了参与式设计在理论和实践上的深度和广度，也为推动其在各个领域的应用提供了重要的支持。

1.2.1 以方法构建为导向的参与式设计研究

面向方法构建的研究主要为了建立多方利益相关者之间更好的合作模式。研究者们基于各自的视角，参考相应的理论并结合实践项目，总结出新的模型和方法。这些研究视角主要包括以设计方法为基础的参与式设计方法构建、基于参与式设计中合作模式的方法构建、基于对参与式设计反思的方法构建以及基于参与式设计机制的方法构建四个方面。

（1）以设计方法为基础的参与式设计方法构建：MUST方法

在信息技术产品的发展背景下，开发者与用户之间经常存在脱节现象，导致开发的有效性常常受到影响。为了弥合这一差距，提高开发效率和产品的用户满意度，Kensing等人（1998）提出了MUST参与式设计方法，并将其引入工业软件项目开发中（图1.2）。MUST来源于丹麦语中关于设计活动的理论和方法的缩略词。这个方法使用了人种学中的研究方法，基于

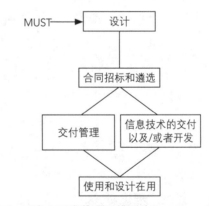

图1.2 面向IT开发的项目模型（Kensing，1998）

用户和研究团队的全面参与。它强调在组织环境中进行设计时，需要用户的高度参与，并且组织环境中各利益相关者之间保持联系是至关重要的。这个方法框架建立在六个原则上。①参与：可以让设计更符合实际需求，以及增加让系统按预期使用的机会；②与项目管理建立联系：让项目中的不同部门建立密切关系；③设计作为一个沟通过程：通过设计让用户与开发者进行联系；④结合人种学和干预措施：在开发过程中运用人种学中的研究

手段与干预措施；⑤IT、工作组织以及用户资质的协同发展：信息技术解决、项目计划与估算以及用户培训与教育之间的协同发展；⑥可持续：强调用户需求与技术解决之间的平衡。此外，MUST方法还包含了五个主要活动：①建立项目；②战略分析；③深度分析；④制订总体变化的愿景；⑤锚定愿景。MUST方法通过实践项目总结得到，强调了用户与开发者协同合作的重要性，并已通过评估。

（2）基于参与式设计中合作模式的方法构建：参与式设计团队的动态描述模型

"合作"一直以来是参与式设计中重要的内容。Timpka和Sjöberg（1996）通过引入民主对话框架，基于社会文化活动理论（sociocultural activity theory）提出了参与式设计团队的动态描述模型（a descriptive model of the dynamics in participatory design groups）。如图1.3所示，该模型包含了三种声音，参与式设计的声音（voice of participatory design）、实践的声音（voice of practice）和工程的声音（voice of engineering）。每一种声音都包含了发言者的目标、声音之间的争论，以及通过讲故事的形式向他人提供信息。所以每种声音模块中都有三个维度：目标（object）、冲突和权力（conflicts and power）以及讲故事（story-telling）。

声音	维度		
	目标	冲突和权力	讲故事
参与式设计的声音	侧重过程事项，产品是次要的	尝试避免冲突，可以使用项目领导来规范会议	通过不引人注目的形式向整个团队分享趣味的设计故事
实践的声音	在实践环境中解决产品，过程在设计小组中是次要的	可能会与设计的声音和工程的声音发生冲突，为了避免冲突，可以使用团队内制度化的语言	从实际生活中向设计师全面讲述，并经常联合制作，模仿和双重声音是常见的
工程的声音	侧重产品，过程在设计小组中并不是特别重要	通过使用技术术语来展示力量。当技术细节威胁到设计过程时，冲突的情况可能发生在实践的声音中（说话的目的不一致），或者设计的声音中	讲述一些关于技术可能性和技术限制的简短故事，这些内容具有参考价值，能提供有用的技术背景或见解，但有时也带有"讽刺"意味

图1.3　参与式设计团队的动态描述模型（Timpka，1996）

其中，参与式设计的声音弥合了工作实践和技术之间的差距。其核心目标聚焦于过程事项，产品本身是次要的。为了在设计过程中避免冲突，可以使用项目领导来规范会议和协调沟通。项目领导通过不引人注目的方式讲述设计轶事，为整个小组提供信息，从而在无形中引导设计过程的进行。

实践的声音是复杂的，因为这种声音所使用的不同语言可以用来在工作场所表达不同的观点。一方面，它从个人实践者的视角出发，展现了实践中积累的经验以及特定情境中对技术的应用。另一方面，它从个体从业者的角度出发，反映了工作实践中的经验和情境下对技术的使用。它旨在实践环节中解决产品问题，而过程则是次要的。这个过程可能会卷入工程的声音（工程部）和设计的声音（设计部）的冲突，为了避免冲突，可以使用团队内制度化的语言。向设计师讲述来自现实生活的综合故事，并且通常通过联合创作完成。模仿和双重声音是常见的。

最后，工程的声音为设计师和从业人员提供了有关技术、技术可能性和技术限制的知识，它聚焦于产品，过程并不是很重要。工程的声音通过使用技术术语来展示力量。当技术细节可能会混淆设计过程时，实践的声音（以不同的目的发言）或设计的声音可能会引发冲突。那么可以讲述有关技术可能性和技术限制的简短故事，这些内容具有参考价值，能提供有用的技术背景或见解，但有时也带有"讽刺"意味（这里的"讽刺"可以理解为在技术讨论中，工程师的表达有时强调技术实现和设计方案的矛盾，挑战设计的不现实之处）。

这个模型描述了参与式设计过程中团队内部的信息系统，通过所提出的模型框架规范不同利益相关者的声音与职责，帮助设计研究团队建立民主交流的参与式设计过程体系，为民主化合作模式提供了指导意见。

（3）基于参与式设计中合作模式的方法构建：参与式设计合作系统模型（CSM）

Drian和Sanders（2019）在合作模式的基础上，从研究设计师与参与者之间的合作内涵出发，基于Christiaans（1992）提出的共创中的三个知识集（three knowledge-sets），结合传统的参与式设计模型（Hussain，2012），构建了参与式设计合作系统模型（CSM，Participatory design collaboration system model）。如图1.4所示，传统的参与式设计模型表示设计师和参与者（包括用户和利益相关者）均要为共同创造做出贡献。它展示了主要的参与者以及他们如何为共同创造做出贡献，但是并没有解释每个参与者之间的互动，也没有解释共同创造的具体方式。在2012年，Hussain等人对该模型进行了扩展，以展示他们在柬埔寨农村地区的一个项目中实现有效合作所需的实际阶段（图1.5）。需要额外的阶段来解决项目背景下权力动态和文化等级造成的障碍。Hussain等人（2012）在这里并没有介绍对共同创造的理解。

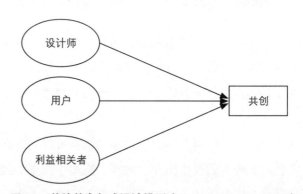

图1.4　传统的参与式设计模型（Hussain et al.，2012）

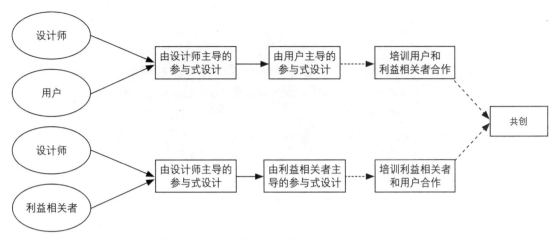

图1.5 边缘化人群参与式设计项目的演变（Hussain et al.，2012）

Christiaans（1992）通过开发对设计活动非常重要的三个知识集，对共同创造的具体内容提出了宝贵的见解。这三个知识集分别是过程知识（process knowledge）、设计知识（design knowledge）和基础知识（basic knowledge）。他指出，过程知识是独立于领域的，而设计知识和基础知识是特定领域的。对这三个知识集类型的定义，我们可以这样理解：

过程知识（process knowledge）：了解所需的设计步骤、在定义不明确的项目中的工作能力，以及拥有有利于设计工作的心态。

基础知识（basic knowledge）：对一系列提供广泛知识的主题的一般理解，以及从一系列学科中汲取知识的能力。这包括社会文化和问题领域的知识。

设计知识（design knowledge）：深入了解特定的工业设计和工程概念、现有的解决方案、方法和技术。

该模型对参与式设计实践很重要，因为它强调了三个知识集都需要在协作中存在，不同的个人贡献不同的知识。例如，参与者可能会以隐性知识的形式贡献关于他们的社会文化环境、日常活动以及具体需要和期望的基本知识。设计师将以技术技能、项目管理和规划的形式贡献工艺和设计知识。

参与式设计合作系统模型（CSM）旨在描述在参与式设计项目期间，设计师和参与者之间构成协作伙伴关系的组件。它通过承认设计师和参与者都拥有对合作有价值的知识和经验，并且这些知识是运用不同的机制贡献来实现参与式合作。然后，它将这种合作置于更广泛的社会文化环境以及项目所在的受控设计环境中。这个模型可以用于在参与式设计项目中规划和评估协作。如图1.6所示，该模型是在社会和文化这样一个大框架内展开讨论的。这是因为合作模式首先受到参与者的社会文化概况，如地区、年龄、性别，以及其他

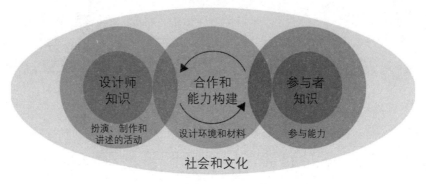

图1.6 参与式设计合作系统模型（Drain，2019）

社会文化变量包括习俗、民族、语言、宗教等影响。中间的"设计环境和材料"指的是参与者和设计师协作的位置，这个位置可能是特定的会议空间，也可能是某个社区区域。设计环境连接了设计师和用户的知识，并对这些知识进行转换从而生成新的知识体系。其中，有效设计所需的知识有三个组成部分：过程知识、设计知识和基础知识。这些组成部分的存在对设计师来说是有益的，因为这将使他们能够与参与者一起促进有效的设计活动。虽然设计师可能不具备所有方面的基本知识（如社会文化和当地知识），但是在特定背景下的经验水平以及识别知识差距的能力很重要。此外，参与者还应为项目贡献宝贵的知识，这与设计师贡献的设计知识不同，应该是有价值的基础知识。早期经验被认为是收集和解释研究结果的重要因素，将影响设计师对信息的内部处理以及他们对参与者需求的反应能力。参与者的早期经验也会影响他们在协作过程中的互动方式。例如，之前的教育、组织或创意经验可能会增强他们的互动方式，或导致参与者回避合作。早期经验本质上是个人内在的理解，基于个人的所有经历。参与者的参与能力是指参与者以有效的方式交流和利用隐性知识所需的技能和态度，在这里并不是指知识本身。在这个研究中，参与能力分为六个方面：

情境洞察（Contextual Insights）：表达情境洞察力的能力；

设计批评（Design Critique）：表达设计批评的能力；

构思想法（Ideas）：产生有见地的想法的能力；

原型制作（Prototypes）：创建有洞察力的原型的能力；

设计过程（Design Process）：了解设计过程的能力；

动机（Motivation）：贡献的动机。

尽管CSM模型中没有明确传达权力的作用，但是它依旧对参与式设计研究人员具有很高的价值，因为它提供了参与式设计协作的系统级视图，并允许在规划、实地考察和数据分析过程中关注特定的组成部分。为了给相关领域的从业者提供实用价值，我们基于CSM

的组成要素提出了以下几项建议。

①在计划实践发展活动之前,需要了解参与者所在社区的社会和文化动态:这一点很重要,因为社区一级的权力结构既可以促进实践发展合作,也可以阻碍实践发展合作,这取决于项目的结构。例如,可以利用现有的牢固关系来促进高水平的参与和信心。然而,这些关系也可能导致新参与者被孤立于小组活动之外,没有机会做出贡献。在实践发展项目的早期规划活动中,在参与者和设计团队之间建立关系,是非常有价值的。活动应加强参与者之间的人际关系,并解决参与者之间、参与者与设计者之间的权力不平衡问题。例如,让健全参与者与残疾参与者建立共鸣的活动,对有视力障碍的参与者来说,让视力正常的参与者戴上眼罩,并要求他们在赛道上导航的活动会很有效。

②有必要了解参与者的初始参与能力,并在必要时开展能力建设课程:能力建设可以侧重于有价值的技术技能,如计算机知识或设计流程知识,以及创造性能力建设。在项目初期及时响应特定参与者群体的能力至关重要,并据此调整项目计划以促进协作。这些能力建设成果应在规划期间记录下来,并在项目评估期间进行评估。

③需要对环境背景进行规划:应该特别考虑物理环境,需要选择参与者熟悉的地点,确保这些地点距离他们的家较近,并能满足设计团队的功能需求。为制作类活动提供的材料应该为现场现成的材料。

④仅有讲述式的活动是不够的:制作类和表演类活动通常更具吸引力且效果显著,但对于行动不便的参与者来说,这些活动的包容性可能较低。最佳方法是结合三种类型的活动,并反复调整。同时,需要充分了解每位参与者的身体障碍,以便更好地设计适合他们的活动方式,确保所有人都能顺利参与。

⑤执行计划的同时保持反应灵敏:一个清晰、完善的项目计划对于成功的参与式设计至关重要。然而,设计师还需要了解社区需求,对社区需求保持响应,并确保项目以有价值的方式取得进展。应该制定决策章程,以确保设计人员在项目期间做出一致的决策,并优先考虑与项目目标相一致的行动(例如技术创造、能力建设或洞察力生成)。

⑥实施有意义的监测和评估计划:参与式设计是一种复杂的设计方法,其潜在结果受到设计过程和所创造的解决方案的影响。反思解决方案的影响(如效果、采用情况和普遍性)以及过程的影响(如参与者的参与度、有意义的合作、赋权、解决方案的所有权和能力建设)是非常重要的。

(4)基于对参与式设计反思的方法构建:tool-to-think-with

为了在未来交互性技术设计开发领域中可以更好地体现参与式设计方法的作用,Frauenberger和Christopher(2015)从问责性和严谨性两个角度,基于一个跨学科项目ECHOES提出了tool-to-think-with工具。ECHOES项目旨在为典型发育中的儿童和孤独症谱系障碍儿童（ASC）开发一个技术增强型学习（TEL）环境。其目标是通过一系列利用虚拟角色、多点触控表面和先进传感技术的有趣学习活动来训练和培养儿童的社交技能。tool-to-think-with工具被视为参与式设计中反思性实践的主要组成部分。它旨在指导设计师、研究人员和从业者，将批判性反思贯穿于设计过程的各个阶段，为其提供具体化实践中严谨性的有效方法。同时，该工具的相关意识和语言，也为向外界解释决策和判断提供了适当的手段和要求，从而使设计师能够增强他们的责任感。

  tool-to-think-with工具能够在参与式设计的各个阶段发挥作用，为其提供具体化实践中严谨性的有效方法。首先，在规划和建立参与式设计工作时，可以突出潜在的假设和隐性理论，使设计师、研究人员和从业者能够就方法和组织参与做出更深思熟虑的决定。其次，在设计工作中，该工具在提高对驱动因素的认识的基础上，支持设计师应对新情况并指导过程。它还有助于在此阶段向利益相关者解释参与式设计，无论是参与者、客户还是联合研究人员。最后，一旦项目完成，它允许设计师批判性地反思他们的工作，并描述知识、贡献和经验，这对于一个领域的参与式设计发展来说至关重要。它可以更有效、更透明地审查工作，并避免根据其设计符合的实证标准来判断参与式设计。

  tool-to-think-with工具通过四个视角帮助研究团队带着批判性的思维去反思参与式设计活动。这个工具包含了四个视角，认知论（epistemology）、价值观（values）、利益相关者（stakeholders）和结果（outcomes）（图1.7）。这些视角引导组织者从不同的角度来批判性地反思他们的工作，从而发现一些潜在的问题。其中认知论指的是知识的构建，这里会有一些问题帮助组织者反思是否有知识的贡献。例如：构建的知识有哪些种类？我们能在多大程度上信任这些知识？转移的可能性有多大？知识是如何分享的？知识的分享与构建是参与式设计活动的主导。

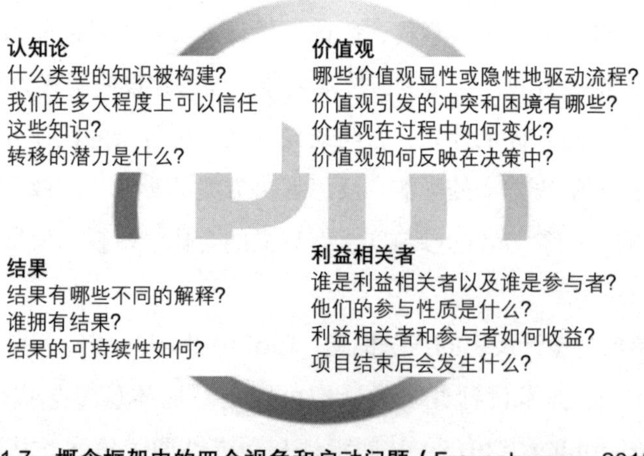

认知论
什么类型的知识被构建？
我们在多大程度上可以信任这些知识？
转移的潜力是什么？

价值观
哪些价值观显性或隐性地驱动流程？
价值观引发的冲突和困境有哪些？
价值观在过程中如何变化？
价值观如何反映在决策中？

结果
结果有哪些不同的解释？
谁拥有结果？
结果的可持续性如何？

利益相关者
谁是利益相关者以及谁是参与者？
他们的参与性质是什么？
利益相关者和参与者如何收益？
项目结束后会发生什么？

图1.7 概念框架中的四个视角和启动问题（Frauenberger，2015）

在这个研究中，从广义上讲，价值观是个人或一群人认为在生活中具有重要性和价值的想法或品质。价值观不能为外部世界的事实所驱动，而主要取决于"人类在其文化环境中的利益和欲望"，强调了价值观与人类本身一样是多方面的。价值观对个人或群体来说是主观的，合作甚至简单的互动都需要某种形式的价值观协商。民主、赋能和同理心是参与式设计方法自身的价值观，这些价值观是否被实现取决于参与的人。为了实现这些价值观会遇到什么样的问题，该如何解决，都是价值观视角中需要思考的问题。其中包括：哪些价值观显性或隐性地驱动流程？价值观引发的冲突和困境有哪些？价值观在过程中如何变化？价值观如何反映在决策中？

参与式设计自身的特点决定了它会包含多方利益相关者。不同利益相关者的参与动机与想要通过参与获得什么，这些都是保障推动参与式设计顺利开展以及结果有效的重要因素。在利益相关者视角中，主要探讨：谁是利益相关者？他们的参与性质是什么？利益相关者和参与者如何受益？项目结束后会发生什么？从这个意义上看，参与式设计工作可能会以不同的方式产生可持续的影响。

参与式设计的结果由设计团队需要的结果导向而决定，也就是说设计团队对结果本身需要有一个明确的界定。另外，由于在一个项目中可能会有多方利益相关者存在，那么各方需要的结果也应提前根据各自的需求梳理清楚。同时应该考虑参与式设计结果的可持续影响，例如：结果有哪些不同的解释？谁拥有结果？结果的可持续性如何？

（5）基于参与式设计机制的方法构建

Hansen和Dindler（2019）等认为，参与式设计的显著特征不是参与式活动本身，而是所使用的机制、产生的效果和持续的方式。因此基于程序理论（program theory）对参与式设计的机制进行了分析。程序理论来自评估领域，它本身并不是一种理论，而是一种方法框架，旨在通过详细说明项目中的输入、过程和效果之间的因果关系，开发项目或展示项目如何工作的具体模型。Hansen等人使用程序理论并不是为了评估，而是基于它的框架，通过更系统的方式明确参与式设计如何实现它的目标。程序理论的框架包含了输入（input）、过程（process）以及影响（effects）。其中，输入指的是开展一个项目所需的有形和无形的资源。过程指的是参与者利用现有资源完成的行动。是什么、如何做以及在哪里做是适当的问题。在过程中还区分了机制（mechanism）和活动（activity）两个概念。这两个概念的意思分别是产生结果的基本原则和使机制发挥作用的特定方式或媒介。其中，机制是描述产生效果的一般基本原则，就过程而言，机制可以被视为在输入和效果之间产生因果关系的基本实体。可以说，它是活性成分。活动则是描述机制发挥作用的特定方式或媒介。这种区分类似于药物中活性成分和辅料的区别。在程序理论中，包括三种影响：输出（output）、结果（outcome）以及影响（impact）。输出描述的是项目中产生的有形和无形产品。产品本身并不能说明衍生效益，而是指过程中产生的直接产品。结果描述的是短期和中期的影响，结果不是产品，而是项目的衍生后果、好处、缺点等，结果可以被确定为项目和输出的因果关系。影响描述的是项目的长期效果，虽然一个项目可能会自行产生结果，但通常其影响力是与其他项目或计划协同作用的结果，因此，一个项目往往被视为众多的影响因素之一。通常很难明确单个项目与其产生的影响之间的因果关系。为此，可以将参与式设计中的典型活动分为实地研究、工作坊、原型制作、基础设施和评估五个类型。最后基于程序理论，总结了参与式设计的机制与影响框架（图1.8），为需要使用参与式设计的研究者提供了方法指导。

输入	过程		影响		
	机制	活动	输出	结果	影响
用户 设计师 利益相关者 设计材料	协同反思 协同构思 平衡权利 相互学习 打结 联网 设计游戏	实地研究 工作坊 原型制作 基础设施 评估	社会基础设施 技术性产品 问题分析 设计方案 专门知识 修改原型 行动计划 场景 评估结果	相互协同 个人和专业技术 能力 新的（工作）实践 组织结构	长期关系/网络 民主影响力 （工作） 生活质量

图1.8 基于程序理论分析的参与式设计机制与影响框架（Hansen，2019）

通过对以上几个典型的参与式设计方法的研究可以看到，无论从哪一个角度展开讨论，这些方法的研究模式都是从特定的研究视角出发，结合相关理论或模型生成基于研究者观点的新模型，主要采用参与式评估方法进行评估。尽管这些研究方法在出发点和角度上存在差异，但是它们的共同目标在于更好地促进合作，强调参与式设计中利益相关者之间的民主及和谐关系，从而实现有效的结果。同时，这些方法也强调关注参与式设计结果的可持续性影响力。值得注意的是，尽管现有的方法和模型的研究角度已经相当丰富，但是总结起来仍显得相对抽象。当前大部分研究更多地聚焦于参与式设计的实施过程中合作模式的探索和反思，而对于如何组织参与式设计过程的方法讨论却相对较少。

相对来说，我国面向参与式设计的研究起步较晚。截至2024年上半年，在CNKI中设置主题分别为"参与式设计"或者"参与性设计"，检索得到学术期刊近900篇，学位论文300多篇。其中，最早涉及"参与式"的是1993年的一篇访谈文，王受之教授提到参与式民主将会影响下一个实际建筑的风格与发展。第一篇讨论用户参与设计的文章是1999年蒙小英发表的《国内住户参与设计过程的考察》，文章对国内住户参与住房设计的案例进行调研，发现住户参与是可持续发展住宅设计的一个重要方法，但是在实际操作当中却具有一定难度。门亮是国内第一个发表关于参与式设计方法的文章的学者，2005年其发表了《参与式设计方法和模型》，主要讨论的是计算机设计者与用户协作的过程。对比参与式设计与传统设计发现，参与式设计的目标是通过增加与工作人员的沟通，提升工作满意度和工业化民主，在很大程度上改善工作环境，同时开发出来的系统也更容易被用户接受，更容易维护。结合实践，以儿童参与者为例提出了一个参与式设计的模型（图1.9），模型中的参与式设计分为概念发展、概念细化、原型构建、用户试验以及产品推出五个阶段。

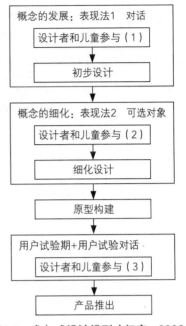

图1.9 参与式设计模型（门亮，2006）

在设计模型的第一阶段——概念发展阶段，由小组成员和儿童参与。这个阶段运用的方法包括情景构建（scenario building）、智力爆发、制作情节串联图板以及上下文询问等。在这个案例中，项目的设计者不仅仅是小组成员，还有部分孩子参与了观察、记录，并与其他儿童用户交流。这种方法使结果更加客观和全面。通常，参与式设计的所有细节会通过摄像机记录下来，尤其是肢体语言和实时对话。然而，在这个案例中，发现摄像机拍摄视频的方法并不是很有效。当孩子们看到房间里的摄像机时，他们往往会感到"手足无措"甚至"局促不安"。此外，由于难以确定儿童的位置，摄像机的最佳摆放位置也很难确定。因此，主要通过笔记来记录细节。在第一阶段的前半部分结束后，小组成员返回实验室进行初步设计和数据分析。通过分析数据，发现这些孩子的活动更具有创新性和丰富性，而不仅仅是简单地完成任务。这些创新性的发现具有重要的研究意义，因为它们揭示了孩子们真正想做和想要的东西，而不仅仅是满足成人的期望，这可能是参与式设计最重要的成果之一。

在设计模型的第二阶段——概念细化阶段，首先向孩子们详细说明第一阶段的概念设计解决方案，并在他们理解后积极听取他们对方案的意见。通过这一过程，确定哪些设计方案得到了孩子们的认可，同时识别和纠正小组成员和孩子们之间可能存在的误解，以深入了解孩子们对系统的喜好和期望，进一步完善设计方案。这个阶段的关键在于精确和细化设计，确保最终的解决方案能够充分符合孩子们的实际需求和意愿。

第三阶段涉及原型的构建和规划。设计团队根据产品的技术详图制作出最终原型，并提交给公司的研发部门。在提交时，设计团队会与公司的工程师进行深入讨论，以确保原型在技术上的可行性。这一阶段的关键在于确保原型能够准确反映前几个阶段积累的设计理念和孩子们的实际需求，从而为后续的测试和优化做好准备。

第四阶段是让孩子们亲身体验设计的产品。在这个过程中，孩子们将使用新产品并分享他们的想法、感受和建议。为了充分记录孩子们的评论和新观点，公司需要指派熟悉设计的成员参与，确保这些宝贵的反馈能为未来类似项目的拓展提供深入的启发。

产品推出阶段是应用开发过程的最后阶段，此时产品已经被制造并准备好投放市场，供用户使用。

总体而言，现有我国关于参与式设计的研究主要集中在方法的应用，更关注应用方法带来的结果。面向参与式设计的理论和实践指导方面的研究比较少，因此参与式设计的研究就更加值得关注。

1.2.2 以技术手段为导向的参与式设计研究

在参与式设计中，技术手段是连接研究者与参与者的重要桥梁。这些技术手段包括各种研究方法和工具，它们来自设计学和人种学等领域，用于促进参与者与研究团队之间的有效沟通和合作。参与式设计作为一种重要的设计思维，在用户研究过程中强调以用户为中心的设计理念，而技术手段则是实现这一设计思维的关键组成部分。在国内外的参与式设计实践中，各个研究团队选择和应用的技术手段因设计方法的多样性和参与人群的差异而各有不同。为此，这里主要对比了国内外对于技术手段的研究成果。Sanders（2010）和胡康（2022）分别对参与式设计中的方法与工具应用进行了整理和归纳。

Sanders根据全球（以欧洲和美国为主）参与式设计的教师和相关从业人员的视角总结了参与式设计中使用的工具与技术框架。该框架提供了参与式设计工具和技术的概述，以吸引非设计师参与特定的参与式设计活动。它从形式（form）、目的（purpose）和场景（context）三个维度进行梳理。其中，形式部分描述了活动中参与者之间发生的行为类型，包括制作（making）、说（telling）和/或者表演（enacting）。目的部分描述了这些工具和技术为什么在三个维度中使用，并从四个方面进行了描述：①调查（probe），用于调查参与者；②引导（prime），用于激发参与者兴趣，让他们沉浸在感兴趣的领域；③理解（understand），更好地了解参与者当前的体验；④生成（generate），生成未来的想法或设计概念，例如创建和探索未来情景，见图1.10（a）。场景部分则分别从四个方面描述了工具和技术的使用地点和方式，见图1.10（b）。

工具和技术	调查	引导	理解	生成
制作有形的东西				
2-D拼贴 在有时间线、圆圈等背景上使用视觉和语言触发	×	×	×	×
2-D绘图 在图案背景上使用视觉和语言组件			×	×
3-D模型 使用泡沫、黏土、乐高或者魔术贴				×
说话、讲故事和解释				
日志 通过写作、绘画、博客、照片、视频等进行每日日志记录	×	×	×	
卡片 用来组织、分类和排列想法的优先级。卡片可能包含视频片段、事件、标志、痕迹、时刻、照片、域名、技术、模板			×	×
行动、扮演、游戏				
用于游戏的游戏板、角色和规则		×	×	×
道具和黑盒子			×	×
设置用户在未来情况下的参与式设想和表演				×
即兴创作				×
付诸行动，短剧和表演			×	×

工具和技术的当前应用	个人的	小组	面对面	在线
制作有形的东西				
2-D拼贴 在有时间线、圆圈等背景上使用视觉和语言触发	×	×	×	×
2-D绘图 在图案背景上使用视觉和语言组件	×	×	×	
3-D模型 使用泡沫、黏土、乐高或者魔术贴	×	×	×	
说话、讲故事和解释				
通过写作、绘图、博客、照片、视频等方式编写故事和故事板	×	×	×	×
日志 通过写作、绘画、博客、照片、视频等进行每日日志记录	×		×	×
卡片 用来组织、分类和排列想法的优先级。卡片可能包含视频片段、事件、标志、痕迹、时刻、照片、域名、技术、模板	×	×	×	
行动、扮演、游戏				
用于游戏的游戏板、角色和规则	×	×	×	
道具和黑盒子	×	×	×	
设置用户在未来情况下的参与式设想和表演	×	×	×	
即兴创作	×	×	×	

（a）按形式和目的组织参与式设计的工具和技术　　（b）通过上下文描述参与式设计工具和技术的当前应用

图1.10　参与式设计中的技术手段（Sanders，2010）

团队规模和组成：团队的规模可以是只有两个人的小型团队，也可以是人数众多的大型团队，各自有所不同。在团队进行活动时，可以根据具体情况选择让参与者单独或集体工作。对于探索、启动和理解应用程序的阶段，最好采用单独完成的方式，以捕捉到独特的个人体验。一旦个人体验被分享，这些个体表达可以促进团队成员之间的联系，为未来的合作打下坚实基础。至于生成应用程序的阶段，可以选择单独完成或者集体协作。事实上，创新通常发生在共同创造、分享和实施的合作过程中。

面对面与在线：传统模式上，参与式设计会议通常以面对面的方式进行，这是所有参与者的首选方式。然而，这种面对面的方法可能会消耗大量的时间和成本。随着即时通信和视频会议等技术的应用，全球各地的人们可以通过互联网参与设计会议，打破了地域和时间的限制。特别是在探索类和启动类的活动中，这种形式的会议已经通过在线媒体成功执行了一段时间。例如，视频日志和博客可以用于远程启动。然而，在整个参与式设计活动中广泛使用在线工具和技术仍面临许多挑战，需要进一步探索和改进。

场地：多种地点可以作为参与式设计的活动场地。常见的场地包括参与者的个人环境（如家、工作场所、学校等）、设计工作室、研究实验室等。每种场地都有其独特的优势和劣势，因此需要根据具体项目和参与者的需求仔细考虑。例如，在参与者的家中进行设计活动，可以让他们在熟悉和舒适的环境中更自由地表达自己；而在设计工作室或研究实验室进行活动，则可以利用专业设备和资源，更好地支持设计过程。

利益相关者关系：在规划参与式设计时，设计研究团队与参与者之间的关系是一个重要的变量。通常情况下，设计研究团队可能只能为一次性活动制订计划，这样的活动虽然可以获得一定的反馈，但无法持续深入地了解参与者的真实需求。理想的情况是一种以迭代式会议为特征的持续关系，通过不断地反馈和改进，使设计更加符合实际需求。在这种持续的关系中，吸纳新成员参与到参与式设计过程中是至关重要的，以确保涵盖各种观点和意见。此外，在这个过程中还需考虑以下问题：

① "参与者是否会在小组会议或个人访谈之前做好准备？"这涉及他们是否已经了解会议的主题和目标，并准备好分享自己的观点。

② "参与者是否需要在现场做准备？"如果是这样，设计研究团队需要提供必要的支持和资源，帮助参与者在现场迅速进入状态。

③ "是有偿的参与者还是志愿者？"这个问题影响到参与者的积极性和投入程度。有偿的参与者可能会更加投入，但也可能会因为报酬而影响其真实的反馈；志愿者则可能更加真诚，但其参与的稳定性和持续性需要特别关注。

④ "我们能合理地期望他们投入多少时间、精力和关注？"参与者的时间和精力都是有限的，设计研究团队需要合理安排活动的频率和强度，确保参与者能够在不影响其正常生活和工作的情况下，积极参与设计活动。

通过以上考虑，设计研究者可以更好地规划和实施参与式设计活动，确保设计过程充分吸纳多方意见和建议，提高设计成果的质量和实用性。Sanders的这个通用型框架为设计研究者提供了较为详细的相关技术手段的应用指导。但是这里是对欧美国家参与式设计环境下的应用总结，并且也没有具体地针对某一个参与群体展开讨论。

胡康等学者对2018—2022年间的参与式设计文献进行梳理，将参与式设计方法归纳为51种，梳理得到参与式设计方法使用流程图谱（图1.11）。这个图谱由内向外一共分为五层。

第一层是参与式设计中的行为模式，分为支持与合作两种模式。其中，在支持模式下，用户

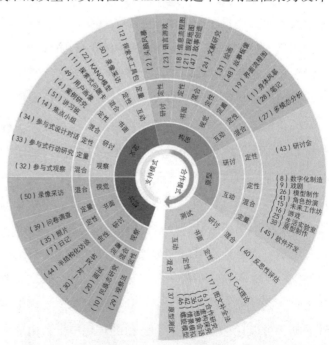

图1.11　参与式设计方法使用流程图谱（胡康，2022）

作为研究的主体，设计师对用户起到辅助的作用，此类的设计方法有卡片分类、案例研究、日记、民族志研究等26种。在合作模式下，此时的用户和设计师作为共同的设计伙伴，共同完成问题的探讨，其设计方法有身体风暴、头脑风暴、C-K理论、合作研究等25种。

　　第二层是设计流程的五个阶段，包括共情、定义、构思、原型以及测试。①共情阶段的方法倾向于观察和采访，以了解用户为主要目的，为之后的研究建立基础；②定义阶段的方法倾向于访谈，此时的研究者开始与用户探讨问题，以此共同对问题进行定义；③构思阶段的方法选取形式开始呈现多样化，用户和研究者在此阶段开始从不同角度对问题进行发散并提出解决方案；④原型阶段的方法开始以技术为主导，经过前期的学习，用户和研究者已经具备一定的能力共同完成原型的制作；⑤测试阶段的方法以各领域的研究理论为基础，设计方法有益于研究双方对原型进行反思性评估，以此完成整个流程的设计。

　　第三层是参与式设计中的五种方式，包括观察、研讨、书面、视觉以及互动。①从观察的角度来看，设计师作为旁观者对用户进行观察，用户行为是关注主体；②从研讨的角度来看，研讨作为沟通的桥梁，有利于用户和研究者共同语言的产生，在这种方式的引导下，可以加深双方对设计的理解；③从书面的角度来看，此种方式主要聚焦于研究问题，帮助用户从杂乱的问题中找出主要问题；④从视觉的角度来看，视觉的方式使用较少，究其原因，视觉方式在研究中无法清晰地得出答案，需要研究者再次对用户的回答进行转录，过程过于烦琐；⑤从互动的角度来看，作为参与式设计方法的主流，其本身具有极强的参与色彩，参与的本质是通过研究双方高频互动达到共同学习，此种方式可以更好地帮助双方达成设计目的。

　　第四层是基于方法的三种研究范式，包括定性、定量以及定性与定量的混合。①定性的参与式设计研究范式在流程中起到主导作用，在任何设计流程中，定性研究的选取远多于其他两种研究范式；②定量研究的选取则相对较少，究其原因可以归结为研究者更多以非专业角度与用户共同完成问题的探究，在此种情况下，需要通过各种形式的定性或混合方法去引导用户达成设计目标，以此对问题进行解决。因此，纵观整个设计流程，研究者更倾向于使用定性研究范式作为流程推动的主导工具，以混合研究范式作为辅助，帮助研究者获得数据，从而对问题进行深入探讨。

　　最后一层是基于不同模式、不同流程阶段、不同方式和不同研究范式下具体可应用的参与式设计方法。胡康认为，研究者与参与者的信赖关系在参与式设计过程中非常重要，依据不同设计流程阶段，组合不同方法可以获得更立体的用户信息，基于不同情况选择合适的方法将对流程起到事半功倍的作用。胡康等学者对现有方法进行分类与总结，为设计研究者在研究的不同阶段提供了相应的指导建议，同时也指出这些方法的特性。

通过对国内文献的详细检索发现，现有的参与式设计文献中鲜少涉及技术手段在我国社会环境中的具体应用。这可能是因为我国的参与式设计研究起步较晚，直到2022年才开始对方法进行系统的总结和梳理。然而，这也从侧面表明，国内设计研究者们正逐渐开始重视参与式设计这一领域。

尽管起步较晚，但近年来国内对于参与式设计的关注度和研究热情明显上升。越来越多的研究者开始认识到，参与式设计不仅是一种设计方法，更是一种能够深入了解用户需求和提高设计质量的有效手段。在这一过程中，技术手段的应用，如在线工具、虚拟现实和数据分析等，将有助于提升参与式设计的效率和效果。因此，在未来的参与式设计研究和实践中，将技术手段融入我国社会环境中的参与式设计是一个值得深入探讨的方向。

随着互联网技术的发展，参与式设计应用场景也逐渐从线下转向线上。Heintz（2014）等人提出了面向参与式设计的在线工具Pdot（participatory design online tool）。Heintz最初为了降低面对面操作的参与式设计研究成本，开发了Pdot以适用于在线环境背景下的参与式设计。基于以用户为中心的角度，该工具包含了九个功能：①交互性，使用交互式原型，而不是静态图像；②注释，使参与者能够给出文本反馈，并将其与特定界面元素联系起来；③创意，支持绘图（提供图形反馈）和更高级的原型编辑（例如添加或移动组件）；④协作，允许为用户协作提供注释；⑤访问，可通过互联网连接从任何地方轻松访问，无需安装即可工作；⑥说明，为用户提供启动说明，在没有开发人员的情况下支持用户进行探索任务；⑦活动，除了用户反馈（即隐式和显式用户数据收集）之外，还收集用户的活动数据（如鼠标点击和导航模式）；⑧聚合，支持聚合来自不同用户的数据（显式和隐式）；⑨导出，使开发人员能够将相关数据导出到统计软件中。这些功能的提出也为其他面向在线参与式设计的工具开发提供了较为全面的指导。

通过灵活运用线上工具，参与式设计可以更加高效、广泛地进行，同时也能更好地应对各种突发情况和挑战。这不仅有助于提高设计过程的参与度和多样性，也为未来的研究和实践提供了宝贵的经验和启示。线上场景的参与式设计工具不仅可以显著降低研究活动的成本，还在某些特殊情况下提供了新的解决方案。这些工具使得设计活动的开展能够不受地理限制，确保了研究的连续性和灵活性。随着技术的不断进步和创新，相信未来会有更多的线上工具被开发和应用，为参与式设计提供更多的支持和可能性。

以上研究为开展参与式设计提供了丰富的方法和工具的指导建议。然而，在实际操作中，具体的选择和实施还需根据参与人群的特点进行进一步筛选和调整。例如，不同年龄段、文化背景和技术熟悉度的参与者可能对工具的使用有不同的需求和偏好。因此，设计团队在选择工具时需要充分考虑这些因素，以确保工具的有效性和用户体验的优化。

1.2.3 以参与者为导向的参与式设计研究

在以参与者为导向的研究中，儿童、残疾人和老年人是主要的讨论对象。其中，面向儿童的参与式设计研究占据了较大的比重。研究者们特别关注如何在设计过程中有效地协同儿童参与。他们致力于探索不同的方法和策略，使儿童能够积极参与设计活动，并在设计过程中充分表达自己的意见和需求。此外，研究者们也关注参与式设计对儿童成长的具体影响，探讨这种设计方法如何促进儿童的认知发展、创造力以及社会交往能力。在面向儿童的参与式设计研究中，研究者们不仅关注如何激发儿童的参与热情，还考虑到如何在设计中体现儿童的真实需求。通过与儿童进行直接的互动和合作，研究者们能够更好地理解儿童的视角，从而设计出更符合他们实际需求的产品和服务。这种设计方法不仅能够增强儿童的参与感和满意度，还能够为他们的成长提供积极的支持。

Hussain（2010）根据Zimmerman（1995）的心理赋能模型（psychological empowerment）总结了一个用于协同儿童参与式设计活动的心理赋能模型（图1.12）。

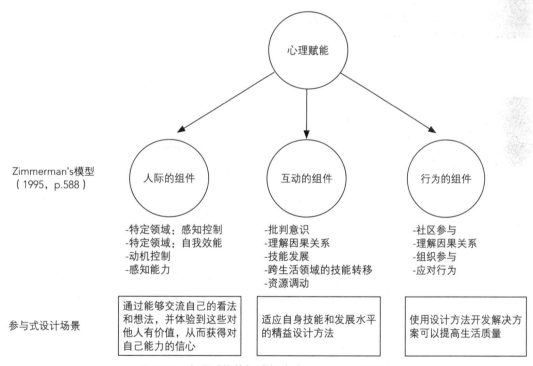

图1.12　心理赋能的组成部分（Hussain，2010）

Hussain的研究认为参与式设计可以为儿童赋能，不仅赋予了儿童参与为解决自身问题而开展的设计项目的能力，同时在项目过程中也赋予了儿童学习的权利，这能对儿童后期的成长带来一定的正面影响，还能提高他们的生活质量。Zimmerman的心理赋能模型包含了个人内部、互动和行为三个组成部分。其中,个人内部方面是指人们如何看待自己,包括特定领域感知控制、特定领域自我效能、动机控制和感知能力。在参与式设计背景下,儿童能够表达自己的想法和观点,并体验到这些想法和观点对他人的价值,从而对自己的能力充满信心。儿童感受到成人设计师有兴趣了解他们的意见,能够自由表达自己的想法和观点,从而建立自信。互动方面揭示了这样一个事实,即人们对实现目标所需的东西有批判性的认识。这包括对可选方案、影响因素以及特定情境中规范和价值的理解。决策、解决问题或领导的技能也是这一方面的组成部分,包括批判意识、理解因果关系、技能发展、跨生活领域的技能转移和资源调动。在参与式设计背景下学习是适应自身技能和发展水平的精益设计方法,这就意味着儿童必须学习如何设计。行为方面包括在特定背景下满足需求的行动,包括社会参与、理解因果关系、组织参与和应对行为。在参与式设计背景下使用设计方法开发可提高生活质量,这意味着儿童要参与制订对自己和处于相同情况的其他孩子都有用的解决方案。儿童通常具有比成年人和设计者所认识的更高的能力。如果在设计过程中仅依赖来自成年人(如教师和家长)的信息,往往会忽视宝贵的儿童用户视角。参与式设计项目能够提升儿童能力,从而产生增强儿童能力的成果,例如提升他们的身体能力和生活质量的产品。

在面向残疾人的参与式设计研究方面,尽管许多残疾人面临生理功能障碍,但他们仍然努力以正常人的方式生活、工作和交流。这种努力体现了他们对正常生活的追求和对个人能力的坚定信念。因此,在参与式设计中,残疾人的自我感知和立场扮演着至关重要的角色。在设计过程中,他们的意见和需求应被高度重视,以确保设计成果能够真正满足他们的实际需求。在参与式设计中,特别需要关注残疾人的个人身份定义以及他们与研究团队的互动模式。残疾人的个人身份不仅包括他们的生理状况,还涵盖他们的社会角色、生活方式和对设计产品的期望。参与式设计应当提供一个平台,使残疾人能够积极参与到设计过程中,表达他们的观点和需求。这不仅有助于设计出更符合他们实际情况的产品,还能够增强他们的自我认同感和参与感。此外,参与式设计还可以作为一个有效的工具,用于理解和明确残疾人的身份及其结构。在设计过程中,通过与残疾人的互动,可以识别和了解他们面临的挑战和需求,从而在设计中做出相应的调整。这种互动不仅有助于提高设计的适应性和实用性,还能够促进社会对残疾人的理解和包容。总之,参与式设计为残疾人提供了一个重要的机会,使他们能够在设计过程中发挥积极作用,影响最终的设计成果。同时,这也为设计团队提供了宝贵的参与者视角和反馈,有助于创建更加全面和具有包容性的产品和服务。

基于此,Brulé和Spiel(2019)对参与式设计中的研究者和参与者,尤其是对面向残疾人参与的项目,提出了身份反思的框架。该框架建议研究团队遵循四个步骤,在不同的观点之间切换并反思（图1.13）。通过这四个步骤了解参与者与研究者的身份识别与角色，从而在参与式设计过程中更好地进行互动。①关于研究者：与参与者保持距离，观察参与者如何识别自己。②关于参与者：需要指出哪些方面帮助他们识别了研究者。③参与者自身：适应参与者身份并以客观的角度表达观点。④研究者自身：持续审视自己在参与式设计过程中的立场和调整沟通方式。这个框架期望研究者可以以更好的立场参与到项目中，让参与者更好地表达自己，同时也能更积极地倾听参与者的观点。

研究者	参与者	参与者自身	研究者自身
认真对待参与者及其环境如何识别自己	考虑如何识别参与者并使其成为其他人	倾听参与者如何表达自己的身份	反思对参与者和自己的身份有影响的行动

图1.13　参与式设计中身份的思考过程（Brulé，2019）

以上是关于儿童和残疾人方面的参与式设计研究。随着社会老龄化问题的日益严重，数字技术在健康和社会护理领域的应用也变得越来越广泛。这些领域对老年人来说尤为重要，因为它们直接影响到他们的健康管理和社会交往。然而，相较于其他年龄群体，老年人与数字产品之间存在着显著的交流障碍。这种障碍不仅体现在技术操作上的困难，还包括对新技术的接受度和适应能力。在这种背景下，参与式设计逐渐成为解决这一问题的重要方法。参与式设计通过鼓励老年人直接参与到设计过程当中，能够更准确地把握他们的实际需求和使用体验。这种设计方法特别适用于老年人关注的健康和保健领域，因为这些领域对他们的生活质量有着直接而深远的影响。通过与老年人密切合作，设计师能够更好地理解他们在使用数字产品时遇到的困难和挑战，从而设计出更符合老年人需求的产品和服务。参与式设计不仅能够帮助缩小老年人与数字技术之间的鸿沟，还能提升他们的数字素养和技术接受度。通过这种方式，老年人可以在设计过程中提供反馈和建议，使产品更加符合他们的实际需求，同时也能够增加他们对数字技术的信任和使用意愿。这种互动不仅有助于提高产品的可用性和适用性，还能增强老年人的自信心和独立性。

Lindsay（2012）根据OASIS（Open Architecture for Accessible Services Integration and Standardization）项目总结了协同老年人参与设计的流程框架（图1.14）。该框架包含了以下四个阶段。

第一阶段：利益相关者确认和招募。

招募工作需要在参与式设计活动之前相当长的时间开始，这一点非常重要。尽管招募过程本身并不是一项劳动密集型的工作，但考虑到老年人的日程安排、健康状况及其他潜在的变化因素，这一过程确实需要充足的时间。研究者建议至少在设计会议召开前八周开始招募工作，并且在这一早期阶段就确定具体的活动日期。这样可以帮助老年人更好地将活动安排到他们的日程中，减少因时间冲突而导致的出席问题。根据研究者的经验，尽管招募工作本身可能只需要一周时间，但安排活动所需的时间差异可能较大，往往取决于老年人的认可度和响应速度。为了确保能够组成一个合适的小组，建议招募的参与者人数应多于实际所需人数。理想情况下，小组应由4~5名参与者组成，但考虑到老年人可能会在活动当日，因健康问题或其他原因取消参与，最好多招募一些备选人员。建议招募比实际所需人数多出约20%的老年人，以应对可能的变化。这样可以有效地提高活动的出席率，确保即使有部分老年人在最后时刻无法参与，仍然能够形成一个合适且有效的参与者小组。这种预备措施不仅有助于提高活动的顺利进行率，还能为后续的设计过程提供更多的保障。总之，提前规划和充分准备是确保参与式设计活动顺利进行的关键。通过合理安排招募时间和人数，可以有效避免因参与者缺席而导致活动中断，从而为参与式设计过程提供稳定和可靠的基础。

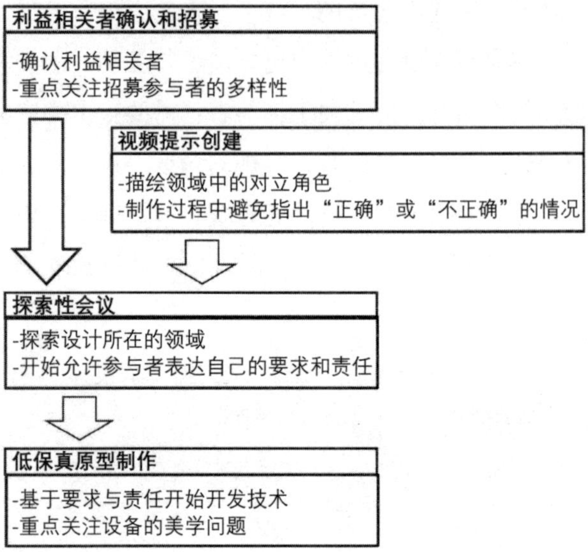

图1.14 OASIS流程框架（Lindsay，2012）

第二阶段：视频提示创建。

OASIS流程框架采用了一种创新的视频提示技术，这一技术的灵感源自隐形设计概念。在这一方法中，参与者会观看一段特定的视频，该视频展示了一个虚构的未来场景。在这个场景中，参与者会讨论一种针对特定问题领域的未来干预措施。通过这种方式，视频不仅作为一个激发创意的工具，还能引导参与者深入讨论和分析对未来设计的设想。在参与式设计工作中，视频被广泛应用于激发参与者的积极性。例如，让参与者通过编辑纪录片或创作视频来表达他们的个人回应或创意。这种方法鼓励参与者在创作过程中主动表达自己的观点，从而促进参与式设计中的互动与沟通。运用这种方式，参与者不仅能够提供反馈，还能够通过编辑和重构内容来展示自己的理解和创意。

此外，其他技术也围绕着记录参与者的视角展开，提供工具帮助他们描绘和阐述技术概念。例如，戏剧和其他形式的表演被用来向设计师传达专业用户群体的需求。这些需求往往难以通过传统的设计方法全面理解，因为表演形式可以更生动地展现用户的实际体验和期望。隐形设计技术与ContraVision概念有一定的相似之处。ContraVision是一种通过视频描述未来场景的技术，其中展示了用户在设计工作坊中设想的设备和环境。通过这些视频，设计师能够更清晰地了解用户的需求和期望，从而在设计过程中做出更加准确和贴合用户实际需求的调整。总之，OASIS流程框架和其他类似技术通过视频和表演等手段，能够有效地桥接设计师与用户之间的沟通鸿沟。这些方法不仅帮助设计师深入理解用户需求，还能激发参与者的创造力，推动设计的创新和优化。

第三阶段：探索性会议。

这个环节围绕场景构建展开，并制订设备设计的要求。该环节源于任务分析框架（Task Analysis Framework，TAF），并根据非工作场所的应用领域做了重大改动。TAF方法使研究团队能够应对在设计环节中保持结构性的挑战。在该方法中包含了信息收集（information gathering）、提示查看（prompt viewing）、场景生成（scenario generation）、诉求分析（claims analysis）、功能设想（feature envisioning）、场景设想（scenario envisioning）六个阶段。

①信息收集：所获得的经验描述不仅有助于围绕参与者的活动进行叙述，还成为引述支持和评价的来源。这些描述能够提供具体的支持和引证，以加强和验证向其他成员提出的要求。引用这些经验，可以为设计团队的其他成员提供必要的支持和帮助，确保各项要求得到有效落实。此外，这一阶段的信息还将为下一阶段的情景设计提供重要的参考。具体来说，这些信息能够帮助设计团队更准确地构建和优化设计场景，从而提升设计方案的实际适用性和有效性。

②提示查看：主持人向参与者展示隐形设计视频，这不仅促进了参与者讨论，还为参与者提供了必要的支持，使他们能够更清晰地描述自己对未来干预措施的想法。通过视频的展示，参与者可以更直观地理解干预措施的情境，从而更有效地表达他们的意见和建议。

③场景生成：主持人引导小组成员根据第一阶段收集到的信息制订情景方案，以便集中参与者的注意力，例如在白板或大张纸上进行记录。这种方法有助于清晰展示情景方案，确保所有参与者能够关注并参与讨论。

④诉求分析：在这一阶段，参与者将深入思考为何这些情景会出现，并探讨其背后的原因。这一过程通过揭示消极体验和积极体验的根本原因，为功能设想提供了宝贵的信

息。通过分析这些体验，参与者能够更全面地理解问题，进而为未来的设计提供有针对性的改进建议。

⑤功能设想：在这一阶段，参与者描述他们理想中的新系统应具备的功能，并设想如何减少负面影响和增加积极影响。虽然参与者的设想可能超出实际的可行范围，但他们提出的理想解决方案为设计者提供了宝贵的启示。这些讨论有助于设计团队深入理解参与者的需求和期望，从而在设计过程中考虑这些理想方案的核心要素。设计小组成员需要充分理解这些设想，以便在后续的设计工作中加以考虑和实现。

⑥场景设想：最后，参与者需要考虑他们的新创意如何与旧情景互动，并据此设想出新的解决方案。这种讨论有助于识别潜在的挑战和改进点，从而进一步优化方案。

第四阶段：低保真原型制作。

参与者将在研究主题的基础上开展低保真原型制作，具体围绕特定主题阐述他们对功能、美学和体验的需求。在这个阶段，参与者需要通过制作原型来具体化他们的创意和需求，从而为后续的设计工作提供实质性的输入。为了全面记录这一过程，会议必须录像，因此选择一个具备适当设施的地点进行录制至关重要。在录制时，重点应放在参与者的工作共享空间上，例如工作坊中的讨论桌面，而不是直接拍摄参与者本人。这种做法可以更好地捕捉参与者的工作过程和创意，而不会过于干扰他们的自然表现。为了确保工作坊活动的顺利进行，必须有一个固定专任的联络人负责准备适当的工具和材料。这些工具可分为两类：①办公工具：包括笔、纸、便利贴、彩色铅笔、尺子、橡皮等。办公工具主要用于日常的草图绘制、笔记记录和简单的视觉表达，帮助参与者将其想法迅速可视化并整理思路。②专业工具：包括具有特定形状的纸张，如界面窗口形状的纸张，或者能够体现设计领域并促进工作坊活动的实际设备。这些工具支持更专业的设计任务，帮助参与者更准确地呈现和测试他们的设计概念。通过提供这些工具和材料，工作坊能够为参与者创造一个高效的创作环境，帮助他们更好地表达和实现设计想法。同时，录像记录的过程也能够为后续的分析和评估提供宝贵的数据支持，确保设计过程的透明性和有效性。

让老年人参与到参与式设计活动的过程，虽然在很多方面具有挑战性，但从中获得的收益却是十分丰厚的。这一过程让设计研究团队有机会深入了解老年人的真实生活经验和需求，极大地丰富了设计研究团队对老年人的理解和对设计领域的思考。在许多参与式设计活动开始时，设计研究团队可能会遇到参与者在某些领域无法做出贡献的情况，这种情况看似设置了障碍，然而，通过细致挖掘和倾听老年参与者对这些领域的看法，可以发现这些初看难以应对的挑战，常常迫使设计研究团队从根本上重新审视自己对设计项目的态度和方法。老年参与者独特的视角和反馈，常常挖掘出设计研究团队之前未曾考虑到的重要问题和需求。这种参与式设计的过程不仅是对设计项目的一次深刻反思，更是对老年人多样性和复杂性的重新认识。它促使设计研究团队更加努力地尊重参与者的多样性，理解他们的个体差异，并且认识到这些参与者绝非单一的个体。他们的经历和需求各不相同，每个人的观点都对设计项目的成功至关重要。总之，让老年人参与设计过程，不仅能获得宝贵的洞察力，还能提升我们的设计策略和方法，确保最终的设计方案更加贴近老年人的实际需求和生活状况。

在我国，当前这三类参与群体中，面向儿童的参与式设计研究占据了主导地位，其次是针对老年人的研究，而针对残疾人的研究则相对较少。这种情况可能是因为残疾一般以生理特点的形式跟随特定人群。例如，孤独症儿童属于社会功能受损的儿童群体，而失能老人则属于身体功能受损的老年群体。这种分类方式使得对残疾人的研究常常需要根据具体的年龄层次进行详细区分，所以导致看上去针对残疾人的研究较少。

总体而言，无论是国内还是国外，参与式设计领域对不同参与者类型的研究比例大致相似。然而，国外的研究起步较早，积累了较丰富的经验。他们不仅探索了如何应用参与式设计方法，还逐渐关注具体人群在设计过程中的特殊需求。他们研究了如何针对不同人群的独特视角来策划和优化参与式设计，从而更有效地促进这些群体的参与。通过这种方式，国外的研究已建立了一套较为成熟的参与式设计方法，以满足不同人群的需求。相比之下，我国在针对不同人群的参与式设计方法上的探讨相对较少。虽然我国在这一领域已经取得了一定的进展，但在如何有效应用参与式设计方法以应对各种人群方面，仍然存在诸多空白。这意味着未来需要更多的研究来探索和发展适用于不同人群的参与式设计方法，以便更好地满足他们的实际需求。因此，加强对参与式设计方法在不同人群中的应用研究，不仅有助于填补现有研究的空白，也能推动设计方法的多样化和精细化。这将为我国的参与式设计研究提供更加全面和深入的理论支持，进而提升设计项目的实际效果和社会价值。

综上所述，老年参与者是一类特殊而重要的群体，他们不仅拥有丰富的阅历和生活经验，还在处理复杂问题和做出明智决策方面具有独特的优势。同时，老年人也可能面临类似于残疾人的生理挑战，例如听力、视力或行动能力的下降。此外，像儿童一样，老年人也需要时间来学习和适应新技术和新知识，这对他们参与现代社会的数字化进程至关重要。

正因为老年群体在这些方面的特殊性，所以针对他们的研究与其他群体密切相关。面向老年人的研究涵盖范围更为广泛，不仅包括如何提升他们的生活质量，还涉及如何利用设计和技术手段帮助他们更好地融入社会。由于老年人受年龄、健康状况以及文化程度等因素的影响，他们对参与式设计方法的需求更加复杂和多样。这就要求设计师和研究人员在设计过程中要更加细致入微地考虑老年人的具体需求和限制。因此，面向老年人的参与式设计研究具有极高的价值和必要性。一方面，这类研究能够帮助设计师设计出更符合老年人需求的产品和服务，从而提升他们的生活质量；另一方面，这也有助于社会各界更好地理解和支持老年群体，促进社会的和谐与进步。总之，深入开展面向老年人的参与式设计研究，不仅是设计学科发展的需要，更是社会责任的体现，对推动老龄化社会的全面发展具有重要意义。

1.3 面向老年人的参与式设计的发展及挑战

1.3.1 为老年群体的设计研究

随着年龄的增长，人们生理和心理的状况都在逐步改变，然而日常的生活空间、生活用品以及各种服务并不会根据每个人的衰老程度而适时更新。并且消费市场更关注基数大的年龄层，往往容易忽略老年人的特殊需求，使得老年人在产品使用和服务享受上常常得不到友好的体验。尤其在科技快速发展的当今社会，产品与服务都随着技术的发展在不断更新换代，老年人在接收新的资讯和学习新的知识方面相对较慢，适应新事物的能力也较弱，导致他们在面对各类技术产品时会产生更大的使用障碍。

这一现象凸显了设计思考需要从老年人的视角出发，坚持"以老年人为中心"的理念去开展设计工作。设计师应充分考虑到老年人身体数据、生活环境、行为特征、心理特征以及功能要求等多方面因素，为他们提供更加人性化的产品和服务，创造对老年人舒适和友好的生活环境。

因此，适老化设计的理念被提出。适老化设计的理念可以追溯到20世纪初的无障碍设计。王争光（2021）对适老化设计发展的脉络进行了梳理，总结得出三个阶段。首先是基于无障碍设计理念，为失能老人提出的设计思考，这一阶段的设计更多借鉴了面向残疾人的设计理念，主要关注失能老人的基本生存问题。之后，随着无障碍设计理念的发展，适老化设计受到通用设计和包容性设计的影响，讨论变得更为广泛，也逐渐受到社会各界的重视。随后，老年群体的研究得到了拓展，不再仅仅从生理和安全视角解决问题，而是将他们视作普通人群，关注他们的生活品质。

随着全球老龄化的加剧，为了更好地服务老年人，使他们在晚年生活中拥有更优雅的体验和更高层次的生活质量，适老化设计应当更加遵循"以老年人为中心"的原则。不仅要考虑生理和安全需求，更要维护个人尊严，关注老年人的自我成长和自我价值的实现。在设计过程中，设计师应该深入了解老年人的日常生活习惯、情感需求和心理变化，通过与老年人的互动和交流，真正理解他们的需求，从而设计出能够提升他们生活质量的产品和服务。

适老化设计不仅是一种设计理念，更是一种社会责任。设计师应肩负起关爱老年人的使命，通过设计改善老年人的生活环境，让他们在充分享受现代科技进步带来的便利的同时，感受到社会对他们的关怀与尊重。只有这样，才能真正实现老年人的身心健康，提升他们的生活满意度和幸福感。

欧美国家和日本等发达国家在适老化设计研究方面起步较早，而我国在这方面的研究相对较晚。社会学是我国最早关注适老化研究的学科。白雪峰等人（2021）对CNKI数据库中2003—2018年间涉及适老化研究的文献进行了详细分析，发现了三个重要的时间节点。其中，从2015年至今，适老化研究从单一方面逐渐走向多元化。适老化产品设计的相关研究也在这一阶段兴起。

目前，我国适老化设计较为成熟的研究领域主要集中在医疗保健领域，这主要与老年人最基本和最重要的健康需求有关。因此，照护服务和产品以及健康医疗产品等设计实践研究非常多。此外，适老化设计还多见于助行产品，这与适老化设计发源于无障碍设计有直接关系。家居日用产品设计中对适老化的关注度也非常高，因为适老化设计研究在城市规划、建筑学等相关领域发展较早，这些领域的研究成果为适老化家居产品设计提供了十分可靠的借鉴和参考。

随着科技的发展，智能化产品和服务系统逐渐在日常生活中得到普及，适老化设计的重心也开始偏向技术类产品的开发。尽管大多数人认为智能化时代的到来使生活越来越便利，但这些变化同时增加了老年人与社会的隔阂。由于个体的特殊性和企业在研发中对老年用户体验的考虑不足，导致老年人常常在使用科技产品及服务时遇到许多困惑与不便。这些问题在生活服务、交通出行、医疗健康等多个领域凸显。例如，在线支付的普及使得人们在日常生活中很少使用纸币，但在线支付的绑定和使用方式对老年人来说从认知和操作上都是一个难以完成的复杂过程。一些老年人由于不熟悉智能手机操作而无法顺利出行，这无形中阻止了他们的脚步，使得他们在社会活动中被边缘化。面对这些问题，设计师需要从老年人的视角出发，深入了解老年人的实际需求和使用障碍，坚持"以老年人为中心"的设计理念。应充分考虑老年人的身体状况、认知能力、生活习惯和心理特征，设计出易于使用且功能明确的智能产品和服务，帮助老年人更好地融入现代社会，享受科技进步带来的便利。

总的来说，适老化设计不仅是一项技术性任务，更是一项社会责任。我们应当以人文关怀的视角，关注老年人的需求与困境，通过科学的设计方法和创新的技术手段，为他们创造一个更加友好、便捷和舒适的生活环境。通过这样的努力，不仅能提高老年人的生活质量，还能促进全社会的和谐与进步。

我国的适老化设计研究主要围绕两个方面展开：以老年用户需求为主体的研究和以适老化产品设计为主体的研究。前者主要围绕老年人的生理特点与心理需求进行深入探讨，研究老年人在生活中遇到的各种问题和挑战，从而为设计提供科学的依据；后者则是从设计方法的视角，探讨如何优化适老化设计的方法，旨在通过创新的设计手段提升老年人的产品使用体验和生活质量。

在现有的研究中，学术界和产业界对老年人的特殊性给予了高度关注，集中探讨如何为他们开发适用的产品以及优化他们的使用体验。这无疑是适老化设计的核心内容，关注点包括老年人的生理变化、认知能力下降、心理需求变化等多方面因素。尽管理论上的探讨和基于问卷、访谈的研究为适老化设计提供了重要的基础，但这些研究方法存在一定的局限性，导致研究结果并不深入。

目前的适老化设计讨论大多基于理论的梳理与归纳，或者通过问卷与访谈来获取数据。这些方法虽然能够提供一定的洞察，但由于缺乏与老年人的直接交流与接触，很多研究并未能全面反映老年人的真实需求和使用体验。老年人作为一类特殊的用户群体，其需求具有高度个性化和多样化的特点，简单的问卷和访谈往往难以捕捉到他们在日常生活中遇到的具体问题和真实感受。因此，市面上已有的许多适老化产品并不能真正解决老年人的问题，满足他们的实际需求。

这一问题的根源在于缺少面向老年用户的研究方法。传统的用户研究方法往往难以适应老年用户的特殊需求，导致设计师无法获得足够深入和全面的用户反馈。为了真正提升适老化设计的效果，研究者需要更多地采用参与式设计方法，与老年人进行深入的互动和合作，通过观察、体验、共同设计等方式，直接了解老年人的真实需求和使用习惯。具体来说，设计研究者可以通过参与式设计工作坊、实地考察、长期跟踪等方式，与老年人建立深度互动关系。这种方法不仅能获得第一手的用户反馈，还能通过实际的设计实验，验证设计方案的可行性和有效性。此外，通过与老年人的密切合作，设计研究者还能更好地理解老年人的情感需求和心理变化，从而在设计中融入更多的人文关怀，创造出真正符合老年人需求的产品和服务。

老年用户研究的困难在于，与其他年龄层不同，大多数设计师并没有经历过人体衰老后的生理与心理变化，因此很难去共情和体验老年人的感受。这种代沟使得设计师在进行适老化设计时，容易忽视一些细微但对老年人至关重要的因素。根据移情设计方法论，通过收集目标用户的语言数据、行为数据和情感数据，可以帮助设计师更深入地了解用户的想法、感受与体验，从而设计出更贴近用户需求的产品和服务。传统的用户研究方法主要以访谈、问卷调查和观察为主。然而，大多数老年人对于这样的形式感到枯燥无趣，往往只是以完成任务的心态去参与。这种情况导致收集到的数据缺乏深度和有效性，不能全面反映老年人的真实需求和体验。因此，传统的用户研究方法在适老化设计中存在一定的局限性。

不同于传统研究方法，参与式设计方法是一种非常自由开放的研究方式。参与式设计强调用户在设计过程中的主动参与和合作，通过与用户共同探索、共同设计，收集到更真实、更有价值的用户反馈。对于老年人而言，参与式设计可以结合他们感兴趣的主题组织活动，吸引他们主动参与。通过这些有趣的活动，老年人不仅能够积极表达自己的需求和想法，还能在轻松愉快的氛围中完成设计师的研究目标。

总的来说，我国的适老化设计研究需要在理论和实践之间建立更紧密的联系，采用更加灵活和多样化的研究方法，与老年人进行深度互动和合作。只有这样，才能真正提升适老化设计的质量，满足老年人的实际需求，为他们创造一个更加友好、舒适和便捷的生活环境。通过这些努力，不仅能提高老年人的生活质量，还能为全社会的健康发展贡献力量。

1.3.2　从为老年人设计到协同老年人参与设计

在日常生活中，信息技术产品逐渐在人们的生活中得到了广泛的普及。随着技术的迅猛发展，这些信息类产品的操作逻辑也发生了巨大的变化。这些变化虽然提高了产品的功能性，但提高了其操作的复杂性，无形中将许多老年人排除在外。传统的设计方法并不能很好地解决这种技术排斥和社会歧视现象，这就需要采用更为灵活和包容的设计方法——参与式设计方法，以拉近研究者与老年用户之间的交流距离。

参与式设计思维在适老化设计中越来越受到关注。这种设计方法不仅为老年人提供了发声的机会，还能够帮助研究者更好地理解老年人的真实需求、生活状况和情感体验。参与式设计强调老年人在设计过程中的主动参与，通过与老年人进行深度互动和合作，设计师可以获取更为真实和深入的用户反馈，从而设计出更加贴近老年人实际需求的产品和服务。

参与式设计不仅应用于产品设计方面，还在研究老年人与社会、技术的互动中发挥了重要的作用。大量研究表明，参与式设计方法能够有效地促进老年人与技术的融合，使老年人能够更好地适应现代科技带来的变化。例如，在智能手机、平板电脑等信息技术产品的设计中，通过与老年用户的共同设计和反复迭代，设计师可以了解到老年人在使用这些设备时遇到的具体问题，从而有针对性地优化产品的操作逻辑和界面设计，降低老年人的使用门槛。此外，参与式设计还可以应用于智慧城市和智能家居系统的开发中。通过与老年用户的互动，设计师可以了解他们在智慧城市环境中的实际需求，例如智能交通系统、医疗健康服务、社区安全等方面，从而设计出更加符合老年人需求的智慧城市解决方案。同样，在智能家居系统的设计中，通过与老年人的共同设计，可以确保产品的易用性和功能性，提升老年人的居家生活质量和安全性。

参与式设计的另一个重要方面是关注心理和情感层面。老年人在使用新技术时，往往会因为缺乏自信和技术恐惧而感到困惑和无助。参与式设计通过与老年人建立深度的交流和合作，可以有效缓解他们的焦虑情绪，增强他们对新技术的信任感和接受度。同时，老年人在设计过程中的积极参与和贡献，也能增强他们的自尊心和成就感，提升他们的生活幸福感。

总的来说，参与式设计方法在适老化设计中的应用，不仅为老年人提供了一个表达自我和参与社会的机会，还能帮助研究者和设计师更好地理解和满足老年人的实际需求。这种设计方法通过促进老年人与技术、社会的良性互动，能够有效提升老年人的生活质量，减少技术带来的排斥和歧视现象，为社会的整体进步和发展做出积极贡献。通过持续的研究和实践，我们可以期待参与式设计在适老化领域发挥越来越重要的作用，为老年人创造一个更加友好、包容和充满关爱的生活环境。

参与式设计包括两个关键内容：定义用户的知识和描述用户的知识。在这里，知识并不是显性的知识形式，而是隐性的，也就是参与者自身拥有的经验与技能。因此，定义用户的知识就是让设计研究团队与目标用户共同挖掘自身的隐性知识。描述用户的知识则是在挖掘出这些隐性知识后，帮助用户系统化地表达这些知识体系。

首先，定义用户的知识是一个与目标用户共同探讨和发掘的过程。例如，老年人经常会抱怨智能手机不好用，但当我们进一步询问时，他们往往很难具体描述出问题的所在。这时，设计研究团队需要与老年人一起探索这些"不好用"的具体原因。首先要了解老年人对智能手机的基本理解、常用功能以及使用习惯。通过排除法和演示法，可以逐步推导出他们认为"不好用"的具体问题。

在定义用户知识的过程中，设计研究者要求老年人演示常用的功能，并仔细观察他们的操作行为。通过不断提问和提高操作难度，设计研究者可以发现老年人面临的"真实"问题。当然，这种发现问题的方法有很多，观察和访谈只是其中一部分。其他方法如情境模拟、用户日记等也可以用来描述用户知识。这些方法不仅帮助设计研究者理解用户需求，还能帮助用户更好地表达和系统化他们的隐性知识。

在描述用户知识的过程中，研究者可以使用多种工具和方法。例如，当我们希望了解老年人想要的智能产品样式时，可以提供绘画或拼贴工具，让他们通过绘画或拼贴的方式表达自己的想法。这个过程就是描述用户知识的过程，而绘图和拼贴工具则是描述的技术手段。通过这些技术手段，设计研究者可以与参与者之间建立起一种共同的语言，形成有效的沟通桥梁。

参与式设计方法在面向老年人的研究中,能够有效避免与年龄相关的负面刻板印象和年龄歧视。传统上,针对老年用户的技术产品往往以补偿为导向开发,而忽视了积极参与和设计赋能的价值。参与式设计强调老年人在设计过程中的主动性和创造性,赋予他们与专业人士同等的权利,让他们参与规划自己的未来生活,开发适合自己的产品和服务。

适老化设计已经不仅包含无障碍设计的范畴,还应该从设计赋能的视角出发。通过参与式设计,老年人可以在更大程度上表达自己的需求和想法,积极参与到产品和服务的设计中。这不仅能够提升老年人的生活质量,还能增强他们的自信心和成就感,为社会的整体进步和发展贡献力量。参与式设计方法的应用,能够为老年人创造一个更加友好、包容和充满关爱的生活环境,让他们在老龄化社会中享有更高的生活品质。

在现有研究中,参与式设计会参考以用户为中心的设计流程,通常以用户为中心的设计流程遵循以人为本的活动系统设计(ISO 9241-210:2010)的四个阶段:需求、设计、原型和评估。

第一阶段是设计研究人员关注老年人感知和愿望的初始阶段。在这一阶段,研究人员通常通过访谈、调查或焦点小组等方式收集老年人的意见和反馈。然而,大多数研究更多地集中在协同老年人参与设计、原型制作以及测试的后续阶段。尽管有一些研究尝试让老年人参与每一个阶段,但在最初的需求阶段,老年参与者往往是以一种"被动"的方式参与,缺乏平等的合作伙伴地位。这种现象引发了部分学者的讨论,他们认为应让老年人更多地集中参与较后的设计阶段,从而有更大的机会影响最终结果。另一方面,也有许多学者主张让老年用户尽可能地参与每一个设计阶段,以充分发挥他们的作用。研究显示,协同老年人参与设计的各个阶段并共同做出决策是完全可行的。然而,由于参与程度的不同,有学者认为选择性的参与会更有利于发挥老年人的作用。

为此,Merkel等学者将老年人的参与程度划分为四个等级:不参与(no level of involvement)、低级别参与(low level of involvement)、中级别参与(medium level of involvement)以及完全参与(full involvement)。在不参与的情况下,设计研究者通常基于假设或通过文献预测老年人的观点;低级别参与则是通过调查向老年人获取意见;中级别参与是指老年人在一些关键阶段参与设计,能够影响设计结果;完全参与则是指老年人全程参与设计过程,积极影响最终的设计结果。从规范的视角来看,完全参与是最理想的状态。然而,由于老年人并不是专业人士,且他们自身存在特殊性,即使在完全参与所有设计过程的前提下,在具体的每一个阶段,设计研究者仍需技巧性地协同他们合作。

在需求阶段,设计研究者需要通过各种方法,如访谈、焦点小组和问卷调查等,尽可能详细地了解老年人的需求和愿望。这一阶段的关键在于建立与老年人的信任关系,确保他们愿意开放地表达自己的真实感受。设计研究者不仅要关注老年人所表达的显性需求，还要深入挖掘他们的隐性需求，这需要通过细致的观察和深入的互动来实现。

在设计阶段，设计研究者应鼓励老年人积极参与创意和概念的讨论，并让他们提出自己的设计想法。这不仅可以让设计更符合老年人的实际需求，还能增强他们的参与感和成就感。设计研究者应充分利用各种工具和方法，如绘图、拼贴、情境模拟等，帮助老年人更直观地表达他们的想法和意见。

在原型阶段，老年人应参与到原型的制作和测试过程中。通过与老年人的共同合作，设计研究者可以不断优化设计，确保产品和服务能够真正满足老年人的需求。在这一过程中，设计研究者需要耐心引导老年人参与每一个步骤，帮助他们理解和适应新技术。

在评估阶段，设计研究者应通过实际使用测试、用户反馈等方式，评估设计的效果和可行性。老年人的反馈对于设计的最终优化至关重要，因此设计研究者应重视老年人的每一个意见和建议，并及时进行调整和改进。

总的来说，参与式设计在适老化设计中具有重要的意义。通过让老年人全程参与设计过程，研究者可以更好地理解和满足他们的需求，设计出更符合老年人实际生活的产品和服务。这不仅提升了老年人的生活质量，也为社会的整体进步和发展做出了贡献。在未来的研究和实践中，参与式设计将继续发挥其重要作用，为老年人创造一个更加友好、包容和充满关爱的生活环境。

例如Baranyi等学者协同老年人开发了一个通知药物摄入量和测量血压的系统。如图1.15所示，研究团队将参与式设计过程分为了三个部分，初期工作（initial work）、设计（design）以及结果（results）。设计研究者在初期工作中进行了头脑风暴和文献研究工作，为了了解老年人的需求，对参与者进行了访谈。随后通过与老年人的协作设计了一个初级原型，再与老年人一起基于UCD流程协同开发了最终的设计原型。可以看到在整个环节中，老年人并没有直接参与制作设计原型，但会介入设计的每一步。由于大多数老年人都是非专业人士，因此在协同设计的过程中要求老年人直接动手制作是比较困难的事情，所以研究者会将老年人作为他们生活中的专家进行咨询、了解情况，发挥自身的专业技能进行产品原型开发。尽管老年人没有直接动手设计开发，但是整个过程中他们是以专家视角参与的。在这里可以看到，参与式设计过程中运用的是比较常见的技术手段，如访谈、头脑风暴以及用户测试。

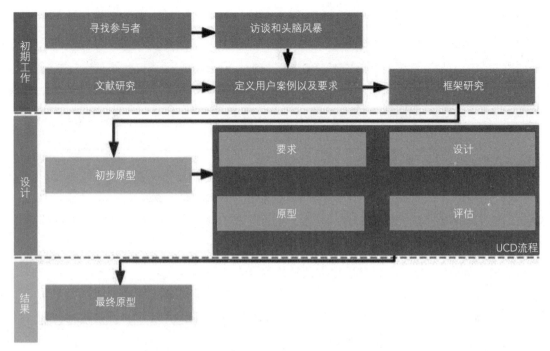

图1.15　项目中的参与式设计流程（Baranyi，2016）

　　Sorgalla等学者以三种定期会议的形式——社区网络会议（Neighborhood NET Meetings）、社区会议（Neighborhood Meetings）及焦点小组（Focus Groups）开展了协同老年人参与设计的QuartiersNETZ。如图1.16所示，这些会议是参与式设计过程的基础。整个参与式设计过程包含了参与（participation）、提炼（refinement）、开发（development）和设计（design）。这里的参与指的是需要邀请老年群体的介入，提炼则是指研究团队需要对前期的调研内容进行筛选总结，为后期的设计与开发提供依据。在这个项目里也可以看到研究团队用到的主要手段就是访谈和会议形式。不过在这个案例中，设计部分是由研究

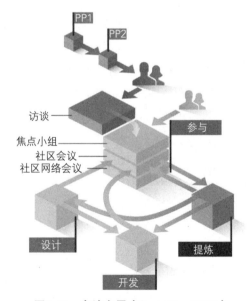

图1.16　方法应用（Sorgalla，2017）

团队基于前期会议自行完成的，设计完成后在社区网络会议中再次与老年人进行讨论。在面向老年人的参与式设计中，因为不同项目的客观因素加上老年人的特殊性，会有不同级别的参与情况出现，研究者应该在相应级别条件下，尽可能地通过一些技术手段促进老年人的积极参与，从而在有限条件下获得更多有效信息。

相较于国外，我国面向老年人参与的研究仅处在起步的阶段。最早涉及老年人参与设计的研究可以追溯到王露在《装饰》期刊上发表的关于英国老龄服装设计的用户参与研究模式探讨。这篇研究文章开创了我国老年人参与设计研究的先河。与此同时，杜家轩等人在面向社区老年人创造力开发研究中，也提出了参与式设计方法介入的重要性。这些早期的研究都肯定了参与式设计在适老化设计中的应用及其在老年用户研究中的有效性。

这些研究成果虽然为我国的适老化设计提供了宝贵的理论基础，但仍有很大的发展空间。随着时间的推移，人口老龄化问题日益严重，信息技术产品与服务在日常生活中的快速普及，使得信息技术与老年人的使用鸿沟不断扩大。面对这一挑战，设计研究者们越来越意识到，只有通过老年参与者的积极加入，才能真正填补这一鸿沟，开发出真正适合老年人的产品与服务。

从理论到实践，参与式设计方法在适老化设计中具有重要意义。参与式设计不仅是让老年人参与到设计过程中来，更是通过这种方式了解老年人的真实需求和体验，确保设计出的产品和服务能够真正满足他们的需求。与传统的设计方法相比，参与式设计更加注重用户的主动性和互动性，通过与老年人深入交流，能够更准确地捕捉到他们在日常生活中遇到的问题和困难。例如，早期的研究多通过访谈、问卷调查等方式获取老年人的反馈，这些方法虽然能收集到一定的数据，但由于形式单一、互动性差，老年人往往以完成任务的心态参与，导致结果的有效性大打折扣。而参与式设计则不同，它强调老年人在整个设计过程中的积极参与，通过组织他们感兴趣的活动，激发他们的创造力和主动性。例如，在社区活动中，设计师可以与老年人一起讨论和设计智能手机的使用界面，通过观察老年人的操作行为，发现他们在使用过程中的实际问题，从而进行针对性的改进。

不仅如此，参与式设计还强调老年人的平等参与，打破了传统设计中研究者与被研究者之间的界限。老年人在设计过程中不仅是信息提供者，更是设计的共同创造者。他们的经验和技能通过参与式设计被充分挖掘和利用，为设计提供了丰富的灵感和参考。在这一过程中，设计师不仅要具备专业的设计能力，还需要具备良好的沟通技巧和同理心，能够真正走进老年人的内心世界，了解他们的想法和感受。随着社会对老年人需求的关注度不断提高，越来越多的研究开始探索如何更好地应用参与式设计方法来服务老年人。通过这种方法，不仅能够开发出更加人性化和实用的产品与服务，还能够提升老年人的自我价值感和幸福感。在这一过程中，老年人不再是被动的接受者，而是主动的参与者和贡献者，他们的经验和智慧为社会的进步和发展提供了重要的支持。未来，随着我国老龄化程度的加深，适老化设计将面临更多的挑战和机遇。研究者需要继续探索和完善参与式设计方法，积极吸引老年人参与到设计过程中来，共同应对老龄化带来的各种问题。只有通过这种方式，才能真正实现老年人生活质量的提升，为他们创造一个更加友好、舒适和有尊严的生活环境。这不仅是设计领域的责任,也是全社会共同努力的方向。

综合国内外现有研究可以看到,人机交互研究中鼓励广泛应用参与式设计方法,这不仅是因为参与式设计对老年用户研究有着显著的有效贡献,更因为协同老年人参与设计各个阶段的可行性已经得到了广泛认可。尽管如此,要想让老年人真正融入旨在支持他们健康和福祉的技术设计和开发中,仍需要技巧性的引导和支持。

相较于传统的方法,参与式设计能够让老年人更好地融入技术的设计和开发过程,从而确保最终产品和服务更符合他们的需求。然而,当前的研究对于参与式设计的包容性和可及性缺少深入的考虑。无论是国内还是国外的研究,对如何具体协同老年人参与设计的详细指导并不多见。大多数研究者更偏向阐述应用参与式设计方法后的成果,而很少分享在活动中影响老年人参与的成功或失败的具体经验。这一现象在我国现有的研究中尤为明显,成为一个显著的研究空缺。

在实践中,我们发现大多数设计研究者不善于协同老年人参与设计,主要原因在于缺乏招募老年人的有效途径和与他们沟通的技巧。此外,由于大多数老年人或多或少存在一些身体功能障碍,设计研究者往往担心在活动过程中出现安全问题或无法完成研究任务,因而选择与他们的照料者协同研究。尽管通过照料者的协助也能获得一些有价值的参考信息,但最终的研究结果始终是第三方提供的,而非直接来自老年人本人,这样就无法客观地观察和分析老年人真正的困难,失去了对老年人真实观点的把握。

在这一背景下,探讨如何更有效地实施参与式设计显得尤为重要。首先,设计研究者需要开拓更多招募老年人的途径。例如,可以通过社区中心、老年大学、养老院等机构来寻找潜在的参与者。同时,可以通过社交活动、兴趣小组等方式吸引老年人参与到设计活动中来。这不仅有助于扩大老年人参与的范围,还能提升他们的参与积极性。

其次,设计研究者需要提升与老年人沟通的技巧。与老年人沟通时,应注意语速和语调,避免使用过于专业的术语,尽量采用简单明了的语言表达。此外,设计研究者还应表现出足够的耐心和同理心,尊重老年人的意见和感受。在具体的设计活动中,可以采用图像、模型等辅助工具,帮助老年人更直观地理解设计概念和方案。

最后,设计研究者还需要注重活动的安全性和可操作性。可以在活动开始前对老年人进行简单的安全培训,确保他们了解活动的流程和注意事项。在活动过程中,可以安排专门的工作人员或志愿者提供必要的帮助和支持,确保老年人在安全和舒适的环境中参与设计活动。

参与式设计在适老化设计中具有重要的应用前景,通过有效的实施和管理,可以大大提升老年人参与设计的积极性和有效性。未来的研究应更加注重老年人的实际需求和参与体验,通过多样化的参与方式和技巧性的引导,确保老年人的声音在设计过程中得到充分的表达和尊重。只有这样，才能真正实现适老化设计的目标，为老年人创造更加友好、舒适和有尊严的生活环境。

1.3.3　协同老年人参与设计活动的挑战

在面向老年人的参与式设计活动中，设计研究者必须与老年人进行面对面的交流和沟通，以获取真实而客观的数据。这种直接的互动不仅能更好地了解老年人的需求和困难，还能增进彼此之间的信任和理解，从而提高研究的质量和效果。现有研究已经充分证实了协同老年人参与设计的有效性和积极影响。参与式设计在老年人技术应用的开发和推广中发挥了重要作用，而新技术的出现则能显著改善老年人生活的各个方面，这也为面向老年人的技术开发与应用提供了广阔的发展机遇。展望未来，协同老年人参与整个设计过程将逐渐成为一种主流趋势。这不仅因为老年人是技术产品和服务的重要用户群体，更因为他们的参与能够为设计提供独特的视角和宝贵的经验。正确实施参与式设计不仅能让设计研究团队和老年参与者共同受益，还具有以下几个方面的优势。

①深入了解老年用户需求：参与式设计使设计研究者能够与老年用户紧密合作，从而深入了解他们的实际需求和使用习惯。在传统的设计过程中，老年用户往往是被动的接受者，设计师依赖间接的数据，如问卷调查和访谈获得的数据。然而，这些方法可能无法全面反映老年人在实际使用中遇到的问题和需求。通过参与式设计，设计研究者可以直接与老年人互动，观察他们的行为，听取他们的意见，从而获得第一手的、真实的需求信息。这种方式使得设计研究者能够开发出更加贴合老年人需求的服务和产品，例如更加友好的用户界面、更简便的操作流程和更符合老年人身体条件的产品设计。

②提供社交机会：参与式设计活动为老年人提供了与他人互动的机会，有助于缓解孤独感，同时拓宽他们的社交网络。孤独感是许多老年人面临的主要问题，而参与式设计活动可以通过集体讨论、合作工作等形式，促进老年人与他人之间的交流。社交活动不仅能够保持老年人的心理健康，还能增强他们的认知能力，减缓认知功能的衰退。例如，在设计工作坊中，老年人可以与其他参与者分享自己的经验和观点，进行有意义的对话，这些都对他们的认知和情感健康有积极的影响。

③增强技术认知：通过参与设计过程，老年人能够获得关于系统构建和技术运作的知识。这种参与不仅能够帮助他们更好地理解技术产品的功能和优势，还能够提高他们对技术的接受度。老年人对新技术的抵制往往源于对技术的不理解和对操作复杂性的担忧。参与式设计让老年人在设计过程中亲身体验和学习技术，从而减少对技术变革的抵制。例如，通过参与智能家居系统的设计，老年人可以了解如何操作这些系统，逐步建立对新技术的信任和信心。

④提升技术产品的响应能力：更好地了解老年人的需求和反馈，使技术产品能够在设计和功能上更加适应老年用户的实际使用情况。这种适应性可以显著提高产品的响应能力和市场接受度。例如，通过与老年人共同测试和评估技术产品，设计研究者可以识别出产品中的不足之处，并进行相应的改进。这种基于实际反馈的优化过程，使得最终产品更符合老年人的实际使用需求，从而在市场中获得更高的接受度和用户满意度。

综上所述，参与式设计不仅能够帮助设计研究者更好地了解和满足老年人的需求，还能为老年人带来实实在在的利益。这种设计方法通过增强老年人的参与感和归属感，提供社交机会，提高技术认知，并使产品更具适应性和市场竞争力，具有更高的价值和更大的发展潜力。随着社会对老年人关注的增加，参与式设计将在未来的老年人技术产品和服务开发中发挥越来越重要的作用。

现有研究表明，尽管参与式设计在技术和产品开发中越来越受到重视，但老年人参与设计的内容和范围仍然相对有限。许多研究者和设计师强调，让老年人参与从设计研究的早期阶段到实施过程中的每一个环节，这对于设计出真正符合老年人需求的产品至关重要。要实现这一目标，需要对面向老年人的参与式设计进行全面而深入的纵向实践研究。这包括从项目的初期阶段到整个设计和实施过程，建立和完善参与式设计的全过程。

然而，在实际操作过程中，设计研究者们通常面临的第一个挑战就是招募老年参与者困难的问题。尽管设计研究者们可能已经与一些老年人建立了联系，但在邀请他们参与设计研究活动时，仍可能遭遇拒绝。这种招募困难不仅在实际操作中显著影响了研究进度，也在现有文献中缺乏系统的总结和有效的解决方案。

在中国社会环境下，招募老年人困难可能有以下几方面原因。

①社会环境的负面影响：社会环境中的一些负面现象可能对老年人参与社会性活动产生显著影响。例如，社会中存在的老龄化歧视、对老年人能力的低估，以及对他们参与活动的忽视，可能使老年人对参与研究活动产生怀疑和不安。这种社会环境容易使老年人感到自身被忽视，从而对参与设计研究活动产生抵触情绪。此外，一些不法分子通过参与活动或赠送礼品等方式，诱使老年人产生不理智的消费行为或上当受骗。这些负面事件进一步加剧了老年人对参与活动的抵触心理。

②家庭责任的负担：在许多家庭中，老年人不仅需要照顾自己的生活，还往往承担起照顾第三代（如孙子孙女）的责任。这种家庭责任的负担使得他们在日常生活中忙于家务和照料家庭成员，难以抽出时间关注招募信息或参与相关活动。老年人的家庭职责往往占据了他们大部分的时间和精力，使得他们在参与设计研究活动时面临时间上的困难。

③信息获取的难度：许多老年人可能由于信息渠道的限制或者对现代科技的不熟悉，难以获取招募信息。这种信息获取的难度不仅影响了他们对设计研究活动的了解，也进一

步影响了他们的参与意愿。信息的传达方式需要根据老年人的特点进行调整，以确保他们能够接收到相关信息并了解参与的机会。

第二个挑战即在成功招募老年人后，实际开展过程中可能会遇到的老年人参与积极性不足的问题。在参与式设计活动中，老年人往往被视为参与者，而非共同研究者或合作者。这种定位可能导致他们的主动性下降，更多地被动接受指令，甚至出现过度迎合研究者的现象。

由于大多数老年人对设计活动本身较为陌生，加上他们的生理和心理特点，他们通常需要更多时间来适应研究环境，逐步理解设计师提出的要求，从而完成相关任务。陌生的专业术语、烦琐的活动流程以及复杂的设计工具或测试设备，都可能削弱老年人的信心与耐心，从而降低他们的参与意愿。此外，老年人可能对研究任务的专注度较低，这也是研究者需要关注的问题。如何保持老年人在讨论和任务环节中的集中注意力，确保他们能够有效地参与到设计过程中，是一个重要的问题。为了解决这个问题，研究者们需要制订适合老年人的参与式设计过程，以支持和促进他们的积极参与。国际上已有一些学者针对这个问题进行探讨。例如，有研究者建议采用步行访谈（Walking Interviews）的形式，让研究对象在社区环境中走动，通过周围环境的刺激，促进他们表达对社区的看法。这种方法将研究活动与日常生活环境结合，能够减少老年人的紧张感，使他们更加放松并自然地表达观点。还有一些研究者提倡营造轻松愉快的研究氛围，例如采用世界咖啡馆（World Cafés）的形式，以促进设计研究者与老年人之间的友好关系。这种形式通过轻松的讨论环境，鼓励参与者自由表达意见，从而提高他们的参与积极性。

由于中国的文化背景与西方国家存在较大差异，这些国外的策略在中国老年人中的适用性可能有所限制。例如，中国人相比于西方人更倾向于饮茶而非咖啡，在中国，茶通常用于正式场合的商谈，而不是休闲放松。因此，在研究中国老年人参与的设计活动时，不能简单地照搬国外的研究成果，而应结合老年人的喜好和日常生活习惯，对这些技术手段进行本土化调整。

参与式设计是一种强调多方利益相关者共同参与的方法，其过程不仅要实现设计研究者的目标，还需关注参与者的感受。作为一种以用户为中心的设计方法，参与式设计注重目标用户群体对特定产品或服务的态度。其过程涉及人与社会环境的系统，因此更需要结合以人为本的思想，根据不同参与群体系统性地调整设计方法。为此，设计研究者在活动方法的选择上，不仅要考虑目标用户群体的参与体验，还要评估整个过程对参与者的影响。参与者的参与体验将直接影响参与者对活动的看法及未来的参与意愿，甚至对活动在社会中的影响力产生深远的影响。

最后一个挑战是如何有效策划参与式设计过程，以提升老年人参与的价值。这不仅涉及提升老年人的参与积极性，还关乎提高他们对这种社会参与类活动的认可度。策划成功的参与式设计活动能显著增强老年人对活动的兴趣和投入度，同时让他们感受到实际的收益和满足感。在参与式设计活动中，老年人的收益直接关系到他们的参与价值。例如，通过设计活动，他们可以学习新技能，提升生活品质，甚至影响未来的产品和服务设计。如果这些活动能够带来实际的好处，比如提升他们的生活便利性或提供新的社交机会，那么他们的参与价值将显著增加，从而增强他们对活动的认可度。此外，高价值的参与式设计活动能够逐步提高社会对这种活动的认可度。这种认可度不仅来源于活动本身的效果，也包括活动对老年人的积极影响。通过提升活动的社会认可度和影响力，可以激励更多的老年人关注和参与类似的活动，形成良性循环。

因此，策划一个高价值的参与式设计活动是提升老年人积极性的关键因素之一。设计研究者需要综合考虑老年人的实际需求、兴趣点以及活动带来的潜在益处，制订出既能满足他们的需求又能带来实质性好处的活动方案。这不仅有助于提高老年人的参与度，还能推动社会对参与式设计活动的广泛认可。

老年人作为其生活领域的专家，拥有丰富的社会阅历和深厚的生活经验。随着社会对适老化设计需求的不断增加，老年人的参与在设计过程中的重要性日益凸显。协同老年人参与设计已成为适老化设计发展的必然趋势。要有效地构建一个以老年人为中心的参与式设计方法，我们必须在设计过程中重点关注他们的参与热情和体验。这意味着需要了解老年人在参与过程中面临的具体问题，并针对这些问题提出切实可行的解决方案，以提升他们的参与感和满意度。

在实际的设计操作中，我们经常面临三个主要挑战——招募困难、缺乏参与积极性和提升参与价值。这些挑战与老年人在参与式设计活动中的情感体验密切相关。首先，招募困难通常源于老年人对参与活动的不熟悉和社会环境中对老年人的忽视。其次，缺乏参与积极性往往是由于老年人对设计活动本身不熟悉，加上他们的生理和心理特点，使得他们需要更多时间来适应研究环境。最后，提升参与价值是为了确保老年人在参与过程中真正感受到获益，从而提高他们对类似活动的关注度和积极性。

为了解决这些挑战，我们需要深入探索老年参与者与活动之间的互动体验，寻找有效的策略以提升他们的参与价值。在服务设计、人机交互和用户体验领域，"接触点"是一个核心概念，它影响着人与各种系统之间的互动关系。接触点可以是用户与系统互动的任何时刻或场景，正向接触点能够提升用户体验，而负向接触点则可能导致用户的不满。本书将运用这一概念，深入探讨老年人在参与式设计活动中的情感体验，以便更好地理解他们在设计过程中的真实感受和需求。

老年人在追求积极的情感生活的过程中，常常会面临重新定义和选择生活目标和生活方式的情况。这一过程不仅是为了适应不断变化的环境,也是为了提升生活质量和满足感。老年人所面临的生活转变,如退休后的时间安排、健康管理、社交活动的选择等,均需要他们不断地调整自己的生活目标和方式,以确保他们能够维持和谐的生活状态。在这种背景下,参与式设计作为一种让用户直接参与到产品或服务设计过程中的方法,为老年人提供了一个宝贵的机会。当老年人意识到,通过参与式设计,他们不仅可以表达自己的需求,还可以对未来的生活环境和服务方案提出意见,并在一定程度上影响这些方案的最终结果时,他们会更倾向于以积极的态度参与到这样的活动中。这种参与感不仅赋予了老年人更多的决定权和掌控权,还使他们在设计过程中能够直接体验到自我价值的实现和成就感。

综上所述,本书全面回顾了参与式设计研究,并分为两个主要部分进行深入探讨:第一部分系统回顾参与式设计的整体发展历程与当前研究现状;第二部分则专注于面向老年人的参与式设计研究,尤其是从专家视角转向研究伙伴视角后的成效和挑战。

第一部分系统地梳理了参与式设计的发展历程和现状。参与式设计作为一种以用户为中心的设计方法,其起源可以追溯到20世纪70年代,经历了从理论探讨到实践应用的演变过程。在国际上,参与式设计的研究主要集中在如何通过协作提升设计效果,探索不同的合作模式,如用户参与、协作设计和共同创造等。这些研究揭示了协作在优化设计过程中的重要性,但往往缺乏对整个设计流程的系统性指导。具体而言,虽然许多研究提供了宝贵的经验,但在实际操作中,设计步骤和方法的标准化程度仍然不高,这使得研究者在实践中常常缺乏明确的方向和方法论支持。这种情况使得参与式设计在应用中的操作细节和方法论指导不足,限制了其进一步的发展。与此相比,我国的参与式设计研究起步相对较晚,大多集中在应用结果的讨论上。虽然一些研究探讨了参与式设计在具体应用中的效果,但对具体操作层面的总结和指导仍有不足。这种现状导致研究者在实践中常常面临操作细节和方法论的缺失,影响了参与式设计的实际效果。因此,通过对不同参与群体的研究对比,我们总结了面向老年人的参与式设计研究的独特价值和创新潜力,强调了这一领域研究的重要性及其在提升设计质量中的作用。

第二部分则聚焦于面向老年人的设计研究,详细梳理了从专家视角转向研究伙伴视角后的成效。传统的设计研究通常以专家为主导,忽视了老年人在设计过程中的参与和意见。随着对老年人需求的重视,研究者们逐渐认识到视角转变的重要性。通过将老年人视为研究伙伴而不仅仅是参与者,可以显著提升他们在设计过程中的参与感和满足感,同时使得设计方案更加贴近实际需求。这种转变不仅有助于提高老年人对设计活动的积极性,还能确保设计方案更好地满足他们的实际需求。尽管这一视角转变带来了许多积极的效果,但实施过程中依然面临不少困难。例如,缺乏系统性的实践指导,导致在组织和协同设计的实际操作中存在较大的挑战。目前的相关研究大多以国外社会环境为背景进行讨论，缺乏从组织到设计结果的系统性总结，这使得研究者在面对实际问题时，往往缺乏有效的解决策略和具体的操作方法。

老年人口的不断增长，对研究老年用户的方法和策略提出了更高的要求。现有研究已证实参与式设计在提升老年人生活质量方面的有效性，尤其在信息技术迅猛发展和中国社会老年人口比重持续增长的背景下，面向老年人的参与式设计研究显得尤为重要。参与式设计不仅能够改善老年人的生活质量，还为设计研究者提供了宝贵的实践机会，推动了适老化设计的发展。因此，在未来的研究中，我们需要进一步完善方法论，积极总结和优化实践经验，以应对日益增长的老年用户研究需求。通过不断地探索和创新，我们可以为老年人的生活环境和服务设计提供更高质量的解决方案，并推动参与式设计在这一领域的深入发展。

1.4 理论框架构建

1.4.1 研究范围

如图1.17所示，本书的理论部分将以设计学中的参与式设计作为研究基础展开深入探讨。根据参与式设计的特点和研究内容，将参与式设计活动作为本书的研究场景，重点分析参与式设计在老年人技术产品开发中的应用及其带来的潜在价值。

参与式设计方法，通常被设计研究者当作用户研究的工具，尤其是在面向老年人的技术类产品的开发中，用来理解老年用户的想法。然而，现有研究中，设计研究者往往侧重如何利用这一方法来达成研究目标，而忽视了老年人在使用过程中的感受和参与的实际意义。这种做法可能导致设计结果与老年用户的实际需求存在

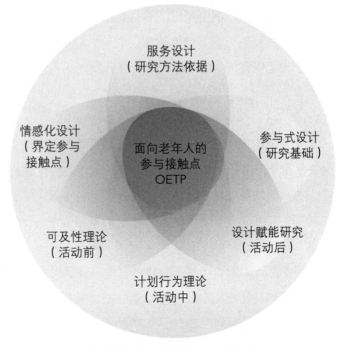

图1.17 研究范围和涉及的学科

偏差，从而影响设计的有效性和实际应用效果。

为了更好地理解和解决这一问题，我们需要认识到，协同老年人参与设计不仅是为了完成某一研究目标，更涉及双方的合作与互动。老年人在这一过程中所体验的情感和反馈对于研究结果的质量至关重要。例如，如果设计研究者在招募和联系老年人时的方法不当，可能会导致老年人对研究产生抵触情绪，从而影响他们的参与意愿和研究数据的有效性。如果在活动的组织和实施过程中未能考虑到老年人的特殊需求，如身体健康、认知能力等方面的需求，可能会使他们在活动中感到不适或疲惫，进而影响他们的积极性，甚至导致他们在活动的中途退出或产生负面情绪。因此，设计研究者需要具备一套科学有效的方法，以最大限度地减少可能引发负面情绪的因素，并提升老年人的参与体验。

为了解决这些问题，本研究引入了"接触点"的概念。接触点在服务设计（Service Design）领域中，通常被用来研究客户同服务商、服务流程的互动体验，对激起他们高体验时刻的有效接触点进行设计，从而激发客户的消费冲动，增强客户对品牌的忠诚度。在本研究中，我们借鉴了这一概念在服务流程中的作用，用以探索如何通过优化参与过程中的各个接触点，来提升老年人的积极参与感和体验。具体而言，我们结合情感化设计、可及性理论、计划行为理论和设计赋能等多学科的知识，研究了影响老年人参与积极性的机制，提出了一系列针对性的解决策略。最终，我们总结出了面向老年人的参与接触点（OETP，Engagement Touchpoints for Older Participants）模型。这一模型旨在帮助设计研究者更有效地与老年参与者建立联系，全面提升参与式设计的实际效果。通过对接触点的深入分析和应用，我们期望能够优化老年人的参与体验，使他们在设计过程中感受到真正的价值和成就感。这不仅能够增强老年人对参与式设计活动的认可度，还能推动参与式设计方法在老年群体中的广泛应用，从而实现更高质量的设计成果。

1.4.2　相关概念和术语

本书的相关论述中涉及一些专业术语以及自定义概念，为了使读者能够更清楚地理解这些术语及其应用，在以下部分对这些术语和概念进行详细阐释（表1.1、表1.2）。

本书中的研究场景聚焦于"参与式设计活动"，这一场景主要包括活动、组织者和参与者三大要素。首先，"活动"这一要素涵盖了与活动相关的所有组成部分，包括活动的地点、环境、设施和工具等可见元素。此外，还涉及活动的流程、氛围等不可见的元素。这些因素都可能影响参与者的积极表现，进而影响设计研究的结果。

在服务设计领域中，"接触点"概念被用来分析用户在服务流程中的体验时刻。具体而言，"有效接触点"指的是那些能够显著提升用户体验的时刻。借鉴这一概念，本书将研究中那些可能影响参与者积极表现的时刻称为"参与接触点"。这里的"积极"是指设计研究者对参与者表现的期望,即期望参与者能够表现出积极的参与态度和行为。为突出参与接触点的研究重点,参考情感化设计理论,根据不同活动阶段(活动前、活动中和活动后)的特殊需求,分别归纳出参与接触点的可及性、引导性和赋能性原则。在此基础上,以老年人群为目标参与群体,结合管理学中服务的可及性评价维度、社会心理学中的计划行为理论和设计学中的设计赋能三个学科的理论研究,对实现不同原则下的参与接触点方式进行总结,形成面向老年人的参与式设计接触点方法。该方法旨在帮助设计研究者更好地与老年参与者建立联系,从而充分发挥参与式设计的真实价值。

表1.1　专业术语定义以及参考目的

专业术语	学科
参与式设计(Participatory Design,PD) 是设计学科中一种以用户为中心的设计方法,源于1960年末的斯堪的纳维亚地区	设计学
参与式设计活动(Participatory Design Activity,PDA) 基于研究问题与界定研究范围,提出的研究场景	
服务设计(Service Design,SD) 为处于特定环境中的客户和任何相关服务提供商,创建可持续的解决方案和最佳体验,根据服务设计思维展开参与接触点的研究	
服务接触点(Service Design Touchpoints) 是客户与服务系统中任何元素进行互动的时刻,其中有效接触点可以给用户带来高质量的体验	
参与接触点(Engagement Touchpoints,ETP) 基于服务接触点提出的概念,将其定义为在参与式设计活动中促进参与者积极表现的时刻	

表1.2　相关概念以及参考目的

相关概念	学科
情感化设计理论(Emotional Design) 帮助设计师了解用户如何在情感上与产品和服务建立联系,从而面向用户设计出具有积极体验的产品,用来分析不同活动阶段中的参与接触点原则(详见3.4节)	设计学
医疗服务的可及性理论(Theory of Accesse) 通过5个维度评估医疗服务是否可以公平地传达给每一个公民,用来分析活动筹备阶段中的参与接触点(详见4.3.1节)	管理学
计划行为理论(Theory of Planned Behavior,TPB) 帮助人们理解如何改变行为模式的理论,用来分析活动开展阶段中的参与接触点	社会心理学
为用户赋能的设计思考(Design for User Empowerment) 是以用户为中心的设计思考,不仅希望通过设计结果补充用户能力的不足,还希望通过过程赋予他们平等参与的权利,用来探讨参与式设计活动对老年人的赋能,分析活动影响阶段的接触点	设计学

1.4.3 研究内容和研究框架

本书内容主要围绕以下五个方面展开（图1.18）。

第一，文献回顾。这一部分是面向老年人的参与式设计研究回顾，系统性地总结了前人的研究成果，主要介绍参与式设计的来源与相关定义，分别从参与式设计方法流程、工具使用、参与者类型三个角度，对参与式设计的国内外研究现状进行概括。根据人群特点，强调面向老年人的参与式设计研究的重要性和意义，以及目前所面临的挑战，并框定研究问题的范围。

第二，理论研究框架构建。构建参与接触点的研究框架，这一部分是针对研究问题提出解决方法的过程。进一步明确了研究问题聚焦在参与式设计过程中

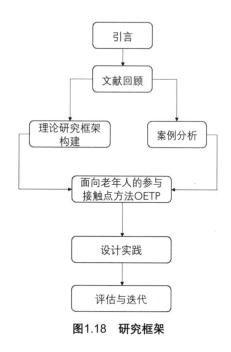

图1.18　研究框架

人与活动之间的互动关系上，从而将参与式设计活动作为研究场景，将组织参与式设计活动视为一个面向参与者参与设计研究的服务来进行讨论。借鉴服务接触点概念，提出参与接触点概念，即促进老年人积极表现的时刻，这些时刻是设计研究团队对目标参与群体表现的期望。而对于目标参与群体来说，能否回应这些期望取决于他们对参与式设计活动的情感需求，因此基于情感化设计理论构建参与接触点的研究框架，以探索影响老年参与者积极表现的因素。

第三，理论研究及案例分析。ETP框架下的面向老年人的参与接触点方法，这一部分首先对本研究中的老年参与者进行界定，梳理他们在社会参与活动中的特点。基于这些特点，根据不同的参与接触点原则，结合相应理论分析了参与接触点实现维度。通过对近五年来面向老年人的参与式设计的案例研究，归纳了这些实现维度的要素，最后总结了面向老年人的参与设计活动的方法，其中包括方法模型与参与接触点指导。

第四，设计实践。基于OETP方法的实践研究，这一部分是根据第三部分提出的OETP方法，组织了九个参与式设计活动，总结活动中的参与接触点检验OETP方法，并对参与接触点进行补充与优化。并基于OETP方法设计了一个面向老年人的参与接触点指南，以供设计研究者进行实践操作时参考。

第五，评估与迭代。这一部分使用了参与式评估法与专家评估法检验OETP方法的有效性、易学性和可用性，并对整个研究过程的合理性进行评价。最后根据专家建议，对OETP方法进行了迭代。

第 2 章

参与式设计活动的研究框架

参与式设计作为一种以用户为中心的设计方法，通常通过组织各种形式的活动来展开。因此，研究参与式设计的方法实际上就是研究如何有效地组织和实施这些活动。在这一过程中，首先需要对"参与式设计活动"进行详细定义，明确其构成要素，并构建一个系统性的研究框架。这一框架应该作为研究的基础"公式"，以便在实际应用中根据不同参与群体的特点和需求，对其进行进一步的扩展和细化，以实现更广泛的适用性和更强的针对性。

本书的研究重点在于探索影响目标群体（老年人）积极参与设计活动的各类因素。基于服务设计思维，我们将参与式设计活动视为一种服务过程，其中目标群体的参与过程可以被看作是一种"服务"。这意味着，影响他们积极参与的因素，实际上就是在这个"服务"过程中的接触点。接触点是指用户在服务过程中经历的关键时刻，这些时刻可以影响他们的整体体验。因此，我们构建了一个基于"服务接触点"概念的参与接触点研究框架，称为ETP（Engagement Touchpoints）。该框架将服务设计中的接触点概念引入参与式设计活动中，以研究那些能够促使参与者产生积极行为的时刻。这些参与接触点不仅能够激发参与者的积极性，还能提升他们对活动的认可度，从而推动参与式设计活动的顺利进行。通过关注这些关键时刻，设计研究团队可以更有效地实现其目标，获取更具实践价值的数据，并最终提升参与式设计活动的整体品质和成果。

为了建立这一基础的研究框架，我们需要深入探讨参与接触点的产生机制。实际上，参与接触点的出现受到参与者在活动中的情感需求的影响。因此，我们可以将参与式设计活动视为面向参与者的"产品"或"工具"。在这一背景下，唐纳德·诺曼的情感化设计理论对此提供了重要的理论支持。该理论帮助我们界定了参与者在活动中积极表现的时刻，并为我们理解这些参与接触点的产生机制提供了指导。基于这个理论，我们提出了参与接触点的相关原则，并构建了参与式设计活动的研究框架。这一框架不仅为后续的研究提供了坚实的理论基础和方法指导，也为实际操作中的应用提供了有效的工具和策略。

2.1 参与式设计活动概述

2.1.1 参与式设计活动的范围界定

参与式设计的主要目的是帮助设计师了解用户需要的、想要的和期望的。它的理念是主张设计师在设计研究过程中借用各种手段，积极地与用户以及利益相关者协商讨论。现有参与式设计的研究范围如图2.1所示，这是Sanders为了更好地可视化设计研究的类型而绘制的设计研究地图。该地图由纵向和横向两个维度构成。

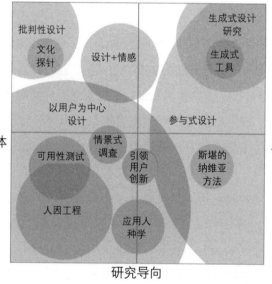

图2.1 设计研究地图（Sanders，2006）

纵向维度代表研究导向类型，从下往上分别是研究导向和设计导向。可以看到，图的下半部分维度比上半部分更为密集，说明迄今为止，设计研究更多地受到研究人员的影响，而非设计师的影响。然而，这种情况正在迅速发生变化。以研究为导向的观点起步较早，是从研究视角引入实践的设计研究方法和工具，这部分设计研究受到许多跨学科研究者的推动，如"人因工程"和"可用性测试"。相较之下，以设计为导向的观点起步较晚，是从设计视角引入实践的设计研究方法和工具，如"文化探针"和"设计+情感"等。

横向维度是思维形式，从左往右是从专家思维到参与式思维的转变。左侧的专家思维指的是设计师自视为专家，将用户作为研究对象。在图的左下方，研究人员是专家，研究人员把他们所研究的对象称为研究对象、信息提供者或用户。研究人员向这些人提出问题，要求他们对某些刺激做出反应，对他们进行观察。在图的左上方，设计师是专家，他们设计的东西可以探究或激起受众的反应。专家思维就是利用专业技能和专业知识为人们设计。专家思维模式指的是为运用专业技术的人设计的专业技能和专业知识，如以用户为中心的设计方法。

右侧的参与式思维是指，研究人员或设计者将那些从设计中受益的人作为参与者，让其参与设计过程。研究人员和设计者尊重人们的专业知识，将他们视为设计过程中的共同创造者。参与式思维强调与人一起设计，跨越专家思维和参与式思维之间的界限并非易事，特别是从专家思维向参与式思维转变尤为困难，因为这需要重新考虑在未来设计时谁才是真正的专家。参与式思维以平等的视角将用户视为伙伴，尊重他们的专业知识，并将他们视为共同创造者，最典型的例子就是参与式设计。

参与式设计研究的起源可以追溯到以研究为导向的斯堪的纳维亚方法（scandinavian methods）。当时，这一方法受到了跨学科设计团队的推动，基于实践项目的发展总结而来，因此起源于研究导向的视角。随着参与式设计方法的推广，它在工业设计、建筑设计以及城市设计等各设计学科中得到了重视与发展。生成式设计研究（generative design research）受到参与式思维的影响也逐渐受到关注。生成式工具（generative tools）在参与式设计过程中帮助设计师与用户之间创建一种共享的设计语言，使用户能够在设计项目初期表达更多的想法、期望和见解。因此，生成式设计研究属于以设计为导向的研究范畴。

综上，参与式设计的研究范围涵盖了研究导向和设计导向两个维度。在研究导向的维度上，主要讨论方法论问题，探索如何科学系统地开展设计研究，提升理论层面的理解和应用；在设计导向的维度上，侧重实践操作，注重实际设计过程中的具体实施和效果。本书的出发点是协同目标人群更好地参与设计研究过程，具体包括如何招募、如何协同合作以及如何提高参与价值三个部分内容。通过这些内容的深入探讨，我们希望能够使参与活动的目标人群感受到更加深层次的参与意义，从而激发他们的积极性，促进更多目标人群的主动参与。

参与式设计作为一种以"活动"为基础展开的方法，其核心是通过组织一系列设计活动，让用户和设计师共同参与其中，从而获得更贴近用户需求的设计方案。为了更清晰地展开对研究问题的讨论，本书中后续的研究场景将统一称为"参与式设计活动"，这一称呼不仅涵盖了参与式设计的实践操作，也强调了设计活动本身的重要性。

在相关论述中，我们将聚焦于参与式设计方法的实际使用过程，重点探索如何在活动中促进组织者、参与者以及活动之间的互动关系。这包括如何有效地招募和组织参与者，如何在设计过程中建立良好的协同合作机制，以及如何通过各种手段提高参与者的参与价值和体验感。这些都是实现高效参与式设计的关键环节。为了更好地理解参与式设计活动的研究范围，可以参考设计研究地图，如图2.2所示。这张地图能够直观展示出参与式设计活动的位置及其在设计研究中的具体定位。地图的纵向维度代表研究导向和设计导向两个视角，横向维度则表示从专家思维到参与式思维的转变。通过这种可视化的方式，我们可以更清晰地看到参与式设计活动在整个设计研究领域中的具体位置和作用。

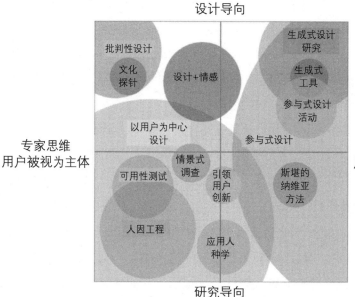

图2.2　参与式设计活动在设计研究地图中的位置

2.1.2　参与式设计活动的定义与内涵

参与式设计活动是指设计研究者根据自身研究需求，协同目标人群使用参与式设计方法策划的活动。本书中的参与式设计活动主要以工作坊（Workshop）的形式展开。工作坊是一种组织形式，旨在让一群人学习和获取新知识、创造性地解决问题或就特定领域问题进行创新思维。这种研究形式在医学和计算机等领域也得到了广泛关注。本书的讨论范围主要集中在设计学领域，期望通过探索参与式设计活动中影响参与者积极表现的因素，总结出一套帮助设计研究者更好地协同目标人群参与设计活动的方法。

基于上述定义，参与式设计活动主要包括活动组织者、活动参与者及活动自身要素，可以将这些视为一个完整的活动系统进行讨论。参考人机系统的构成，参与式设计活动系统同样可以由人、活动程序以及活动环境三个要素构成（图2.3）。

首先，活动组织者在参与式设计活动中扮演着至关重要的角色。他们不仅需要策划和组织整个活动，还要确保活动流程的顺利进行，并在过程中及时解决各种问题。活动组织者需要具备较强的协调和管理能力，同时还需具备一定的专业知识，以便能够有效地指导参与者完成设计任务。其次，活动参与者是参与式设计活动的核心，他们的积极参与和反馈是活动成功的关键。参与者的背景、经验和需求各不相同，因此，如何激发他们的积极

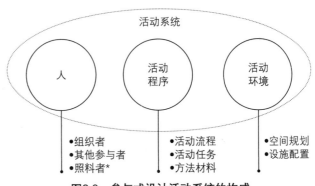

图2.3 参与式设计活动系统的构成

性、促进他们的参与意愿，是活动组织者需要重点考虑的问题。活动组织者需要通过各种方法和手段，营造一个开放、包容和积极的活动氛围，确保每一位参与者都能在活动中有所收获。最后，活动自身要素包括活动地点、环境、设施、工具等。这些要素直接影响着参与者的体验和活动的效果。一个良好的活动环境可以激发参与者的创造力，提高他们的参与热情。因此，在策划参与式设计活动时，活动组织者需要充分考虑这些要素，尽可能为参与者提供一个舒适、便利和富有创意的活动环境。

综上所述，参与式设计活动是一个由活动组织者、活动参与者和活动自身要素构成的复杂系统。通过对这一系统的深入研究，我们可以更好地理解影响参与者积极表现的因素，从而总结出一套有效的方法，帮助设计研究者更好地协同目标人群参与设计活动，最终实现设计目标。

2.1.3 参与式设计活动系统的构成要素

（1）参与式设计活动系统中的人

如图2.4所示，在参与式设计活动系统中，"人"主要包含组织者和参与者两种角色。通常情况下，组织者是带有研究目的的设计研究团队，而参与者则是他们要研究的目标用户。在一些特殊情况下，例如目标用户是老年人、残疾人或未成年人时，由于招募人群渠道狭窄以及这些目标用户的特殊性，如患有认知障碍、身体行动不便以及缺乏自理能力等，设计研究团队通常需要通过一些公共机构协助招募。这些机构可能会和设计研究团队一起成为活动的组织者。同样地，由于这些目标用户的特殊性，还可能需要照料人员陪同参与，如护工、社工、家属或家长。需要说明的是，通常情况下，照料人员并不会介入研究任务的具体实施中，而是负责在活动过程中为目标用户提供必要的支持和照料。因此，参与式设计活动系统中的"人"包括组织者、目标用户以及必要时的照料人员，他们共同构成了一个完整的参与式设计活动团队，各自承担不同的角色和职责，以确保活动的顺利进行和研究目标的实现。

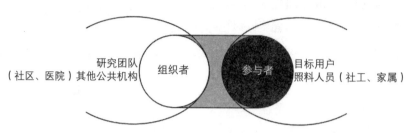

图2.4　参与式设计活动系统中"人"的构成

（2）参与式设计活动系统中的程序

与人机系统中的有形"机"不同，参与式设计中的活动是一个无形的状态，它由许多有形和无形的元素共同组成。为了更清晰地表达和区别于"活动"这个名词，我们将活动系统中构成活动的要素统一称为"活动程序"。活动程序是由组织者带有目的性设置的，包括活动流程、活动任务，以及开展这些任务所需的方法与材料的总和。活动流程是开展活动的具体步骤。它不仅是保障活动顺利进行的规划，更是指引参与者完成各项任务的重要手段之一。活动流程需要精心设计和安排，以确保每个环节都能够顺畅衔接，参与者能够清晰明了地理解每一步的要求和目标，从而积极参与到整个活动中来。科学合理的活动流程不仅可以提高活动的效率，还能增强参与者的体验感和满意度。活动任务的设置通常由研究目标决定。研究目标根据设计研究团队所接手的项目不同，具有各自的特定需求和方向。基于以人为本的设计流程模型，研究目标可以分为启发、构思和实现三种活动类型（图2.5）。

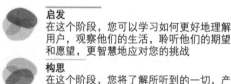

图2.5　以人为本的设计流程模型（Grönman，2021）

①启发（inspiration）是识别设计问题的阶段。同时也是整个设计过程中至关重要的起点。在这个阶段，设计研究团队不仅要识别问题，更要深入了解用户，洞察他们的生活方式，聆听他们的期望和愿望。在参与式设计活动中，这一阶段的关键在于建立起与用户的密切联系，帮助设计研究团队更全面、深入地了解用户的需求和心理诉求。

设计研究团队在这个阶段通常会运用各种技术手段，例如访谈、问卷调查、焦点小组讨论和实地观察等，来收集用户的信息和反馈。通过这些方法，团队可以从多个维度了解用户的生活背景、使用习惯、情感需求和行为模式，从而形成对用户的全面理解；获得用户的直接反馈和观点，发现潜在问题和需求，从而为后续的设计工作提供有力支持和指导。访谈是启发阶段常用的方法之一，通过与用户进行深入对话，设计研究团队可以获得第一手的用户信息，了解他们在使用产品或服务时的真实感受和痛点。问卷调查则可以覆盖更广泛的用户群体，通过系统化的问题设置，收集大量的数据，从中提取有价值的见解。焦点小组讨论是一种集体交流的方式，通过多人的互动讨论，可以激发更多的想法和观点，帮助设计研究团队发现用户群体中的共性问题和差异性需求。实地观察则是通过观察用户在自然环境中的行为，获取他们在实际使用场景中的真实反应，帮助设计研究团队更好地理解用户的行为逻辑和决策过程。

识别设计问题的阶段不仅仅是一个问题定位的过程，更是一个与用户建立沟通和互动的过程。通过有效的信息收集和用户洞察，设计研究团队可以更好地把握用户的真实需求，为后续的设计过程奠定坚实的基础，确保设计方案更贴近用户的实际需求和期望。在启发阶段，研究方向既可以是明确的，也可以是模糊的。这意味着设计研究团队既可以在已有的框架下进行问题识别，也可以在探索未知领域时保持开放的心态，不断发现新的问题和机会。在启发阶段，设计研究团队要特别注重用户的参与和反馈，因为用户的真实需求和痛点往往是最宝贵的设计资源。通过与用户的深入互动，团队不仅可以获得丰富的用户数据，还能建立起与用户之间的信任和合作关系。这样的关系有助于团队在后续设计过程中获得用户的持续支持和参与，确保设计方案的落地性和实用性。

总之，启发阶段不仅是设计流程的起点，更是设计研究团队与用户建立深层次联系的重要环节。通过深入的用户研究和问题识别，设计研究团队能够更准确地理解用户的需求，从而在后续的设计工作中提出更加有效和创新的解决方案。这一阶段的成功与否，直接影响到整个设计项目的成败，因此设计研究团队必须投入足够的时间和精力，确保在启发阶段获取到高质量的用户洞察和问题识别，为整个设计过程奠定坚实的基础。

例如，Trajkova等人在开展面向老年人的智能语音产品研究中，研究人员招募具有智能语音产品使用经验的老年人，在启发阶段通过焦点小组的形式，了解他们目前使用时存在的问题与对未来产品的期待。还有关于某个特定但较为宽泛的方向展开的讨论，例如Pirhonen和Jari等人面向芬兰和爱尔兰的老年人，了解他们对数字技术的态度与需求。在这个研究中，设计研究团队同样也采用了焦点小组的形式，围绕幸福、护理与技术两个主题展开探讨。焦点小组是探讨个人观点和共同观点的一个特别有用的工具，因为它提供了一个环境，让参与者可以评论其他人的谈话并提出不同的观点，同时他们也可以作为一个小组提出共同的观点。不过也有研究者认为，焦点小组对捕捉广泛的视角有利，但会限制对个人观点的深入挖掘，为此可以将焦点小组与其他善于捕捉个人观点的方法结合起来使用，会更有利于在启发阶段找到正确的问题。在参与式设计活动中，对于参与者来说，参加焦点小组、回答问卷、与研究人员展开讨论就是活动的任务。为引导参与者更好地开展活动任务，比如开展焦点小组时为了让参与者更好地理解主题，研究人员可能需要对智能产品、数字技术等概念进行讲解以达成理解上的共识，在此过程中可能会使用视频、图像等资料进行教学，那么这些视频和图像资料就是开展活动任务的方法与材料。

②构思（ideation）是生成解决方案的阶段。生成解决方案是设计过程中至关重要的一环。这一阶段不仅是为了产出创新性的解决方案，更是为了让参与者积极参与到设计过程中来，从而实现更贴近他们需求和期望的设计成果。在参与式设计活动中，设计研究团队需要引导参与者站在他们自身的立场上思考并提出解决方案。这种方法能够激发参与者的创造力和主动性，增强他们对设计成果的认同感和投入度。在这个过程中，设计研究团队将决策权移交给参与者，让他们成为设计过程的主体。设计研究团队的角色是提供支持和指导，而非直接发号施令。他们通过引导和鼓励的方式，激发参与者自发提出和实现解决方案的愿望。

为了实现这一目标，设计研究团队会运用多种方法和工具，帮助参与者表达他们的想法。例如，绘画、低保真原型制作、拼贴等形式，都是常用的表达设计构思和创意想法的方法。这些工具可以将抽象的概念转化为具体的设计方案，使参与者的想法更具可操作性和现实意义。绘画是一种直观且灵活的表达方式，参与者可以通过图形和色彩，将他们的想法形象化。低保真原型制作则是一种快速构建模型的方法，能够帮助参与者更直观地看到他们的设计构思，并在实践中测试和优化这些构思。拼贴是一种将不同元素组合在一起的方法，可以激发参与者的想象力，帮助他们从不同角度思考和设计解决方案。通过这种协同合作的方式，设计研究团队和参与者互相促进，共同探索出更符合实际需求的解决方案。这不仅提高了设计的创新性和实用性，还增强了参与者对设计过程的投入度和认同感。最终，设计成果不仅仅是设计研究团队的工作成果，更是参与者和设计研究团队共同努力的结晶。

构思阶段的成功在很大程度上取决于设计研究团队能否有效地引导和激发参与者的创造力。团队需要创造一个开放和包容的环境，使参与者感到他们的意见和想法受到重视和尊重。同时，团队还需要灵活运用各种设计工具和方法，帮助参与者更好地表达和实现他们的设计构思。总之，构思阶段是一个充满创造力和协作精神的过程，通过这种方式，设计研究团队和参与者可以共同开发出创新且实用的解决方案，为后续的设计和实施奠定坚实的基础。在这个阶段中，设计研究团队不仅要关注解决方案的创新性，更要关注参与者的体验和反馈，确保最终的设计成果真正符合用户的需求和期望。

例如Pakanen和Minna开展了对智能手包设计的调查。在这个案例中，采用了协同设计作为研究方法。协同设计是由设计师和未接受过设计培训的人员共同完成的、贯穿整个设计过程的集体创作。设计师的角色对于协同设计活动的成功来说非常重要。为了确保非设计师参与者能够在共同设计活动中创造出新颖的东西，研究人员和专业设计师通常会充当主持人。作为促进者，为提高人们的创造力，他们需要提供线索、指导。此外，他们还需要具备社交技能，以便能够在共同设计活动期间采访参与者，了解他们的创造成果。由于大多数参与者并没有设计经验和技能，因此为了更好地开展协同设计过程，在这个案例中，设计研究团队为参与者搭配了两位专业设计师，协助参与者根据现场提供的绘图工具绘制心中期望的手包。那么，在这个案例中，设计手包就是活动任务。此外，现场备有能够快速制作原型的布料、针线和胶带等。这些便于参与者快速制作原型的材料与工具，就是开展该活动任务的方法与材料。

③实现（implementation）是将想法变为实际的阶段。即将设计想法转化为实际产品的过程，在参与式设计活动中，设计研究团队的核心任务是让参与者对设计方案进行实际评估，通过原型测试获取反馈，从而对产品设计进行不断迭代和优化，以确保最终方案能够真正满足用户的需求和期望。在实现阶段，设计研究团队通常会先创建一个设计解决方案的原型，这个原型可以是低保真的模型，也可以是高保真的功能原型。接下来，设计研究团队会邀请目标用户参与对这个原型的评估。参与者通过实际操作和体验原型，提供他们的意见和反馈。

这一阶段的技术手段类似于启发阶段所采用的技术手段，也包括常用的可用性测试方法。可用性测试作为实现阶段的一种重要方法，旨在了解用户如何与原型或完整系统进行交互。这一过程通常包括以下几个步骤。首先，设计研究团队会选择一组具有代表性的用户来参与测试，这些用户将根据实际使用情况提供反馈。测试内容可能涵盖原型的功能、界面设计、交互方式等多个方面。接着，设计研究团队会根据用户在测试中的表现，收集数据并分析用户的反馈，找出设计中的问题和不足之处。通过这种反复的测试与反馈机制，设计研究团队能够及时进行修正和改进。每次测试之后，团队会根据收集到的数据和用户的反馈，对原型进行调整和优化。这个过程通常是一个循环往复的过程，设计研究团队会不断进行迭代，直到设计方案达到预期的效果，并准备好最终的产品投放市场。

实现阶段的成功依赖一个有效的测试与反馈机制。设计研究团队需要确保测试的科学性和系统性，包括选择合适的测试方法、制订合理的测试计划、招募具有代表性的测试用户等。此外，设计研究团队在实现阶段还必须具备灵活应变的能力，以应对测试过程中可能出现的各种问题。他们需要实时调整测试策略，以确保测试结果的准确性和全面性。测试过程中遇到的任何困难和问题，都应被视为改进的机会，设计研究团队需要迅速采取措施进行调整，从而确保测试的有效性和可靠性。通过不断地优化和调整，设计研究团队不仅能验证设计方案的功能性和可靠性，还能显著提升用户体验。优化过程有助于发现并解决潜在的问题，使得设计方案更贴近用户需求，从而增强最终产品的市场竞争力。每次迭代和改进不仅是对设计方案的检验，也是对产品成功的保障，为产品上市做好充分的准备。

例如Ruland和Cornelia等人面向患有疾病的儿童开发了支持临床工具的软件SISOM，这个软件可以帮助医生对患者单独定制治疗方案，同时也以儿童友好的形式让儿童了解到自身的一些信息。在软件开发完成后，采用了参与式设计方法进行可用性测试。可用性测试包括一系列用于确定用户与原型或完整系统实际交互方式的方法。这是一个迭代过程，包括测试系统，然后利用测试结果对系统进行修改，以更好地满足用户的需求。最好的流程是让几个用户试用原型，修正后再次测试。在可用性测试的过程中，参与者会被要求完成一系列任务，设计研究团队主要以观察和记录参与者使用产品时的问题与反馈为主，所以这个阶段也可以称为测试阶段。在这里，原型、测试原型的设备、测试原型的方法，都是开展活动任务的方法与材料。

由此可见，活动程序中的活动流程及其方法与材料，均服务于活动任务。另外，需要说明的是，一场参与式设计活动既可能只面向一个设计阶段，也可能包含多个设计阶段。但通常情况下，很少会在一场参与式设计活动中完成多次测试与迭代，而是在基于测试结果迭代后开展不同的测试活动，直至最终产品的市场投放。

（3）参与式设计活动系统中的环境

参与式设计活动系统中的环境是指活动中涉及的所有条件和设置，包括物理空间和虚拟空间。在参与式设计活动中，环境可以分为线下物理空间和线上虚拟空间两部分。

线下环境主要包括实际的活动场所以及场所中的各种设施。例如，活动场地可能配备适合设计研究团队合作讨论的桌椅、便于参与者休息的沙发等。这些设施和环境布局对参与者的生理体验和心理体验有着直接的影响。一个设计良好的线下环境应考虑到所有参与者的需求，特别是有特殊需求的参与者。例如，提供无障碍设施确保行动不便的参与者能够顺利参与活动，提升他们的参与感和舒适度。

线上环境则指的是通过网络平台创建的虚拟空间。这里的环境因素包括在线平台的设计、交互界面的布局以及提供的功能等。例如，通过实时的可视化语音内容可以增强参与者的沉浸感，使得他们在虚拟环境中也能获得类似于线下活动的参与体验。线上环境的有效设置对于保证参与者的互动效果和活动的顺利进行至关重要。网络平台的设计应考虑到用户的易用性和舒适性，提供流畅的交流和协作体验。

所以，活动环境的设计不仅涉及空间规划和设施配置，还包括线上、线下环境的整体设置和优化。这些环境因素对参与者的体验有着重要影响，合理的环境设置可以提升活动的效果，确保参与者能够在舒适、便捷的条件下积极参与设计活动。

综上所述，在参与式设计活动中，组织者扮演着活动的发起者角色，他们负责规划和启动活动；而参与者则是根据研究目标由组织者招募来共同协作的对象。为了确保活动的有效性，活动程序和活动环境的设计都需要依据研究目标和参与者的具体情况来调整和优化。因此，参与者在活动中的表现和参与行为，与组织者的设定、活动程序的安排以及环境的条件紧密相关。

2.2 参与式设计活动的参与接触点

2.2.1 基于服务设计思维的参与式设计活动

参与式设计强调设计研究团队与参与者之间的民主沟通，核心在于建立一种平等、合作的关系，以促进参与者的积极参与和深入表现。在这一过程中，设计研究团队不仅仅是指导者，更是合作伙伴，他们需要与参与者共同工作，理解他们的需求，并在设计过程中将这些需求纳入考虑范围。通过建立这样的伙伴关系，可以确保参与式设计活动结果不仅满足设计研究者的期望，而且能够在实际操作中体现出参与者的声音和意见。为实现这一目标，有研究者提出了让潜在参与者在活动前期就加入设计研究团队，与设计研究团队共同策划参与式设计活动。然而，由于参与群体的多样性，这种方式的通用性并不强。特别是当参与者为儿童、老年人或残疾人时，可能由于自身认知或身体功能障碍的问题，无法与设计研究团队一起策划活动，掌握同等的主导权，甚至在活动中扮演平等角色的互动可能也会遇到困难。面对这种挑战时，如何探索影响不同人群积极参与的因素成为参与式设计活动需要解决的核心问题，以指导设计研究团队在没有目标人群参与活动策划时，也能组织一个符合他们需求的参与式设计活动。

参与式设计活动旨在帮助设计师深入了解目标用户（即参与者），通过关注参与者与活动系统之间的互动关系及活动对参与者的影响来优化设计过程。一个优质的活动体验能够显著提高参与者对活动的认可度和参与意愿。因此，从某种程度上讲，这种活动组织的过程其实也是设计一种面向目标用户参与设计研究过程的"服务"。在这个"服务"过程中，设计师是服务提供者，而目标用户则是服务的接受者。由此，影响参与者积极性的因素可以通过服务设计思维进行深入探讨。

Holmlid（2009）认为，服务设计（Service Design）能够有效补充参与式设计中组织者与参与者之间的合作方式，帮助他们通过多种渠道共同实现独特价值。因为服务设计本身开发的内容就是一个过程，它关注服务过程中客户与服务之间的互动，以提高客户体验为目标来优化服务流程，从而构建一个可持续的服务模式。这个过程中的价值是由客户和服务组织共同创造的。而在参与式设计活动中，我们同样关注的是参与者与活动系统之间的互动。组织者和参与者之间不同的互动方式，可以促进彼此之间的知识分享与交换，进而生成新的知识体系。此外，活动的影响力和可持续性也是提升参与式设计效果的关键因素，可以让参与式设计发挥更大的作用。

基于服务设计的理念，服务设计思维可以帮助设计研究团队更好地组织以参与者为中心的活动，实现可持续发展的目标，并平衡活动系统中不同利益相关者的需求，共同创造新的知识体系。服务设计和参与式设计活动的核心都是利益相关者的共创过程。服务设计强调通过优化流程来提升利益相关者的体验，实现服务系统的可持续发展（图2.6）。这两个术语共享一个基本结构，包括参与技

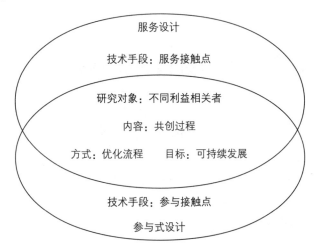

图2.6　服务设计与参与式设计之间共享的术语

巧、合作方法和要实现的目标。有研究指出，服务设计思维与参与式设计活动联合可以相互补充彼此之间的不足，从而更好地推进项目。服务设计是一套用于理解人和服务互动关系的设计方法，它通过对有形和无形的接触点进行系统且有组织的挖掘来创造价值，是一种全新的设计思维方式，可拓展性强。在服务设计中，接触点被认为是考量体验的关键。接触点指的是用户接触服务的时刻，每一个服务时刻都包含一系列接触点，其中有效的接触点可以为用户带来高价值的服务体验，从而提高用户对产品或服务的选择可能性和黏度。

因此，本书将借鉴服务设计中的接触点概念，提出参与接触点这一概念，以探讨影响参与者积极性的因素。通过对参与接触点的研究，我们期望能够揭示和优化参与式设计活动中的关键因素，进一步提升参与者的积极性和参与体验，从而使设计过程更加有效和有价值。

现有研究对服务接触点并没有一个明确的定义和解释。Norman（1982）认为接触点是"真实的瞬间"，是顾客和服务提供者双方接触的瞬间，每一次"真实的瞬间"都是一次影响顾客看法的机会。在同样的观点下，营销学认为客户在享受服务的过程中接触产品、服务、品牌和组织者的任何部分都会获得体验，这种客户触碰企业中任何一部分的时刻被称为接触点，所以接触点的概念主要强调获得体验的时刻。英国设计委员会（Design

Council，2009）定义服务接触点为组合服务整体体验的有形物或互动。邓成连（2010）认为接触点指所有的沟通传达，涵盖在客户关系的生命周期中，组织与客户之间所有人与物的理性的互动。Inversin等学者对接触点进行了系统性的文献梳理后也同样提到，接触点始终涉及描述消费者互动，围绕体验进行讨论。Clatworthy等学者认为接触点通常包含有形的物体和人，如建筑和服务员；也可以是无形的，如咖啡店里的咖啡味。也就是说，这类观点认为接触点涉及环境、有形产品、服务设施以及环境同消费者之间产生的互动。

在这些讨论中，接触点包含了与服务内各种有形和无形因素的互动以及互动所产生的体验。Lee等学者（2013）从设计的可操作性视角将接触点分为可设计和不可设计两个类型。其中，可设计接触点主要包含物理环境、有形商品、虚拟界面等，而不可设计接触点涉及人际交往技能、态度、知识和其他与服务有关的技能。茶山（2015）根据物质的特性将接触点分为物理接触点、数字接触点以及人际接触点。由此可以看到，接触点所处的讨论环境不同，具体内容也不同，因此很难对其进行明确的界定，但是接触点始终具有交互性、实体性、时间性和体验性四个特点。

2.2.2　基于服务接触点的参与接触点

如果将参与式设计活动视为面向目标用户参与设计研究的服务过程，参与式设计活动中的接触点同样也与服务接触点拥有相同的属性。因此，参与式设计活动中的参与接触点可以被定义为参与者产生积极行为或表现的时刻。这些参与接触点的最终导向是确保目标参与群体在活动中拥有符合他们需求的体验，从而愿意积极参与活动。这不仅使参与式设计活动能够顺利进行，也使设计研究团队能够获得有效的数据，同时提升参与者及更广泛的群体对这类活动的认识，从而提高设计研究团队在招募阶段的效率。

参与接触点的概念强调设计研究者需要关注和满足参与者的需求和期望，以促进他们在活动中的积极表现。这种积极性可以理解为设计研究者从研究导向的视角所期望的参与者的表现，包括参与者在活动中的投入程度、创造性贡献和反馈质量。通过优化参与接触点，设计研究者可以创造一个更有吸引力和互动性的活动环境，增强参与者的参与意愿和积极性。然而，回顾文献发现，既有研究很少深入探讨整个活动的组织过程，这导致对不同活动阶段之间的相互影响，以及这些影响与参与者积极表现之间关系的忽视。本书基于服务设计中接触点的研究模式，将参与式设计活动分为三个阶段：活动前、活动中和活动后。接下来将详细分析每个阶段下设计研究者期望的参与者的积极表现，以及引发积极表现接触到的活动要素。

如图2.7所示，在参与式设计活动的不同阶段中，设计研究者的目标各不相同，对参与者积极性表现的定义也不同。

利益相关者		筹备阶段（活动前）	开展阶段（活动中）	影响阶段（活动后）
	组织者（行动目标）	招募参与者	布置研究任务	维系关系，持续影响
	参与者（积极表现）	看到招募信息，愿意参加	理解研究任务，并积极完成	活动收获，对个人生活起到正向影响
活动要素关系图		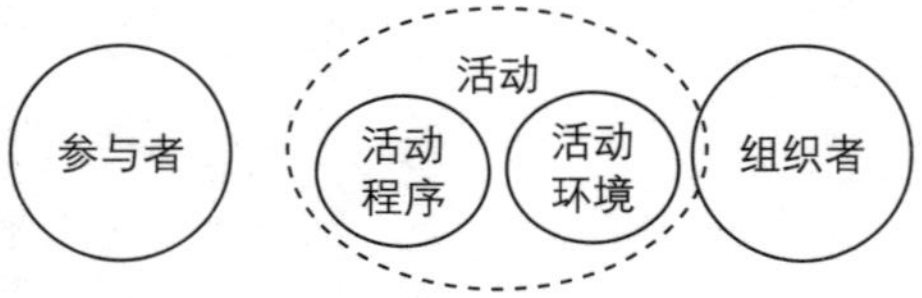 参与者　组织者 活动程序　活动环境	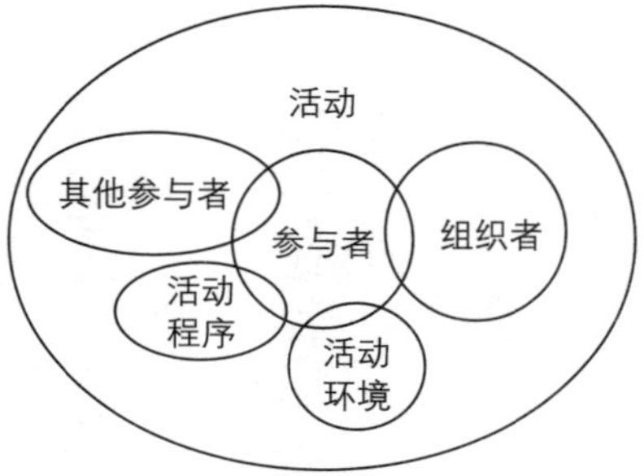 活动 （组织者、其他参与者、参与者、活动程序、活动环境）	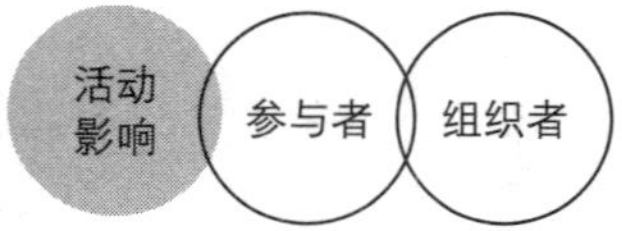 活动影响　参与者　组织者
参与者接触内容		• 活动信息：活动程序和活动环境（地点） • 组织者	• 组织者 • 其他参与者 • 活动程序 • 活动环境	• 组织者 • 活动影响*：记忆和收获

图 2.7 不同活动阶段下参与者的积极表现与接触内容

首先，在"活动前"阶段，设计研究团队（即组织者）需要筹备活动，他们的主要目标是确定参与人群的范围，并招募目标人群参与设计研究活动。如果有许多目标人群愿意报名参加，这对于组织者而言就是一个积极的表现。在这个阶段，活动程序和活动环境已经基本确定，但"人"还未真正进入活动系统中，因此活动系统尚未完全形成。在"活动前"阶段，参与者在活动前可能通过各种途径接触到活动信息，例如浏览活动招募广告、咨询组织者等。然而，这些互动并不属于活动系统的范围，参与者接触到的主要是活动信息和组织者的反馈。在本书中，这一阶段称为活动的筹备阶段。

其次，"活动中"阶段是组织者协同参与者开展活动的阶段，随着参与者的加入，参与式设计活动系统正式形成。在这一过程中，参与者会与组织者、活动程序以及活动环境直接互动。这是整个活动流程的核心部分，也被称为活动的开展阶段。组织者的主要职责是确保活动的顺利推进。他们需要全面负责活动的实施，包括协调资源、管理时间进度、解决突发问题等。此外，组织者还需保障活动任务的顺利完成，以便从中获取有效的研究数据和评估输出。组织者需要时刻关注活动进展，确保参与者能够按照设计任务的要求执行，并及时提供支持和反馈。通过有效的组织和协调，组织者能够促进活动的有序进行，确保研究目标的实现。对于参与者来说，"活动中"阶段是他们直接参与和体验设计研究的关键时期。在这一阶段，参与者需要根据组织者的要求完成一系列的活动任务。参与者的积极表现体现在几个方面：第一，他们需要主动理解设计研究的目标，并且努力按照组织者的指示执行任务。第二，参与者应将自己视为设计研究的合作伙伴，积极参与讨论和反馈，提出建设性意见，以促进活动的进展。第三，参与者应尽可能配合组织者的安排，积极回应任务要求，提供真实的反馈信息。通过这种积极的参与和配合，参与者不仅能够对活动成果产生直接影响，还能够推动活动进程，最终为研究提供有价值的数据和见解。以上对于设计研究团队来说就是参与者的积极表现。

最后，在"活动后"阶段，活动已经结束，此时的关注点转向参与者在活动中的体验和收获如何对其未来产生影响。参与者在活动中获得的信息、新知识和经历，可能会对他们未来的生活产生深远的影响。在活动中获取的知识，可能会使参与者更好地理解新技术的概念，或运用这些知识解决日常生活中的实际问题。例如，参与者可能会学习如何使用智能手机进行线上挂号、扫码支付等操作，提升生活便利性。活动过程中，参与者也有可能结识新朋友，扩展社交圈，这些社交联系可能在活动结束后仍然存在。此外，活动中的经历可能促使参与者对自身和研究内容进行反思，进而影响他们的生活方式或对某些技术的接受程度。活动后，组织者与参与者之间建立的亲密关系也可能持续存在，这种持续的联系能够增强活动的长期影响力。参与者可能会在活动结束后继续运用所学知识和技能，影响其生活及周围人的行为和认知。通过这种方式，参与式设计活动的影响力能够得到有效延续和扩展。在"活动后"阶段，参与者的自我成长和对活动的深刻理解表现为积极性，这种积极性表现在他们对活动内容的持久关注和实践应用上。参与者的体验和反思，不仅可以促进个人的进步，还能够带动周围人认知的改变。通过这种持续的影响，参与式设计活动能够在更广泛的范围内发挥作用，形成长远的效果。因此，在"活动后"阶段的积极性表现，可以说体现了活动的影响力和参与者的成长，也为未来的设计研究和活动提供了宝贵的反馈和参考。

2.3 参与式设计活动中的参与接触点原则

2.3.1 基于情感化设计理论的参与接触点原则

为了使参与者在参与式设计活动中表现出设计研究团队所期待的行为，需要了解在不同活动阶段中如何产生参与接触点。唐纳德·诺曼提出，情感会影响人们的行为感知和价值判断，具有吸引力的产品受到人脑反应机制的影响，并由此提出了情感化设计理论（图2.8）。该理论由三个不同但相关联的层次组合而成，分别是本能层、行为层以及反思层。情感

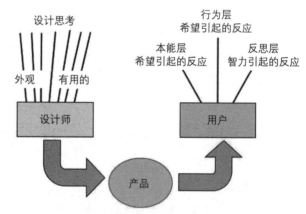

图2.8　情感化设计理论三层次

化设计理论是基于以用户为中心的思想提出的，它可以帮助设计师将用户所预期的各类情感需求产品化，是一种可以让用户获得更友好的产品使用体验的方法。因此，情感化设计的三层次经常被用于指导各种产品设计，让用户以更愉悦的心态使用产品，增强使用黏性，提升用户对产品的认可度。情感化设计理论探讨了逻辑和情感的相互作用，这一理论将产品的可用性与情感吸引力进行了整合。

如果我们将参与式设计活动视为一件帮助设计研究者理解研究对象的"产品（工具）"，那么想要参与者愿意使用这个"产品（工具）"，即想要参与者积极参与活动，就可以通过以上三个层次来分析参与者产生行为意愿的基准，从而找到产生参与接触点的原则。首先，参与式设计活动需要让参与者（研究对象）愿意使用这件"产品（工具）"，也就是说，研究对象愿意参与活动。在这个阶段，设计研究团队需要通过吸引研

究对象的活动内容和有效的宣传方式，激发潜在参与者的兴趣和参与意愿。这包括传达活动的价值和意义，让参与者感受到参与活动对他们自身的益处，从而增加他们的参与动机。其次，研究对象在使用这件"产品（工具）"时需要获得良好的体验，即参与者在活动中能够顺利完成任务并获得良好的参与体验。这个过程中的体验受到参与者与活动系统之间互动的影响。因此，在策划活动时需要关注情感和功能上的结果，考虑参与者如何看待活动以及参与活动可以为他们带来什么。在这一过程中，设计研究团队需要确保活动的内容和流程是参与者能够理解和执行的，同时提供必要的支持和指导，帮助参与者克服在活动中可能遇到的困难。最后，这个体验的过程是持续的，所以活动的策划不仅要考虑活动的筹备和开展，还需要考虑活动后的影响。这段"使用"经历会为参与者带来怎样的结果，也就是活动对参与者的长期影响。例如，参与者在活动中获得的信息和新知识，可能会在日后的生活中发挥作用，帮助他们更好地理解和使用新技术，甚至解决实际问题。活动中建立的人际关系和社交网络也会对参与者的生活产生积极影响。

通过情感化设计理论的三层次，设计研究团队可以更好地理解和把握参与者的需求和动机，从而提高参与者的积极性和参与度。这不仅有助于设计研究团队获取有效的数据和反馈，也能提升参与者对参与式设计活动的认可度和参与意愿，从而使活动顺利开展并具有持续的影响力。

开展阶段和影响阶段的顺序由前往后具有时效性，同时又相互关联，如同情感化设计理论中的三个层次（图2.9）。在这三个层次中，本能层、行为层和反思层分别对应参与式设计活动的筹备阶段、开展阶段和影响阶段。在这些阶段中，设计研究者期望参与者的积极表现各不相同，分别为愿意参与、积极参与和认可参与。

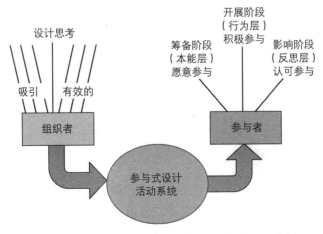

图2.9　基于情感化设计理论的参与式设计活动三阶段

首先，活动的筹备阶段是传递信息给目标人群，招募他们并吸引他们参与活动的过程。在这个阶段，人们通过视觉或听觉的形式接收到信息。本能层是情感化设计中的第一层，反映了人的本能反应。这些反应源自人类的天性，关注用户对具体产品物质要素的感受，这些要素是可见的或可触及的符号。因此，这一阶段的参与接触点的产生原则主要涉及本能层。例如，活动招募信息的设计要直观、吸引人，能够激发目标人群的兴趣和参与意愿。

其次，活动的开展阶段是参与者与活动系统中不同要素之间互动的过程。在这个阶段，需要合理安排活动程序，以便参与者能够顺利参与。行为层是情感化设计中的第二层，关注产品功能的逻辑性和可用性。用户的情感受到操作的效率、乐趣和健康性等人性化因素的影响。因此，这一阶段的参与接触点主要受到行为层的影响。例如，活动流程的设计要简洁明了，活动任务要易于操作，使参与者在参与过程中感到愉快和满足。设计研究者需要确保活动环境的舒适性和便利性，以便参与者能够专注于活动本身并积极参与。

最后，影响阶段是参与者完成参与活动后的阶段。在这个阶段，目标是希望活动能够对参与者产生持续影响，使他们通过活动体验和收获来回忆活动。这样的回忆可以为参与者带来更持久的体验。影响阶段的参与接触点与反思层息息相关。反思层是情感化设计中的最高层次，它对自我思维与情感传达都有一定的影响，包括自我形象、个人满意度与记忆，以及思考产品带来的意义和感受体验。这一层会赋予产品新的价值。同样，影响阶段也是以提升参与式设计活动价值为目标。例如，活动结束后，可以通过回访、分享活动成果和建立后续联系等方式，让参与者感受到自己的贡献和活动的价值，从而提升他们对参与式设计活动的认可和持续参与的意愿。

综上所述，基于情感化设计的三层次理论，设计研究团队能够更深入地理解和把握参与者的内在需求与动机，从而有效提升他们的参与积极性和参与度。这不仅帮助团队获取精准的数据和反馈，还能增强参与者对参与式设计活动的认可，激发他们持续参与的意愿，确保活动的顺利推进并扩大其长期影响力。情感化设计理论探讨了逻辑与情感在产品设计中的相互作用，将产品的功能性与情感吸引力紧密结合在一起。如果我们将参与式设计活动视为帮助设计研究者理解用户需求的"产品（工具）"，那么可以借助该理论的三个层次，深入分析和探讨激励参与者行为意愿的核心因素，进而找到激发接触点的关键原则。

具体来说，设计研究团队需要在筹备阶段让参与者愿意参与活动，在开展阶段确保参与者能够顺利完成活动任务，并在影响阶段提升参与者对活动的认可度和持续参与的意愿。

接下来将详细阐述如何从本能层、行为层和反思层总结出相应的参与接触点原则。通过情感化设计的三层次理论，设计研究团队能够更全面地理解和把握参与者的需求和动机。这种深入的洞察力不仅能够提升参与者的积极性和参与度，还能为团队创造一个互动和合作的环境。利用这一理论，团队可以更有效地识别和分析参与者在设计活动中的期待，也能提升参与者对参与式设计活动的认可度和参与意愿，从而使活动顺利开展和具有持续的影响力。

这种方法的好处不仅体现在数据的收集和反馈的获得上，更重要的是，它能够显著提高参与者对参与式设计活动的认可度和参与意愿。当参与者感受到他们的声音被重视、需求被理解时，他们更愿意投身于活动中并为设计过程贡献自己的见解和体验。这种良性循环有助于活动的顺利开展，进而增强其持续影响力。

2.3.2 活动前参与接触点的可及性原则

在筹备阶段，组织者、参与者和活动之间并没有直接的交集，唯有在宣传活动、招募活动参与者时，三者之间可能会产生一些联系。最主要和直接的互动行为产生的时刻，是潜在参与者接收到活动信息的那一刻。本能层，即通过视觉、听觉、嗅觉和其他（如材质、重量）多个层面的感觉，影响用户对产品看法的层面。活动本身在这个阶段处于正在生成的过程，并没有一个实体化的形态可以让参与者通过多感官去感受。参与者唯一可以与活动产生的联系就是接收到活动招募的信息。信息的传递需要一定的媒介，这些媒介包含了语言和依托纸张或者多媒体载体呈现的文字符号。因此，当潜在参与者通过这些媒介接收到活动信息的时候，就是他们与活动产生互动的时候，也是产生情绪体验的时候。为了让参与式设计活动与参与者产生良好的互动关系，不仅需要有效地传递信息，还需要确保潜在参与者能够正确理解和接受这些信息内容。活动信息与潜在参与者之间的交互主要通过视觉和听觉两种形式。其中，视觉信息主要来自文字符号及其组合，听觉信息则来自语言的表达与传播。语言的信息交互是最直接和最明显的，听觉方面，通过广播、语音播报等方式传递活动信息，可以更直观地传达活动的吸引力和重要性。

在参与式设计活动中，潜在参与者的类型非常多样化，可能包括不同年龄层、不同职业、不同身体功能障碍和不同信仰的人群。不同群体获取信息的来源及对信息的理解力也各不相同。例如，面对儿童时，儿童可能无法理解活动信息的内容，也没有自主决定权，因此活动信息需要传达给他们的监护人；面对老年人时，老年人相对于其他人群在接收信息时可能会出现延迟，同时接收信息的途径也比较窄。有些老年人可能没有智能设备获取信息，也不经常外出，日常生活由社区工作人员照料，他们获取信息的途径主要是与社工的对话。相较于其他群体，老年人会面临信息稀缺且失衡的困境。所以对于老年人来说，信息的传递方式需要更加灵活多样，例如社区公告栏、广播、亲友转告等方式，使老年人能够及时接收到活动信息。

因此，传递信息时首先要考虑潜在参与者是否能够理解信息内容并拥有参与的自主权，他们获取信息的途径可能包含哪些，再有针对性地策划他们感兴趣的内容，然后选择他们能够接收到的途径进行传递。信息的载体与传播途径需要符合潜在参与者的特征和日常生活行为。因此，在招募不同参与群体时，活动信息不仅要可达，更要可及。当活动信息能够被准确投放到潜在参与群体，并且信息内容被这些群体接收和认可时，他们可能会有积极的参与行为产生。综上，这一阶段的参与接触点需要遵循可及性原则，其目标是策划适合的活动，并将活动内容有效传递给潜在目标参与群体或影响他们参与的人群（如家长、家属或照料者等）。

2.3.3 活动中参与接触点的引导性原则

在开展阶段，参与式设计活动系统已经形成，活动的目的是让参与者完成研究任务。在这一阶段，组织者与参与者都已成为活动的组成部分，随着活动的进行，参与者会分别与活动系统中的人、活动程序以及活动环境产生互动。行为层是大多数人类行为之所在，对于产品设计而言，用户必须学习掌握技能，从产品的使用中触发情感，获得成就感等。行为层强调功能的实现性，并关注互动过程中"高效率"为人带来的愉悦感和满足感。唐纳德·诺曼认为，优秀的行为层设计包含功能、易理解性、易用性和感受四个要素。

在参与式设计活动中，功能可以理解为活动系统中的活动程序；易理解性是指参与者是否能够准确理解活动要求及任务；易用性是指开展研究任务所需的材料、工具及设施对于参与者来说是否便于使用；感受则是指进行研究任务的过程对于参与者来说是否愉悦。实现这四个要素的本质是，组织者应将活动流程设计为一个循序渐进的过程，逐步引导参与者与组织者建立信任，理解课题和研究任务，并发挥自身的技能与组织者协同完成活动任务。引导过程需要结合参与者的特点，选择合适的研究方法，促进他们思考、沟通和行动。此时，设计工具、材料以及测试设备的选择要考虑到参与者的心理接受度。例如，一些技术类产品或专业术语对于老年人来说可能难以理解，过于沉闷的研究任务会使儿童无法集中注意力。因此，在活动开展过程中，需要关注参与者的情绪变化，不断调整活动流程，提前准备多种工具，帮助参与者更容易地完成活动任务。同时，考虑到人群特点，可以适当增加集体讨论、分组协作的环节，增强参与者之间的交流，提升他们的参与感。活动目标的设定应低难度、轻松愉悦且易于实现，以减轻参与者的压力，增强他们的自信心，进而提升积极性。

通过以上分析，该阶段的参与接触点需要具备引导性原则。引导性原则的目标是引导参与者理解任务，积极参与并完成任务。需要说明的是，不同参与者的认知和学习能力各异，因此针对不同的参与群体，引导性参与接触点的具体实现方式也会有所不同。本阶段是参与式设计活动中最重要的阶段，关系着设计研究团队是否可以拿到有效的研究结果，决定着参与者的情感持久性，影响着参与式设计活动给参与者留下的印象及后续活动的可持续发展。

2.3.4 活动后参与接触点的赋能性原则

活动的影响阶段是活动完成后的状态，此时，组织者与参与者不再与活动有直接的交集，但活动对参与者的影响并不会立刻消失，而是会持续一段时间。这一阶段是反思层的体现。反思层代表着有高级思维活动参与的过程，包含了意识和更高级的感觉、情绪及知觉，是思想和情感完全交融的一个层面。反思层受到本能层和行为层的影响，参与者在活动结束后，会根据活动中的体验与收获，进行深入的思考和反思，从而对活动产生新的认知。因此，参与式设计活动中的体验与收获，会成为参与者对活动的总体印象，并可能影响他们未来的行为和态度。本书希望构建一个可持续的参与式设计活动模式，使老年人通过参与活动获得更多有价值的收获，从而提高他们对这种活动的认知，使他们愿意今后再次参与或邀请朋友参与类似的设计研究活动。

参与式设计不仅是一个设计工具，也是一个赋能（empowerment）的过程。赋能是指促进组织中成员参与和提高组织效率以实现目标的过程。因此，在参与式设计活动中实现赋能的过程就是达成影响目标的时刻。赋能的核心内容是"力"（power）的概念。"力"产生于人与人之间的关系。因此，赋能中的"力"也可以被称为关系权力。Schneider（2018）将赋能分为短效赋能（transient）与长效赋能（persistent）。短效赋能中的赋能是瞬间的，只发生在活动中，因此短效赋能主要影响参与者的积极参与行为。长效赋能一般会超出活动过程，具有持久性。而活动后的阶段属于长效赋能，原因有两个方面：一方面是活动过程中，随着活动的深入，参与者与设计研究团队的互动增加，加深了参与者对活动的认识与体验，这主要受到活动筹备和开展两个阶段的影响；另一方面是活动结束后，组织者对参与者的关系维护，活动中的美好记忆、有价值的收获可以让参与者拥有愉悦的活动体验、对活动有新的认识，以及一些活动中的收获可能会影响参与者未来的生活。这在其他学者的研究成果中也得到了认同，例如老年人通过参与式设计活动获得满意感和成就感后，可以活跃他们的思维能力，促进他们进一步探索和表达的欲望，提高参加活动的主动性。基于反思层的特点，不同参与者会根据自身特点而产生更深层的反思。协同用户参与设计的过程，是一个需要可持续发展的活动，部分研究内容并不局限于活动中，也包括活动后。如何通过与参与者保持联系，从而获得更多的正向反馈也是研究者必须思考的问题。

招募特殊研究对象往往是比较困难的事情，特别是当研究对象为老年人、残疾人或者儿童等时，设计研究团队会希望通过活动与他们保持联系，进入他们的社交圈，为后续的研究活动积累经验与资源。因此，参与者在活动后的获益和满意度，都会极大地影响他们对活动和组织者的认知，这一阶段会让参与式设计活动被赋予新的价值，它会决定参与者是否愿意与设计研究团队保持后续的联系，甚至产生再次参与活动的渴望，或对其他相关活动也有积极的关注和参与欲望等。

尽管在该阶段参与者不再与活动产生直接互动，但他们在活动中获得的体验与收获依旧会影响他们的后续生活。当参与者获得活动赋能以后，他们对活动的认可度和对活动的持续关注，使得他们希望再次参与或向身边人推荐和介绍。这种持续的影响不仅仅限于参与者自身，还会扩展到他们的社交圈，进而影响更多人对参与式设计活动的认知和态度。

综上所述，赋能性是影响阶段的参与接触点原则，其目标是让参与者提高自我效能，实现参与式设计活动的可持续发展。赋能性原则受到前两个活动阶段的影响，并且不同参与者对活动的体验和收获也存在差异，这需要结合具体参与对象进一步展开讨论。赋能性原则的实现，不仅有助于提高参与者的积极性和参与度，还能为组织者提供宝贵的反馈和建议，从而不断优化和改进参与式设计活动的设计和实施方案。通过持续的互动和反馈，参与式设计活动可以形成一个良性循环，逐步实现其长期目标和社会价值。

2.3.5　参与式设计活动中的参与接触点框架

基于活动筹备阶段、开展阶段和影响阶段的参与接触点，可及性、引导性与赋能性这三个原则相互推进，在理想状态下会形成一个可持续发展模式。其中，可及性是吸引参与者加入活动系统的第一步；引导性是促进参与者与活动系统互动关系的重要基础；赋能性则是在这两个的基础上形成的，并且赋能性又将会成为推动可及性达成的因素之一。参与接触点的研究，不仅是为了提高参与者的积极性，同时这种活动形式能为相应的参与群体提供所需的价值，推动该研究模式的可持续生态的形成。尤其是面对一些难以触及的特殊参与人群，这样的模式可以帮助设计研究者们更好地与他们建立联系，完善优化参与式设计活动的组织方案，进一步达到研究目标。

图2.10展示了基于情感化设计理论得到的参与式设计活动中产生参与接触点的内在机制。其内在机制由三个部分组成，以参与式设计活动为中心，两端分别是组织者和参与者。本书中的组织者主要以设计研究团队为讨论对象，在这里参与者并没有明确的类型（可以是老年人、儿童或残疾人等）。组织者在策划活动时，主要目的是促进参与者的积极参与，正如前面所提到的，这里积极参与是组织者期望的参与者行为表现。因此，基于情感化设计理论的本能层、行为层和反思层三个层次，分别对活动的筹备、开展和影响

阶段提出了可及性、引导性和赋能性参与接触点原则。这三个原则不仅是面向不同参与群体的参与接触点研究基础，同时也构建起一套可持续活动发展模式的基本原则。

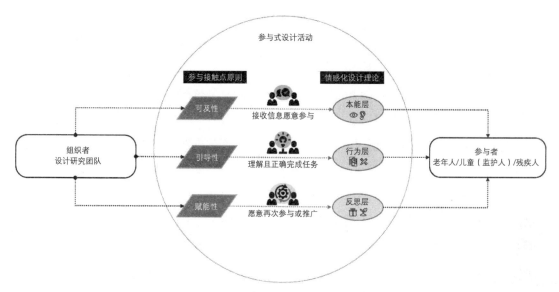

图2.10　诱发参与接触点的内在机制

活动的筹备阶段受到本能层的影响。在这个阶段，设计研究团队的主要目标是通过有效渠道将活动信息传递给目标人群，并吸引他们积极报名。可及性原则在这一阶段尤为重要，不仅包含了物理上的信息传达，更包含了心理层面上的认可。具体而言，设计研究团队需要考虑目标人群的特点，选择适当的传播媒介和信息呈现方式。例如，对于老年人，可能需要通过社区公告栏、广播，以及组织老年人偏好的活动、面对面的讲解等各种方式来传递信息；而对于年轻人，则可以通过社交媒体、电子邮件等现代传播手段来传递信息。信息的可及性不仅指信息的到达率，还包括对信息内容的关注和理解，所以吸引力和易懂性就尤为重要，以确保目标人群能够准确理解并被激发兴趣。

在活动的开展阶段，设计研究团队的目标是确保参与者能够理解并积极完成活动任务，这主要和行为层息息相关。活动流程与任务的设置对参与者来说必须是可实现且有吸引力的，这离不开组织者和活动系统设置的引导。在这一阶段，引导性原则显得尤为重要。设计研究团队需要精心设计活动的每一个环节，确保参与者能够顺利理解并完成任务。具体来说，可以通过清晰的任务说明、适当的演示和指导，以及互动性的活动环节，帮助参与者逐步掌握活动的要领。例如，对于儿童参与者，可以通过游戏化的任务设计来吸引他们的注意力；而对于老年人，则可以通过简单明了的步骤提示和辅助工具来帮助他们完成任务。在这个过程中，设计研究团队不仅要关注活动任务的完成情况，还要密切关注参与者的情绪和反馈,及时进行调整和优化。

活动的影响阶段是参与式设计活动的最后阶段,主要是参与者反思活动中的体验与收获的阶段。设计研究团队希望参与者能够从活动中获得良好且有价值的体验,并希望这些收获能够对他们的后续生活或者个人发展起到积极的帮助。这一阶段主要受到反思层的影响,参与者会根据活动中的体验与收获,形成对活动的整体认知和评价。设计研究团队的目标是通过这些积极的体验,提升参与者对活动的认知和认可,从而促进他们在未来愿意再次参与类似的活动,并推荐给其他人,形成一个可持续的参与式设计活动发展模式。更进一步来说,参与者通过参与活动,不仅可以获得知识和技能的提升,还能够增强自信心和成就感。这种正向的体验会促使他们对参与式设计活动产生更深的认同感和归属感,进而愿意主动参与和推广此类活动。设计研究团队在这一阶段需要持续关注参与者的反馈,通过各种方式与他们保持联系,提供后续支持和资源,增强他们的活动体验。例如,可以组织回访活动、分享会,或者提供线上平台,让参与者交流和分享他们的收获和心得。

基于这个内在机制,我们得到了参与式设计活动中参与接触点的研究框架(图2.11)。ETP框架是研究参与接触点的基础,可以看到,通过可及性、引导性和赋能性参与接触点原则,形成了一个可持续发展模式。这个模式不仅能够提高参与者的积极性和参与度,还能为设计研究团队提供宝贵的反馈和建议,帮助他们不断优化和改进活动设计和实施方案。最终,这个基于情感化设计理论的参与接触点的研究,不仅能为特定参与群体提供所需的价值,还能推动整个参与式设计研究模式的可持续生态建设。

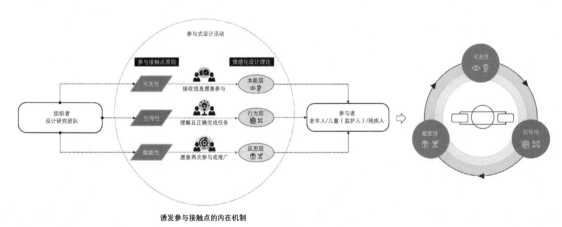

图2.11 参与接触点的研究框架

第3章

面向老年人的参与式设计活动方法

本章将详细探讨如何在ETP框架的指导下,针对老年人这一特定群体进行参与接触点的研究。我们将基于老年人的特殊需求和特点,从多个角度深入分析,确保设计的参与接触点能够有效促进老年人的参与,提升他们的体验感与满意度。

首先,在第一部分我们将对本书中老年参与者的选择范围进行解释。这包括对老年人社会参与态度的探讨,结合他们的生理、心理及认知特点,详细总结出在策划面向老年人的参与式设计活动时需要注意的关键内容。老年人在生理上可能面临行动不便、视力和听力下降等问题;在心理上,他们可能更加渴望社交和情感上的支持;在认知方面,老年人可能需要更简单直观的信息传递方式。因此,理解这些特点对于有效设计老年人参与的活动至关重要。

其次,在第二部分,我们将深入研究如何基于ETP框架中的可及性、引导性和赋能性原则,来实现老年人的参与接触点。我们将借助公共服务中可及性的5A(Accessibility,Availability,Affordability,Acceptability,Accommodation)维度,结合计划行为理论和设计赋能理论,详细分析并总结出面向老年人的参与接触点实现维度。5A维度提供了一套完整的评估框架,帮助我们理解老年人在参与活动时可能遇到的障碍,并设计出能够消除这些障碍的策略。计划行为理论则强调个体的行为受其态度、主观规范和感知行为控制的影响,有助于我们设计出能够激发老年人积极参与意愿的活动。设计赋能理论则关注如何通过设计手段提升老年人的自我效能感,使其在参与活动过程中感受到更多的控制感和成就感。

最后,在第三部分,我们将通过实践案例的分析和整理,归纳出基于不同参与接触点原则的不同维度下的具体实现要素。这一部分将基于实际的参与式设计活动案例,详细展示如何在实践中应用前述理论和框架,构建面向老年人的参与接触点方法。我们将探讨实际案例中的成功经验和遇到的挑战,提炼出可供参考的设计策略和实施步骤。

通过这一系列深入的研究和分析，我们希望能够为设计研究团队提供一套系统的、可操作的指导原则和方法，帮助他们在设计和实施面向老年人的参与式设计活动时，能够更加有效地吸引和维持老年人的参与。这将有助于构建一个更加包容和可持续的参与式设计生态系统，使老年人能够在其中获得更多的价值和意义，从而提升他们的生活质量和社会参与度。

综上所述，本章将通过理论与实践的结合，详细阐述如何在ETP框架下，针对老年人群体设计和实现有效的参与接触点。我们将从理论研究到实践应用，逐步构建出面向老年人的参与接触点方法，为未来的设计研究提供坚实的理论基础和实践指导。

3.1 老年参与者概述

3.1.1 老年参与者的范围界定

在19世纪末20世纪初，瑞典人口学家桑德巴首次将年龄为50岁以上的人群界定为老年人。这一划分在当时具有相当的科学依据。随着医疗技术的进步、卫生条件的改善以及生活水平与保健意识的提升，人类的预期寿命显著延长。第二次世界大战结束后，许多国家根据新的社会现实，将老年人的起始年龄标准调整为60岁。1956年，联合国发布了《人口老龄化及其社会经济的后果》报告，首次提出老年人的年龄判断标准为"65岁及以上"。这一变化与当时进入老龄化阶段的发达国家或地区的实际情况密切相关，因为这些国家或地区普遍以65岁作为老年人的判断标准。

在中国，老年人口的统计口径存在着"60岁及以上"和"65岁及以上"两种标准。对于没有选择再就业或未被原单位返聘的老年人来说，退休后他们的社会参与度往往会显著降低，容易与社会脱节。这种脱节不仅减少了他们使用新技术产品的机会，还可能导致信息接收延迟，从而进一步降低他们接触新技术或新兴服务的可能性。

本书中的参与式设计研究活动，主要聚焦于面向老年人的技术性产品与服务的设计开发。因此，考虑到我国的退休年龄及退休生活对老年人的影响，书中招募的老年参与者的年龄范围设定为60周岁及以上，根据个人生活情况，也会考虑50周岁及以上的退休老年人（所有的研究均在2019—2023年期间开展，因此退休年龄参考的是当时的政策）。

为了深入理解并有效设计适合老年人的技术产品与服务，本书在研究过程中招募的参与者以城市居民为主。这是因为城市居民一般具有较高的文化程度，更容易理解参与设计活动的要求。此外，招募的老年参与者在生理、心理和认知上无明显障碍，以确保他们能够积极参与和反馈设计研究活动。

3.1.2 老年参与者的特点

相较于其他年龄段的群体，老年人群是受到技术发展影响较大的群体之一，这种影响主要与他们生理、心理和社会角色的变化密切相关。

从生物学角度来看，随着年龄的增长，人体的生理机能逐渐衰退，这一过程显著影响了老年人的视力、听力、认知功能和运动能力。具体来说，老年人在视力方面可能会出现视力模糊、色觉变化和视野缩小等问题。这使得他们在辨识细小文字或色彩对比度低的物体时遇到困难，进而影响到日常生活中的许多细节，例如阅读药品说明书、使用智能设备等。同时，听力也会随着年龄的增长而下降，高频音域的听力衰退尤为明显，导致他们在嘈杂环境中难以听清对话或电话铃声。在认知方面，老年人常常面临短期记忆和长期记忆的减退、信息处理速度的下降以及知觉能力的减弱，这些变化使得他们在学习新知识或操作新设备时需要更多的时间和精力。此外，老年人的运动控制和协调能力也会随之下降，使他们在进行一些精细动作时可能感到困难，例如使用触屏手机或输入密码等操作。这些生理衰退不仅影响了他们的日常生活，也增加了他们在使用新技术时的难度和不便。

从心理学角度分析，这些衰老的生理过程也加剧了他们心理状态的变化，可能导致老年人的自信心和自我评价的下降，产生自卑感和畏难情绪。由于视力和听力的衰退，他们可能会感到自己与周围环境逐渐疏远，进而产生孤独感和无助感。认知功能的减退会影响他们的注意力和记忆力，增加了学习新知识和掌握新技术的难度。这些心理状态的变化往往使老年人对新技术的关注度和学习热情降低，他们可能会对新技术产生抵触情绪，认为这些技术难以学习或与自己的生活无关。老年人在面对技术创新时，往往缺乏足够的动力和自信去主动学习和适应，从而进一步限制了他们对新技术的接受和应用。同时，随着退休后社会角色的转变，老年人可能会感到社会地位的下降和存在感的减弱，使得他们缺乏再学习的热情，这种感觉也会进一步影响他们的心理健康，在面对新事物时更加犹豫、不安和退缩。

从社会学角度来看，老年人通常拥有丰富的社会阅历和专业知识积累，他们在工作和生活中积累了大量的经验，这使得他们在参与社会活动时具备一定的见解和能力。然而，过往的经验也会使老年人固执己见，经验化地按照自己的认知去理解活动内容，从而影响活动的协调性和顺利开展。一旦出现这种情况，设计研究者们需要站在老年人视角及时沟通，和老年人共同商讨解决的办法。老年人在参与设计活动时，如果活动内容能够体现他们的个人价值，并使他们获得成就感，他们往往会表现出较高的积极性和主动性。他们不仅愿意持续参与，还会主动推荐和介绍给身边的朋友，共同参与和分享活动成果。通过参与这些活动，老年人能够提升自己的幸福感，增进身心健康，从而进一步提高他们的生活质量。此外，老年人因其丰富的生活经验和独特的视角，往往能为设计活动提供宝贵的建议和反馈，这对于活动的成功开展具有重要意义。

与儿童和残疾人相比，老年人在参与设计活动时通常会拥有更多的决策权。参与社会活动不会受到家人过多的制约，大多数老年人的身体机能能够支持他们参与设计研究活动，这意味着只要活动本身符合老年人的喜好或能体现个人价值，他们就可以自主决定是否参与。尽管如此，活动的策划者仍需充分考虑老年人因衰老带来的生理、心理和认知问题。在活动设计时，必须注重符合老年人的兴趣和需求，避免活动任务需要消耗过多的体力和带有危险性的动作。确保活动内容能够满足他们的期望，并能够体现他们的个人价值，这样才能有效激发他们的参与积极性和主动性，同时让家属放心老年人参与活动。例如，在活动设计时，活动主题对老年人要有吸引力；可以考虑增加活动中涉及的阅读性材料的文字大小，提高对比度；要简化活动任务操作流程等，使老年人更容易上手使用。同时，在活动中增加互动环节和情感交流，可以帮助老年人建立信任感和归属感，使他们更愿意参与并分享自己的经验和观点。

综上所述，老年人在技术发展的背景下，受生理、心理和社会角色变化的多重影响，他们在参与设计活动时表现出独特的需求。理解并尊重这些需求，通过合理的设计和引导，可以有效提升老年人的参与积极性，使他们在新技术和社会活动中找到自己的位置，获得成就感和幸福感，从而促进社会的和谐与进步。

通常情况下，参与式设计活动是一种有偿的社会活动，是社会参与的类型之一，旨在通过多方参与的方式收集用户反馈和改进设计。现有研究表明，社会参与对老年人生理、心理和认知具有积极影响，这种参与不仅有助于他们保持活跃的生活方式，还能增强他们的幸福感和社会认同感。那么为何他们对于设计研究者来说还是难以触及呢？通过对老年人社会参与的调查发现，整体的参与意愿并不理想。参考老年人不愿意参加志愿活动的制约因素，可以看到最主要的是"不知道怎么参加"，其次是"对目前的活动不感兴趣"，接下来是"不知道有这些活动"，最后是"健康条件不允许"（表3.1）。其中，"不知道怎么参加"一直是重要的影响因素，在作者研究团队开展活动时也得到了类似的结论。此外，中国的家庭结构和文化观念也可能影响老年人参与活动。在传统的家庭结构中，许多老年人在退休后往往会承担起照料隔代的责任，这使他们将大量的时间和精力投入照顾孙辈的任务中。这种家庭责任的增加，直接影响了他们参与社会活动的时间和精力，使得他们无法积极参与设计研究活动。

表3.1 我国老年人不参加志愿活动的原因

原因	总体			城市			乡村		
	2014	2018	2020	2014	2018	2020	2014	2018	2020
健康条件不允许	33.29	19.5	20.05	34.1	19.17	20.39	32.75	19.74	19.8
要工作	4.37	7.05	5.47	5.41	6.3	4.27	3.68	7.61	6.34
要照料他人	6.14	9.7	9.93	3.18	10.67	13.76	8.12	8.98	7.13
要参加其他休闲娱乐活动	1.89	10.65	10.88	0.59	12.84	15.17	2.75	9.01	7.75
觉得自己没有一技之长	1.77	16.27	19.1	1.86	18.36	21.29	1.71	14.71	17.5
不知道怎么参加	21.91	20.51	20.86	24.16	20.76	22.74	20.42	20.32	19.49
对目前的活动不感兴趣	13.43	18.54	20.65	9.91	18.24	24.12	15.78	18.76	18.12
经济条件不允许	4.2	11.25	10.79	6.38	10.45	11.84	2.75	11.84	10.03
要做家务	-	10.03	14.59	-	8.03	17.06	-	11.51	12.79
没人组织	-	18.18	17.52	-	18.44	18.11	-	17.99	17.09
不知道有这些活动	-	25.1	20.59	-	20.42	19.19	-	28.61	21.61

资料来源：中国老年社会追踪调查（China Longitudinal Aging Social Survey）

在活动内容的兴趣上，作者研究团队根据线上问卷与线下访谈了解到，老年人更希望设计研究活动的内容是新产品的体验、线下的纸质问卷调查、线下的面对面讨论以及动手实践类的活动内容。总之，相较于线上形式，他们显然更偏好面对面的交流和互动。这种偏好反映了老年人对直接交流和实际操作的重视，他们希望能够通过亲身体验和直接沟通来参与活动，而不是通过抽象的线上形式。

相较于招募期，影响老年人参与的因素不仅包括个人的生活环境和习惯，还涉及他们在实际参与活动中的生理、心理和认知特性。这些特性直接影响老年人的参与度和活动结果，因此需要在活动设计和实施过程中予以充分考虑和调整。

从生理角度来看，随着年龄的增长，人体的生理机能逐渐衰退，这种衰老现象在多个方面对老年人参与活动产生影响。首先，老年人视力衰退是常见的问题。老年人的视力衰退主要表现为光感知能力下降和色觉的减弱，这使得他们在获取图像、文字和颜色信息时可能会遇到困难。因此，在设计活动材料时，需要特别注意文字和图像的清晰度、对比度以及排版布局。使用大字号、清晰的字体以及高对比度的色彩组合可以帮助老年人更好地识别信息，确保他们能够顺利阅读和理解活动内容。其次，听力问题也是老年人面临的常

面向老年人的参与式设计

见生理挑战。据统计，60岁以后，大约30%的老年人会出现不同程度的耳聋。这种听力损失主要表现为对高频音域的听觉敏感度下降，如对女性的声音、电话铃声及鸟鸣等高频声音的反应变得迟钝。在环境嘈杂的情况下，听力障碍会更加明显。因此，在与老年人沟通时，应该尽量选择安静的环境，确保交流的语调缓慢且清晰，以便他们能够更好地听到和理解信息。此外，老年人的皮肤和触觉感知能力也随着年龄的增长而逐渐衰退。由于中枢神经系统机能的减退，老年人的皮肤变得更加粗糙，触觉感知能力变得迟钝，这对他们进行精准操作和触觉定位造成了影响。因此，在任务设置中，应尽量减少需要精细操作的行为，让老年人以更简单、直观的方式表达他们的想法，以激励他们表达想法为主。这样可以有效降低他们在操作过程中可能遇到的困难，并鼓励他们积极参与活动。

从认知角度来看，老年人通常表现出短期记忆衰退、学习能力下降以及思维模式固化等特征。这些特征对他们理解活动内容和执行任务产生了显著影响。短期记忆的衰退使得老年人需要更频繁地重复重要的信息，以帮助他们记住和理解活动的要求。在任务设置时，应该避免过于复杂的任务，减少学习成本，并简化任务流程，以便老年人能够轻松掌握和执行。同时，任务的设计应考虑到他们的思维模式，避免让他们感到困惑或过于复杂。

老年人的认知能力和感知能力的退化容易使他们产生挫败感，这种挫败感可能导致他们对新事物产生抵触情绪，甚至排斥新的尝试，增加心理压力。因此，在与老年人交流时，需要充分考虑他们的心理状态，避免设立过于严苛的评判标准。鼓励和肯定他们的反馈，给予积极的支持和鼓励，可以有效缓解他们的心理压力，并激发他们的参与积极性。

随着年龄的增长，老年人的身体机能逐渐衰退，这种变化不仅影响到他们的生理状态，还对他们的心理和社会角色产生深远影响。视力、听力、认知能力等生理上的变化，会导致老年人在日常生活中遇到各种困难。视力的模糊、听力的下降以及认知能力的减退，使得他们在处理信息和执行任务时感到越来越吃力。这种身体机能的变化不仅影响到他们的日常生活，还可能导致心理上的变化，如自卑感、焦虑感以及不安全感。

退休后的生活转变是老年人面临的一个重要问题。许多老年人在退休后从忙碌的工作状态转向相对闲暇的家庭生活，这种身份上的转变可能让他们感到失落和无所适从。退休后的社会隔离现象，也加剧了老年人的孤独感，使他们感到与社会的联系逐渐削弱。这种社会隔离和心理上的孤独感，使得老年人在面对新技术和社会活动时往往缺乏足够的自信和动力，进一步导致他们的社会参与度下降。社会参与对于老年人的身心健康至关重要。研究表明，积极参与社会活动不仅可以改善老年人的心理状态，还能够提升他们的生活质量。社会参与能够帮助老年人建立自信，重新找到个人的价值感，避免陷入孤立和自我封闭的状态。通过参与各种社会活动，老年人能够主动融入社会，增强与他人的互动，拓宽社会支持网络，这对于他们的心理健康和生活满意度具有积极的促进作用。

参与式设计活动作为一种社会参与的方式，对于老年人尤为重要。这类活动不仅能够让老年人体验到新的技术和服务，还能够帮助他们发挥自己的经验和能力。参与式设计活动的核心在于赋能，通过这样的活动，老年人可以对自己生活中的问题做出决策，参与社会问题的讨论，从而感受到自我价值和成就感。在设计这类活动时，需要特别关注活动内容、交流过程以及协作模式，确保它们不会增加老年人的认知和体能负担，从而能够真正赋予他们自主权和决策权。设计活动应该致力于提升老年人的自我认同感，帮助他们重新融入社会，提高他们对活动的认知和参与积极性。

因此，在策划参与式设计活动时，除了关注活动的过程，还需重视活动结果给老年人带来的积极影响。活动的本质应当是赋能，确保老年人在参与过程中感受到社会的认可和个人的价值。通过这种方式，活动能够促进老年人的身心健康，增强他们对活动的认同感，鼓励他们主动积极地参与活动，并将活动成果推荐给其他人，进一步扩大活动的影响力和参与度。

综上，基于老年人的社会参与、生理和心理特点，可以总结出各个参与接触点实现方式，如图3.1所示。

①可及性原则，在活动筹备阶段，需要特别注意避免增加老年人的负担。应展示对他们具有吸引力的活动内容，并根据老年人的社会参与特点设计可行的参与形式，同时清晰地告知他们参与的具体收益。

②引导性原则，在活动开展阶段，通过各种方式来补偿老年人在能力上的不足。需要简明清晰地呈现活动的流程和目标，充分考虑他们的生理、心理、认知和体能特点，给予他们必要的鼓励和帮助，以便他们能够逐步完成任务。通过这样的方法，可以降低老年人参与活动的难度，并提升他们的参与信心和积极性。

③赋能性原则，在活动影响阶段，要注重增强老年人的参与价值。结合老年人的社会心理特征，重视活动过程，并重视反馈活动的结果，确保他们能够通过参与活动获得成就

图3.1　不同活动阶段下老年参与者的需求

感。这种方式可以提升老年人的自我认同感和社会参与感，从而实现活动的积极效果。

综上，各个活动阶段下的参与接触点实现方式应遵循上述原则，以确保老年人能够在活动中获得最佳体验和效果。

参与式设计是老年用户研究的重要方法之一，提高参与式设计活动在社会中的认可度，有助于更多的设计研究者协同老年人参与设计活动，从而可能促进老年人的社会参与，帮助老年人及时跟上外界的变化。然而，老年人在参与社会活动时，往往面临较高的社会障碍，例如社区是否愿意承担一些责任、家属是否放心老年人参与这样的活动等。由于这些挑战，一些设计研究者可能会选择避开直接与老年用户的接触，转而与他们的照料者进行交流。这种做法虽然可以在一定程度上收集信息，但也意味着错失了直接了解老年人真实观点的机会。事实上，老年人并非单纯的"脆弱群体"，他们实际上是更为"成熟的成年人"。这种成熟体现在他们丰富的人生经验、深厚的社会阅历以及独特的生活视角上。因此，设计研究者需要摒弃对老年人的刻板印象，以尊重和平等的态度与他们接触。在策划活动时，设计研究者应尽可能提高每场活动对老年人的参与价值，关注老年人在活动中的实际体验和需求。这不仅包括活动内容的设计，还涉及活动的形式、过程和反馈机制，确保活动能够真正满足老年人的期望，并带给他们实质性的收获和满足。

通过这样的努力，设计研究者可以深入了解老年人的真实需求和体验，从而有效推动参与式设计活动的可持续发展。这种发展不仅有助于提高老年人的社会参与感和自信心，还能够使他们更好地接触社会和融入社会，避免在社会变革中被边缘化。老年人在参与活动的过程中，通过积极的互动和体验，不仅能够增进对社会的了解，还能够提升自我认同感和社会价值感。因此，设计研究者在策划和实施参与式设计活动时，需要充分考虑老年人各方面的特定需求，以确保活动能够真正实现预期目标，促进老年人在社会中的全面参与。

3.2 面向老年人的参与接触点原则的实现维度

3.2.1 可及性原则的实现维度

在活动的筹备阶段，可及性原则是确保活动能够适合并吸引潜在参与者的关键环节。这一原则涉及如何策划适合的活动，并将活动信息有效地传递给目标群体，使其能够理解并愿意参与。为了实现这一原则，需要从渠道选择和活动策划两个维度着手（表3.2）。渠道选择指的是选择老年人认可的信息传播者和渠道。活动策划指的是策划活动时，活动地点的设置和主题内容的安排要符合老年人的物理和心理距离。

在公共服务中，可及性（Accesses）是评价服务公平与效率的重要概念，也是制定公共政策的基本出发点。随后Penchansky等学者基于这个概念提出了5A维度，讨论卫生服务中的患者满意度。最早可及性的5A维度是在西方卫生政策领域中为确保所有公民都能够平等地享有医疗卫生系统提供的无差别式服务而被提出的。近年来，可及性的5A维度逐渐从卫生服务领域扩展到公共服务和养老服务领域，以了解老年人获得服务的能力和机会。5A分别是可得性（Availability）、可接近性（Accessibility）、可负担性（Affordability）、可接受性（Acceptability）和可适应性（Accommodation）五个维度，来评价养老服务与老年人之间的匹配程度。尽管在本研究中参与式设计活动被视为服务来讨论，但是活动本身并没有消费属性。另外，可及性原则关注的是活动前的筹备阶段，因此可及性理论中的可适应性原则也不在这个阶段的讨论范围内。在面向参与式设计活动时，根据所讨论的范畴，主要选择参考可得性、可接近性和可接受性原则对活动筹备阶段的可及性参与接触点进行分析，如表3.2所示。接下来将对可及性评价和可及性原则的实现维度进行详细的阐述。

表3.2 可及性原则的实现维度

可及性评价体系	活动筹备阶段
可得性 衡量现有服务与民众需求之间的关系	**渠道选择** 选择老年人认可的信息传播者和渠道
可接近性 是服务距离以及由此带来的交通成本和时间消耗对民众使用公共服务意愿产生的影响	**活动策划** 活动地点的设置和主题内容的安排要符合老年人的物理和心理距离
可接受性 关注民众心理层面对服务的接受度	

可得性衡量的是现有服务资源的数量和类型是否能满足老年人的需求。在参与式设计活动中，可得性可以理解为活动信息的传播渠道与老年人之间的联系。中国老年人的社会参与比例相对较低，这不仅与老年人自身的兴趣和意愿有关，还受到信息传播渠道的限制。许多老年人主要通过传统方式获取信息，例如报纸、电视和广播等。然而，随着数字技术的普及，这些传统渠道逐渐被现代的信息传播方式所取代。老年人对新兴的数字技术往往不太熟悉，使得他们很难接触到新活动的信息。此外，社会上存在许多非正规组织以活动为名义诱骗老年人消费，这些现象也会使得老年人对参与社会活动产生警惕心理。为了改善这种状况，参与式设计活动的组织者需要选择适合老年人的信息传播渠道。了解目标老年群体的主要信息获取方式非常重要，例如利用社区公告栏、老年人协会和亲友推荐等传统渠道进行宣传是有效的方式。这些渠道对于老年人来说更加熟悉和可信，可以帮助

他们更容易地获取活动信息。此外，社区公告栏可以设置在老年人经常活动的场所，如社区中心、公园和超市入口等显眼位置，使老年人能够及时获取最新的活动信息。除了传统渠道，活动组织者还可以考虑结合现代技术手段，提高信息传播的覆盖面和效率。比如，通过老年人子女或社区志愿者的帮助，利用社交媒体平台、微信等现代通信工具，将活动信息传递给老年人。同时，制作简洁明了的活动海报和宣传单，并在社区活动或老年人集会时分发，也是一个有效的策略。重要的是，活动组织者应确保信息简洁明了，避免使用复杂的专业术语，使老年人能够轻松理解活动内容和参与方式。

可接近性主要衡量老年人能否在可接受的地理范围和合理的时间内享受到养老服务。可接受性则主要衡量服务双方对彼此的接受程度。它们是衡量老年人参与服务和活动的两个关键因素。在养老服务的设计和参与式设计活动的规划中，这两个概念不仅涉及老年人能否在合理的地理范围和时间内享受到服务，还关系到他们对服务的心理接受程度。在参与式设计活动中，这两个概念可以理解为老年人与活动之间的物理距离和心理距离。物理距离涉及交通成本和时间消耗，因此在选择活动地点时应考虑交通的便利性。在中国，大多数老年人偏好步行出行，其次是选择公共交通。因此，选择的活动地点最好附近设有公共交通站台，使老年人能够方便地到达活动地点。前往目的地的交通工具类型应简单化和单一化，乘坐时间不宜过长，以免影响老年人的出行意愿。例如，如果活动地点离老年人居住区较远，可以考虑在离他们最近的地铁站或公交车站提供接驳服务，减少他们在出行过程中的不便。心理距离则指参与者对活动本身的心理感知。随着老年人生理、心理和认知能力的退化，他们理解事物的能力和参与活动的能力相较于其他年龄层群体会逐渐下降。因此，在策划活动时，活动主题和内容应符合老年人的喜好，要让他们觉得活动对自己有益或内容不难理解。例如，可以通过调查问卷或访谈的方式，了解老年人对不同活动的兴趣和需求，设计出他们更愿意参与的活动内容。此外，在活动过程中，组织者可以提供更多的支持和指导，帮助老年人更好地参与活动。例如，可以安排志愿者或工作人员在活动现场提供帮助，解答老年人的疑问，帮助他们更好地理解活动内容和步骤。基于可接近性和可接受性原则，可及性的参与接触点需要关注活动地点的设置和主题内容的安排，以满足老年人的物理距离和心理距离的需求，让他们更愿意参与活动。通过考虑这些因素，可以更好地激发老年人的参与热情，促进他们的社会参与，并推动参与式设计活动的长期发展，进而提升活动的可持续性和影响力。

3.2.2　引导性原则的实现维度

活动开展阶段的参与接触点需要满足引导性原则，这里的积极表现是参与者理解任务并能够积极实施和完成。引导性原则根据计划行为理论可分为态度引导、激励驱动和能力补偿三个实现维度（表3.3）。这个阶段主要是设计研究团队与老年参与者建立信任感，提升伙伴关系，协同他们完成相应活动任务的过程。当老年参与者认可组织者、理解研究任务，并且认为自身有能力完成任务时，会产生积极行为。Ajzen认为意图（intension）是产生行为的直接因素，它受到态度（attitudes）、主观规范（subjective norms）以及感知行为控制（perceived behavioral control）的影响，从而提出计划行为理论（Theory of Planned Behavior，TPB），构建了TPB模型。

表3.3 引导性原则的实现维度

计划行为理论	活动开展阶段
态度 个体对自己行为结果的信念； 个体对这些信念的评价	**态度引导** 引导老年参与者对完成活动任务持有积极的态度
主观规范 个体对来自社会中他人的看法（其他重要的人的期望，遵守这些期望的动机）	**激励驱动** 活动中其他人对老年参与者产生积极的影响
感知行为控制 个体对完成特定行为难易度的看法	**能力补偿** 让老年参与者相信自己有能力完成活动任务

现有研究表明，TPB模型作为一个普适化的用户意向和行为研究模型，具有较强的可拓展性。这个模型目前被广泛应用于消费者行为、体育运动参与行为以及游客参与行为等不同领域的研究。大多数研究都侧重基于TPB模型来考察行为意向的影响因素，并据此提出相应的干预策略。在本书中，针对参与式设计活动开展阶段的引导性原则，重点关注如何在活动开展过程中引导老年参与者更全面、积极地理解和完成活动任务，实现设计研究团队的研究目标。

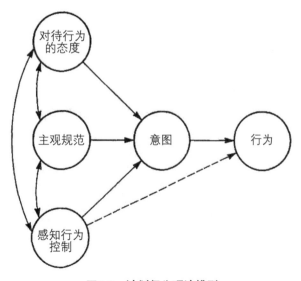

图3.2 计划行为理论模型

基于此，我们可以借鉴TPB模型，以分析参与接触点引导性原则的实现维度。如图3.2所示，在TPB模型中，态度被定义为个体对相关行为的有利或不利评价或评价程度，反映了个人在执行某项任务时的积极或消极感受。态度的形成包含了认知、情感和行为倾向三个方面，其中认知主要涉及个体对外部对象的认知印象，情感则体现为个体对行为对象的情绪情感，行为倾向则表现为个体对行为对象的预备反应。那么在参与式设计活动中，为了激发老年人更主动和积极地参与活动，必须引导他们对活动持有积极的态度。这种态度的塑造主要来源于老年人对参与式设计活动的印象和认知，以及在活动中产生的情感变化。信任是影响态度的关键前提，因此建立信任感是引导积极态度的基本要求。一般情况下，老年人参与活动时通常已经对组织者建立起一定的信任。因此，活动初期的第一印象往往决定了后续信任感的建立。需要说明的是，初期建立的信任和印象同时会受到活动筹备阶段的影响。在活动筹备阶段，活动组织者需要注重细节，例如活动的宣传、邀约和信息传达等方面，这些都将直接影响老年人对活动的第一印象。有时候，尽管老年人在活动开始阶段表现出较好的积极性，但随着活动的深入进行，长时间的参与可能会导致老年参与者产生疲劳感，或者当参与者对活动任务产生不理解时，容易影响他们态度的转变，从而降低老年参与者整体的行动力。因此，在整个活动开展过程中，应及时根据老年人的参与状态调整活动进程和任务安排，以保证他们持续参与的积极性，使活动更具有包容性和吸引力。

主观规范反映了个体在执行或不执行特定行为时所面临的社会压力或来自外界的影响，在参与式设计活动中，可以理解为来自活动中其他人的影响和压力。值得注意的是，被老年人重视的群体所产生的影响往往更为显著。研究表明，当老年人发现其他参与者也在积极开展活动任务时，他们同样会产生相关的意图。这种现象揭示了社会压力和外部激励对老年人参与活动的重要作用。在参与式设计活动中，重要人物和同伴的行为可以被视作"压力施展方"。这些压力施展方在活动中会以不同的形式向老年人传递"压力"，从而影响他们的行为。例如，如果活动中有老年人熟悉的社工在场，这些社工就成为老年人心目中的"重要"人物。他们的鼓励和支持可能会激励老年人敞开心扉，积极参与并发表个人意见。社工的积极态度和支持可以为老年人提供心理上的安全感，使他们更愿意参与活动并表达自己。这种鼓励可以是语言上的肯定，也可以是行为上的示范。另外，当老年人目睹其他参与者积极发言或成功完成某项任务时，这种行为也会激发他们的表达欲望和行动力。社会比较理论指出，个体会通过与他人的比较来评估自己的行为和态度。当老年人看到其他参与者积极参与并取得成功时，他们会受到启发，产生参与活动的动机。这种"示范效应"能够有效推动老年人的积极行为，并增强他们的参与意愿。例如，在活动中设立小组讨论环节，小组成员的积极表现可以激励其他组员也积极发言，从而提升整体的参与氛围。

所以，在参与式设计活动中设置积极的社会氛围和外部激励机制，可以有效地激发老年人的参与热情和积极性。重要人物和其他参与者的表现不仅可成为激励的示范，同时也将作为老年人参与的支持与动力。互相支持和认可也是提升老年人自信心和积极性的重要因素。因此，在参与式设计活动中及时认识和利用社会压力和外部激励的影响，不仅可以促进老年人的积极行为，同时可以有效推动活动的顺利进行，提升参与者的满意度和活动成效。

感知行为控制指的是个体对自己是否能够成功执行特定行为的自我感知。在参与式设计活动中，这种感知体现在老年参与者对完成任务的掌控力上。这种掌控力不仅包括对活动内容的理解，还涉及设计研究团队使用的专业术语、任务执行中所用的研究方法、设计工具或实验设备的使用目的和方式，以及老年参与者对这些方法、工具和设备可用性的体验。当老年人的态度和主观规范更有利于执行行为时，其积极完成任务的意图就会更为强烈，那么，是否具备行动能力则成为行为发生的关键因素。

根据Fogg的行为模型，人的行为受到动机、能力与触发器的影响。在这个模型中，所谓的能力并非指执行特定任务的能力，因为人们不愿意在这方面花费过多的努力，而是强调降低学习新技能的成本。Fogg认为，为了促进行为的产生，应该将目标行为简单化，而不是单纯提升个人能力。简单化的目标行为能让个人觉得可以轻松完成任务，从而提高其积极行为的产生概率。这一理论特别适用于老年人，他们在面对复杂任务时可能会感到不安或困惑。因此，弥补参与能力的不足，简化任务，降低学习新技能的门槛，是产生积极行为的关键。

在参与式设计活动中，提供简明易懂的任务说明、提供易于使用的设计工具和设备，以及创造良好的学习环境，可以帮助老年人更好地掌握执行任务的能力，提升他们对任务的掌控感和信心。在活动中，重要的是要为老年参与者提供足够的支持和指导，降低完成任务的门槛，使任务看起来更加可行和易实现。这种方式比过分强调个人能力的提升更有助于激发老年人的积极行为，提高他们参与活动的体验感和满意度。因此，在参与式设计活动中，重点应该放在简化目标行为和提高老年人参与能力的补偿措施上，从而有效推动积极行为的产生。

3.2.3 赋能性原则的实现维度

赋能性原则是指参与活动所带来的经历和收获，能够对老年人未来的生活产生积极影响，从而促进其个人成长、社会参与等，积极应对老龄化现象。结合设计赋能研究，赋能性参与接触点的实现维度涵盖了个人收获这一重要方面。根据反思层的特点，侧重参与者在活动结束后的反思过程，关注活动对参与者的影响以及活动影响的可持续发展两个方面。

活动对参与者的影响不仅在于赋予他们对自己生活的决策权和掌控权，还在于对他们未来的生活产生更大更积极的影响。实现对参与者的赋能是确保参与式设计活动可持续发展的基石。基于此，实现对参与者的赋能也是实现参与式设计活动可持续发展的基础。并且这里的参与接触点与可及性和引导性的参与接触点息息相关。为了实现赋能性参与接触点，设计研究团队应该从活动的筹备、开展到结束的各个环节都注重参与者的个人成长需求。通过提供有益的活动体验和引导，使参与者能够深入思考、感受并反思活动带来的正面影响。在参与式设计活动中赋能参与者，不仅可以增强他们的自信心和社会参与意愿，更可以激励他们更加积极地应对老龄化社会的挑战。因此，切实关注赋能性原则，并落实于活动中的赋能性参与接触点，将能够引导老年参与者在活动中获得更多实质性成长，促进他们的健康发展与积极参与社会的能力。

董玉妹将设计赋能的结果分为感知性赋能与获得性赋能。感知性赋能以提供信息、技术和提供选择、参与的机会等方式来实现。参与式设计研究的过程是感知性赋能。参与完活动后属于获得性赋能。感知性赋能作为基础，为获得性赋能提供了必要的支持，因此获得性赋能的内容依赖感知性赋能所提供的基础。服务设计的目标是赋能服务接受者，促使其参与协作服务开发过程，从而发挥自身的主观能动性，共同创造服务的价值。然而，这种赋能是短暂的，同样，在参与式设计活动中的赋能过程也是短暂的。对于老年人而言，在参与式设计活动中获得的收获，如知识的增长和社会关系的建立，可能会转化为长期的赋能效果。这种长期的赋能效果是我们特别关注的。

因此，活动后的赋能性原则指的是参与式设计活动给参与者个人带来的收获。对于参与者来说，参与式设计活动可以为他们带来物质属性和精神属性两种收益。物质属性收益主要指参与活动后所获得的物质上的报酬，而精神属性收益则涉及活动过程中知识和社交方面的收获。参与式设计活动中，设计研究团队与参与者相互学习、知识共享的过程，促进参与者个人的发展。知识的交流有助于缩小个体与社会之间的距离，同时为个体未来生活带来帮助。与此同时，这其实也是一种社交过程，建立和拓展社会关系对老年人来说非常重要。因此，参与式设计活动的赋能可以为老年人带来自我效能的提升和自我价值的实现。

根据获得性赋能的特点，赋能性参与接触点实际上包含了具有赋能属性的可及性参与接触点与引导性参与接触点。总而言之，如表3.4所示，赋能性参与接触点是个体在活动中的收获，这些收获有助于提升个体的自我效能感和实现个人价值，从而推动参与式设计活动的可持续发展。

表3.4 赋能性原则的实现维度

设计赋能研究	活动影响阶段
获得性赋能 整体活动的经历对参与者的持续影响	**个人收获** 参与式设计活动中有助于提升自我效能和实现个人价值的收获

3.3 参与接触点原则实现维度的要素

通过理论研究，分别对三个原则下的实现维度进行了分类。设计是一个实践性较强的学科，具体该如何实施，应该由大量的实践经验总结而来。因此，作者对国内外2017—2022年六年来发表的，面向老年人的参与式设计研究文献进行检索，筛选得到涉及老年人积极表现的文章共45篇，其中国外实践案例39篇，国内实践案例6篇。通过对这些涉及积极表现的内容进行整理和归纳，最终总结了每一个参与接触点原则实现维度的要素，如图3.3所示。可及性原则下的参与接触点实现维度的要素主要在活动前。引导性则是在活动开展过程中，其中又分为活动开始前和活动正式开始后。赋能性则贯穿整个活动过程，这就意味着在筹备和开展阶段就要注意赋能性原则。具体分析过程如图3.4（参考案例详见附录）。

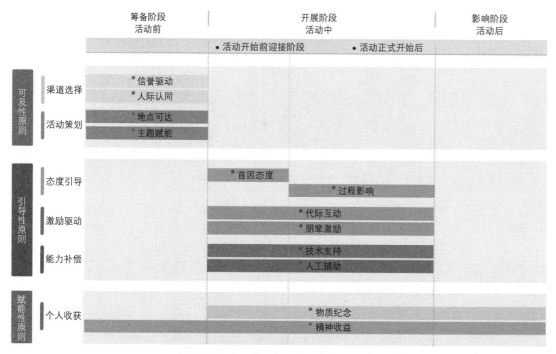

图3.3 参与接触点实现维度的要素与各活动阶段的关系

面向老年人的参与式设计

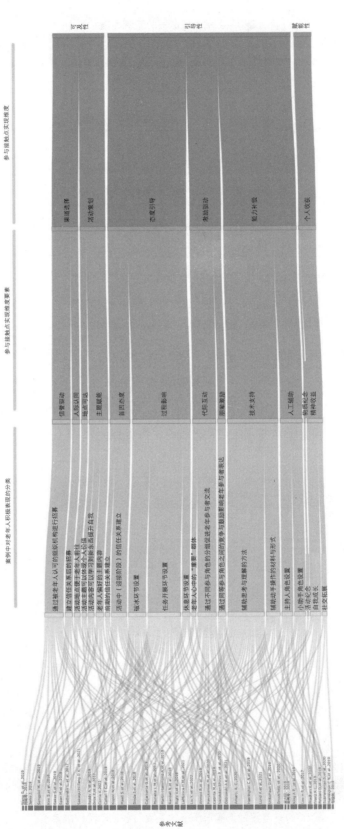

图3.4 案例研究过程的可视化

3.3.1 可及性要素内容

面向老年人的可及性参与接触点包含了渠道选择和活动策划两个实现维度。通过对案例的总结,渠道选择包含信誉驱动和人际认同两个要素,活动策划包含地点可达和主题赋能两个要素(图3.5)。

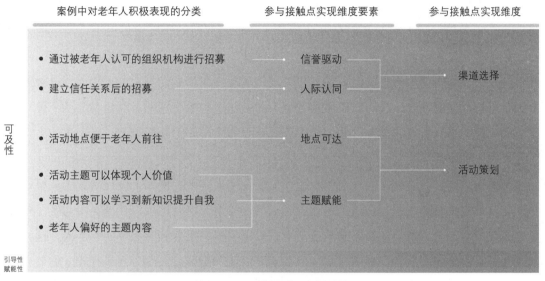

图3.5 可及性原则下案例总结

(1)渠道选择

在渠道选择中,信誉驱动是指通过老年人熟悉的社会组织进行活动信息的发布,从而提高老年人接收和接受信息的效率。例如,老年活动中心、社区中心和图书馆等这些老年人经常会前往并且有一定信任基础和合作经历的机构。对于老年人来说,他们视这样的机构为日常关注和保持联系的重要社会组织,他们相信这些机构发布的信息正规且符合自身利益,有助于增加他们对发布信息的信任度和接受度。老年活动中心、社区中心和图书馆等机构,作为老年人日常生活中的重要场所,已成为他们获取信息和参与社会活动的重要渠道。老年人对这些场所有着天然的信任,因为这些机构不仅提供日常活动和服务,还与他们的生活密切相关。大多数涉及招募策略的研究显示,设计研究团队主要与社区或者老年中心等合作,但也有设计研究团队通过大型连锁商场或诊所进行招募。因此,具体的社会机构或组织的选择,需要结合当地老年人的日常行为习惯及课题的特点进行考量,再选择合适的盟友。不同类型的社会组织具有不同的优势和覆盖面,设计研究团队应根据老年人的日常活动轨迹和信任偏好,制订相应的招募策略,以提高招募效率和参与度。

在我国,社区是老年人最信任的社会组织之一。随着社区养老政策的推进,社区格外关注老年居民的日常生活，定期组织关爱老年居民的活动，以促进老年人的社会参与。因此，他们也比较愿意与相关研究机构合作，进行面向老年人的社会参与活动。社区在老年人生活中扮演着重要角色，其信任度和参与度均较高，是信息发布和活动招募的理想渠道。通过与社区合作，设计研究团队不仅可以借助社区的资源和网络，还能充分利用社区对老年人的了解，制订更加贴近老年人需求的活动方案。

另一个要素是人际认同，这个要素是中国人人际交往中普遍遵循的法则。人际认同指的是让老年人信任的人群发布信息帮助招募。在社会参与的研究中也提到，"被他人邀请"是老年人参与社会活动的重要途径之一。因此，在参与式设计活动中，设计研究者们可以与积极参与的个体建立联系，请其协助宣传活动并邀请他们身边的人加入。这种通过熟人介绍和推荐的方式，能够有效增加老年人的信任感和参与意愿。积极参与的个体在活动中扮演着桥梁和纽带的角色，他们的推荐具有很强的说服力和影响力，有助于扩大招募范围和提高活动参与度。

人际认同还可以通过提前与老年人建立信任关系来实现。例如，设计研究团队可以先开展讲习班宣传研究主题，在这个过程中建立信任关系，同时也可以让潜在参与者了解研究内容与目的，这样团队在接下来的活动中就可以大概率招募到感兴趣的老年人。这种方式虽然需要较长的周期和较高的成本，但在建立信任和提升参与度方面具有较好的效果。通过持续的互动和沟通，设计研究团队可以逐步消除老年人对陌生活动的戒备心理，增强他们的参与意愿。需要注意的是，在实践过程中我们发现，有时候尽管报名时老年人很踊跃，但实际出席率并不高。因此，在条件允许的情况下，可以先进行家访，提前与潜在参与者建立联系和信任关系，以提高他们后期的参与率。这种方式虽然耗时耗力，但在提高参与率方面具有显著效果。通过家访，设计研究团队不仅可以进一步了解老年人的需求和期望，还能在互动中增进感情，为后续活动的顺利开展奠定基础。这种情况通常发生在与社区结为盟友时。虽然社区的传播性比较强，但是实际到场人数有时候并不能很好控制。所以，设计研究团队需要提前制订应对预案，以确保活动的顺利进行。预案可以包括备用参与者名单、灵活的活动内容等，以应对实际参与人数与预期不符的情况。在活动执行过程中，设计研究团队应具有灵活应变能力，及时调整和优化活动安排，确保活动效果和参与者满意度。

总的来说，通过选择老年人信任的社会组织发布信息，并结合人际认同策略，设计研究团队可以有效提高老年人接收和接受活动信息的效率。同时，通过提前建立信任关系和制订应对预案，可以进一步提高活动的参与度和实际效果。这些策略的实施，不仅有助于设计研究团队顺利招募参与者，还能在活动中增进老年人的社会联系，提升他们的幸福感和满足感。

（2）活动策划

活动策划包含地点可达与主题赋能两个方面。地点可达指的是活动地点便于老年人前往。活动地点的选择是影响老年人参与活动的重要因素之一。相较于其他人群，出行对于老年人来说有时会是一种挑战。一些国外研究建议，活动地点最好设置在大众比较熟悉的地方，例如市中心，以及提供免费停车服务或者交通工具直达的地方。我国老年人通常以公共交通工具为主要出行方式。如果活动地点设置较为偏僻，在交通不便利的情况下，老年人可能会很难找到合适的交通工具前往，并且路途比较遥远的话会增加他们的出行成本，同时也容易增加他们的疲劳感。然而，很多时候受到研究资金和研究内容的限制，活动地点的选择并不一定能满足所有参与者的需求。在这种情况下，可以为老年人叫车或者支付交通费，从而在一定程度上减轻他们的出行负担。另外，在研究内容与条件允许的情况下，也可以让老年参与者自行选择地点，这样不仅能增加他们的参与感，还能提升他们的参与动机。通过这种方式，老年人可以选择他们熟悉且方便前往的地点，减少出行带来的不便和压力。

主题赋能是指活动内容的设置让老年人感觉到有参与价值和贡献意义。根据案例分析，总结了三个特点。第一，活动主题要体现个人价值。例如新产品的试用，老年人会认为自己被赋予权利去体验新开发出的产品，会认为在这个过程里他们的反馈会受到重视。这种赋予老年人权利和责任的活动主题能够激发他们的自豪感和参与积极性。第二，活动内容要让老年人有机会学习到新知识。其中，与技术相关的主题比较受老年人的青睐。例如，活动主题是关于手机拍照，可以融入手机拍照教学方面的内容。在这类活动中，技术的学习比活动报酬更受到老年人的欢迎，因为他们希望在技术开发中发挥积极作用。通过参与这类活动，老年人不仅能学到新技能，还能感受到自己在不断进步，这对他们的心理健康和生活满意度有积极影响。第三，设置老年人偏好的活动主题，主要包括个人故事、生活方式、社会参与、智慧生活、健康、手工艺等主题，可以激发他们的参与热情。这些主题与他们的生活经验和兴趣爱好密切相关，因此更容易吸引他们参与活动。例如，手工艺主题的活动可以让老年人展示他们的技能和创意，而健康主题的活动则能提供实用的健康知识和技巧。还有学者建议，可以依据目标人群，结合研究内容，构建本土化的主题，提高当地老年人的参与意愿。通过本土化的主题设置，活动内容更贴近老年人的生活实际和文化背景，能够引起他们的共鸣和兴趣。大多数老年人渴望通过参与活动增加社交互动，但有时研究目标与老年人的兴趣不能完全契合。在这种情况下，可以适当在活动中融入具有社交属性的内容，为老年人提供社交机会，从而吸引他们的参与。例如，在活动中设置茶话会、讨论环节或团队合作任务，可以增加老年人之间的互动和交流。通过这种方式，活动不仅能够实现研究目标，还能为老年人提供丰富的社交体验。尊重老年人的兴趣和需求，在活动设计中考虑他们的价值观和期望，可以更有效地激发他们的参与积极性，并使活动更具吸引力和意义。设计研究者应注重与老年人的沟通，了解他们的真实需求和兴趣点，从而设计出更加符合他们期望的活动内容。同时，活动设计应注重灵活性和包容性，确保不同背景和需求的老年人都能找到适合自己的参与方式。通过这些努力，设计研究团队不仅能实现预期的研究目标，还能为老年人带来积极的参与体验和丰富的社会资源。

3.3.2 引导性要素内容

引导性原则下的参与接触点包括态度引导、激励驱动和能力补偿三个维度（图3.6）。每一个维度又分别归纳出两个要素，其中，态度引导包含了首因态度和过程影响，激励驱动包含了代际互动和朋辈激励，能力补偿包含了技术支持与人工辅助。引导性是活动开展阶段中的参与接触点原则，它受到前面可及性原则的影响，也是后面赋能性原则的基础。

（1）态度引导

态度引导的作用是促进老年人产生积极的参与活动的态度。其中分为首因态度和过程影响两个要素，分别在活动的不同阶段发挥重要作用。

首因态度是指活动开始前老年人对设计研究团队的初始印象，主要目的是建立信任关系。建立信任关系是协同老年人参与设计活动的重要基础，因为信任关系是合作的基石。为了实现这一目标，设计研究团队需要注重首因态度的塑造，即通过首次接触和沟通给老年人留下良好的印象。这可以通过多种方式实现，例如在活动宣传阶段，设计研究团队可以通过详细的介绍、真实的案例展示以及积极的互动，向老年人传达诚意和专业性。此外，团队成员的亲和力、沟通技巧和耐心也是建立信任关系的重要方式。老年人通常更加注重与人交往中的情感联系，因此，设计研究团队应尽量在初期接触中展现出真诚、关心和尊重，从而在老年人心中建立起信任的基础。基于此，首因态度也会受到可及性原则下参与接触点的影响。

过程影响主要是在正式开始活动后，用于调节老年人在参与过程中态度的要素。活动开始后，老年人的态度可能会受到多种因素的影响，需要及时调控以保证活动顺利进行。在整个参与过程中，设计研究团队应注重老年人的反馈和情绪变化，并采取相应的措施进行调整。例如，活动的节奏和内容安排应考虑到老年人的身体状况和接受能力，避免过于紧凑或复杂，从而减轻他们的疲劳感和压力。同时，团队应积极鼓励和表扬老年人的参与和贡献，增强他们的自信心和成就感。通过这种方式，设计研究团队可以在活动进行中不断强化老年人的积极态度，促进他们的持续参与。

首因态度是受第一印象影响的态度。具体发生在参与者刚到达活动现场，具体活动任

面向老年人的参与式设计活动方法 第3章

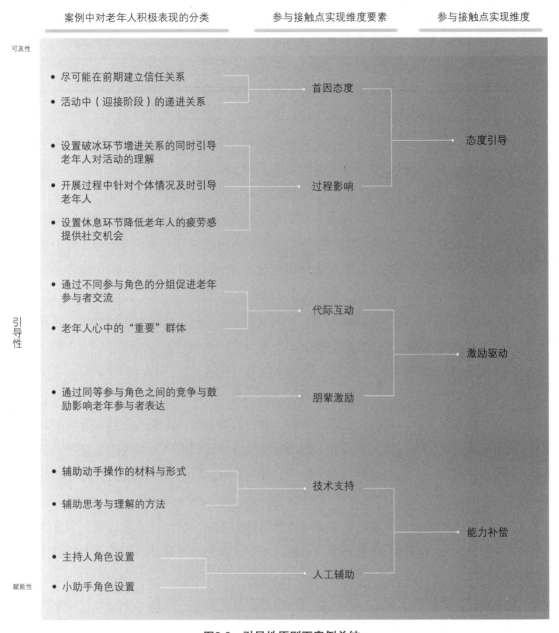

图3.6 引导性原则下案例总结

务开始前的阶段。这种因第一印象带来的影响在心理学中被称为首因效应。首因效应强调双方在交往过程中，以视觉层面的感知获取对象的外部特征，并对其获取的信息进行加工解读，通过判定对象的情感、动机来主观形成对其的第一印象。正面的第一印象将有利于双方快速建立信任，反之，负面的第一印象则会为后续的发展带来一定的阻力。良好的第一印象对老年人来说是非常重要的。为了建立良好的第一印象，可以在活动开始前逐步开展一些准备工作。例如，研究人员可以提前给老年参与者发送信息提醒，在信息中强调活

91

动的内容与安排，帮助老年参与者提前了解活动的具体情况。此外，一些研究活动可能有机会在活动正式开始前去往老年人家中进行拜访。在老年人熟悉的环境中相互认识，将有利于建立后续的信任关系。

一些团队可能会长期与固定的群体开展研究活动，因此可以定期与参与群体聚会，熟络感情，逐步建立信任关系，并在这个过程中开展测试或者访谈。对于一些短期的研究活动，研究团队可能在活动当日才与参与者初次见面，那么可见的活动环境将是影响第一印象的重要因素。活动环境包含活动场所的设施（如无障碍设施、安全设施等）、活动场所的内部环境（如灯光、空间大小等）、开展活动任务时接触的家具和用品（如桌子、椅子、技术设备等），可以在活动环境中布置与主题相关的照片或者物品，摆放好活动过程所需的材料，放置参与者的名牌等，空间中包含所有团队成员的桌子与椅子，以表达对参与者的重视。同时考虑到老年人的生理特殊性与习惯，活动环境卫生间的无障碍设施以及热水的供应都对支持老年人参与活动起到重要的作用。

除了这些可见因素外，活动现场的欢迎氛围也至关重要，这种氛围可以帮助老年人更加轻松和快速地融入现场，激发参与热情。世界咖啡馆是研究者们常用的一种方法，这种方法旨在营造一种休闲的咖啡馆氛围，促进开放和轻松的对话。参与者将坐在桌子周围，仿佛置身于一家咖啡馆中，这种环境特别适合以访谈为导向的活动。另一方面，研究者的表现与态度也非常重要。在活动正式开始前，通常会有一段登记个人信息和等候的时间。在这段时间里，研究者可以向参与者介绍项目，通过闲聊创造机会与他们建立更密切的联系。考虑到老年人的记忆力可能不如年轻人，此时还可以再次重复活动的目标和任务，以加强他们对活动的认知，促进他们的积极参与。在研究条件允许的情况下，选择一个老年参与者熟悉的活动地点或者邀请老年参与者熟悉的人在场，对信任关系的建立会有事半功倍的效果。因为来自同一个社交网络的人可以让老年人感到更舒适，更容易表达诚实的意见和反馈。

综上所述，首因态度在参与式设计活动中具有重要意义。通过一系列有针对性的准备和安排，可以在活动开始前逐步建立良好的第一印象，从而为后续的信任关系奠定坚实的基础。这不仅有助于老年人更积极地参与活动，也将大大提升整个活动的效果和质量。

过程影响指的是在活动正式开始后，随着活动的推进，老年参与者的态度也会随之变化。正向的态度有助于信任关系的加深，增强活动成员间的互动意愿，从而提高成员之间知识分享和创造的效率。因此，需要在活动开展中关注参与者的状态，及时调整他们的情绪，让他们保持愉快的心情。破冰通常是活动正式开始后的第一个环节。破冰环节主要是为了打破组织者与参与者以及参与者之间的隔阂，帮助彼此迅速认识，建立信任关系，有助于后期在活动过程中的合作。根据案例研究发现，破冰环节主要包含批评性会议、对话活动、游戏设置以及与主题相关的"热身"任务等。通常，批判性会议和对话活动会混合使用。参与者可以通过批判性会议中尊重的辩论和协商的对话建立联系，稳步发展成为一个有凝聚力、值得信任和富有成效的团队。大量研究显示，游戏可以很好地促进人与人之间的关系，人们可以在游戏中进行互动或者合作等形式的交流，在这个过程中人们可以快速地了解彼此。参与者在玩游戏时形成了一定的群体动态和人际关系感，这加强了他们的协作、热情和动机，他们之间的相互鼓励和帮助，创造了一个合作、尊重和激励的氛围。还有一些案例使用头脑风暴的方法，改善参与者与组织者之间的关系。头脑风暴可以加深老年人对主题的理解，且易于他们使用。还有一些研究设置了设计环节，结合主题进行设计练习，激发创造力。有一个关于线上活动的案例，邀请参与者对着摄像头展示自己的个人物品，分享自己的故事，促进信任氛围的产生。

  在任务开展过程中，舒适、愉悦的环境需要持续维持。一些老年参与者很少接触外界，因此需要为他们提供愉快和热情的活动氛围，帮助他们快速适应。大量研究表示，非正式的活动形式能够促进老年人的参与，比如在午餐时进行非正式访谈，在比较枯燥的测试类活动中提供咖啡与饼干。除了环境氛围的设置以外，研究人员的态度也非常重要。一些老年人拒绝参与活动主要因为，他们觉得在活动中自己被当作实验对象看待。还有一些参与者会忌讳"老年人"这个词，在听到相关描述时可能会产生负面情绪，这就需要在用词上规避一些不当用语。交流过程中研究人员需要消除对老年人的刻板印象，将他们视为积极的社会参与者，鼓励老年人分享个人经验与故事，推进建立信任和友好的关系，提高研究人员在老年人心中的影响力。

  老年参与者的低自尊和不自信，使得他们相较于其他群体更加敏感，如果在活动中没有收到研究人员的及时反馈与关注，容易感到被孤立、冷落。为此，研究团队需要肯定和尊重每一位老年参与者付出的时间与努力。具体可以体现在，对老年人保持实时关注、耐心和给予积极的反馈，在开展任务时避免向老年人说"对"或"错"。活动过程中要重视每一位老年参与者，可以尝试多询问老年人的意见，让每一位老年参与者成为活动过程中不可缺少的成员。需要注意的是，许多老年人对一些学术性用词和技术概念比较陌生，在对话过程中需要规避或替换相关用词，减少老年人的困惑。

  在整个活动中，休息时间的设置也非常重要。过长时间的注意力集中容易让老年人疲惫，因此茶歇对于老年人来说是很好的调节气氛的环节。在这个时间段可以创造一个放松和活跃的环境。许多研究者在活动中准备了咖啡和茶点以供老年人进行社交互动。老年人参与活动的主要动机来源于社交激励，因此通过茶歇来提供更多社交机会，有助于提升老年人对活动的好感。

  综上所述，活动过程中需要密切关注老年参与者的状态，通过设置不同环节中的参与接触点，保持他们的正面态度和积极的参与意愿。同时，通过适当的活动安排和细致的关怀，营造支持性的活动环境和融洽的人际关系，使老年参与者更加投入和享受活动。

（2）激励驱动

激励驱动主要是利用社会压力激励老年人参与活动，即通过其他参与者在活动中的影响，来增强老年参与者的积极行为意图。在活动中，"其他参与者"在老年参与者心中扮演不同的角色，可能是被老年人认为重要且想要取悦的人群，也可能是和他们具有"竞争性"的平等角色的群体。这种社会压力的激励主要体现在代际互动和朋辈激励两个要素上。

在代际互动中，一些群体（例如老年人熟悉的社工或照料者）具备天生的优势，他们在活动现场可以促进老年人与设计研究者之间的有效沟通。尤其是在社区活动中，若组织者中包含社区工作人员，老年人往往会表现得更加积极。因此，设计研究者需要尽快与老年人建立关系，提升自身对老年人行为的影响力，进而增强老年人的参与意愿。借助混合分组的方式激励老年人参与讨论和分享想法是许多研究者所采取的方法，例如让老年参与者与他们的照料者合作组队。其中代际交流被认为是老年人喜欢且较为有效的合作形式，特别是年轻设计研究者与老年人之间的互动交流，老年参与者往往乐于与年轻人接触。通过协同合作任务，可以提高老年人的积极参与性，而研究者与老年人之间的一对一互动更有助于激发老年人的参与热情。老年参与者认为，一对一的模式让他们感觉被重视和倾听，即使出错也没有关系，从而可以更加自在地表达自己的观点。

朋辈激励主要是通过朋辈参与者之间的交流、鼓励以及竞争，有效地激发老年参与者的积极行为。让老年参与者之间分组合作，不仅能为他们带来安全感，减轻参与的负担，还能够促进合作氛围的形成，增进彼此之间的信任和团队凝聚力。同时，老年人之间共同的经历和兴趣爱好也有助于话题的建立，为活动任务的顺利推进提供了有力支持。朋辈之间的互相鼓励和支持相较于研究人员的指导，更能降低老年人的紧张感和压力，让他们更加愉快地参与活动。除此之外，一些老年人渴望有机会与同龄人分享他们的知识和经验，因此分享经验、互相鼓励和祝贺都是他们喜欢的社交互动方式，这种互相启发和激励的氛围有助于激发他们更多的潜力。因此，分组开展活动任务，促进朋辈之间的良性竞争和合作共赢，将是提高老年人行动力和参与度的有效途径。

在实际操作中，设计研究者可以采取多种方式来实现这些激励效应。例如，可以安排一些与老年参与者的社交活动，如一起用午餐或茶歇，这不仅为老年人提供了一个放松的机会，也促进了他们之间的交流和互动。此外，可以设置一些小组任务，鼓励老年人彼此合作，共同完成任务。这种方式不仅可以增强老年人的参与感和成就感，还可以促进他们之间的友谊和互信。另外，在活动中引入一些竞争机制也是一种有效的激励手段。例如，可以设置一些小型的竞赛或比拼，激励老年人通过努力争取优胜。这种方式不仅能够激发老年人的积极性,还能够增加活动的趣味性和参与度。在引入竞争机制时,设计研究者需要注意把握好竞争的度,避免过度竞争给老年人带来压力或负面情绪。

综上所述,代际互动和朋辈激励这两个要素,可以有效地激励老年人积极参与活动。设计研究者在活动设计和实施过程中,需要充分考虑老年人的心理特点和需求,通过多种方式营造一个支持性和激励性的环境,从而提高老年人的参与度和满意度。这不仅可以增强老年人对活动的兴趣和投入度,还可以促进他们的社会交往,提升他们的自信心和幸福感。这对于老年人的身心健康和生活质量都有着积极的影响。

(3)能力补偿

能力补偿是指通过提供必要的支持,来弥补老年参与者在某些能力上的不足,从而增强他们的参与信心和积极性。这种支持可以涵盖多个方面,包括理解研究问题、回忆事物和专业技能上的帮助。在参与式设计活动中,任务通常源于设计研究团队的研究目标,任务形式会根据研究内容的不同而不同。例如,在确定研究问题时需要老年人参与讨论,在共同创作设计时需要老年人表达想法,在用户测试时需要老年人使用产品并提供反馈意见。由于参与者的知识背景和先前经验的差异,老年人可能难以理解专业术语或不清楚如何进行这些任务,因此需要在开展任务的过程中提供技术支持和人工辅助。

技术支持通过设计方法、设计材料和设计工具等实现。设置具有融合和发散作用的设计活动有利于老年参与者思考,例如头脑风暴。头脑风暴不仅可以帮助老年人与设计研究团队建立融洽关系,也能引导老年人思考以及理解活动目标。通过创建场景也能够帮助老年人更好地理解研究者的问题和表达他们的想法。

在研究过程中,许多专业术语可能对参与者来说不够熟悉,这就需要通过可视化媒介弥合设计研究团队与参与者之间的理解鸿沟。例如,使用图像、影像等可视化媒介统一彼此对相关术语的理解,从而促进老年人的表达。此外,可以使用概念草图和低保真原型对具体设计内容进行可视化,使参与者能够直观地看到、亲自触摸并与设计进行互动。这种方式不仅使设计理念变得更加具体和形象,也极大地丰富了参与者的体验。通过这种互动,参与者能够更深入地理解设计的意图和功能,激发他们的思维和反馈。尤其老年参与者本身对数字化产品的概念比较陌生,让他们使用熟悉的材料可以减少心理压力。例如,概念草图可以激励参与者对特征进行建设性的批判和推理,并更好地阐述他们的想法。此外,活动手册也是一个非常重要的辅助工具。它可以帮助老年参与者回顾和记录活动要求,也能重复提醒他们活动规范。活动手册的设计要选择合适的字体,易于阅读,同时也要合理规划视觉元素,起到辅助老年人理解的作用。

在创作方面,丰富且个性化的材料可以吸引老年人执行任务。对于老年人来说,熟悉、传统、基础的工具(例如便利贴、笔、纸、尺子和黏土等)有助于他们识别和使用,从而帮助他们可视化想法。比如给参与者提供童年时使用过的黏土，可以帮助他们轻松地塑造自己的想法，无障碍地参与到设计过程中。这些简单的原型材料在与老年人共同设计中，可以帮助他们表达、讨论和展示他们对未来技术的愿景。

人工辅助的要素主要由人实现，包含两个角色，一个是活动中设置主持人控制和引导活动进程。主持人在活动中可以使用幻灯片等技术手段进行讲解，确保参与者理解研究内容。另外，主持人在发言时要缓慢而清晰，重复重点内容，加强老年人的记忆。在引导活动进程的同时，也要关注老年参与者的状态，鼓励他们发言和展示自己的想法。

另一个角色是小助手。小助手在活动中可以代替老年人完成其不擅长的任务。比如在集体讨论中，帮助老年人记录他们的发言，避免他们分心，同时又能提醒他们之前说过的内容。对于大多数老年人来说，绘画是比较困难的，通常情况下他们也不愿意自己作画，更愿意口头描述想法，这时小助手就是他们的设计师，帮助他们可视化想法。小助手呈现的结果不仅可以促进他们讨论，也能提高他们的参与积极性。除了在技能方面弥补老年人缺少的专业知识外，还需要适时引导老年参与者。在进行对话活动时，老年人有时候不能理解问题或者不知道如何回答，此时小助手可以使用通俗易懂的方法解释和引导，例如以一起发现问题的形式引导他们讨论，从而达成协同合作的目的。

总的来说，能力补偿通过物理工具、技术设备和人工辅助，弥补了老年参与者在专业知识和技能上的不足。这不仅增强了他们完成任务的信心和积极性，也促进了他们在活动中的积极参与。这不仅可以提高活动的整体质量和效果，还能够让老年参与者在参与过程中感受到尊重和关怀，从而提升他们在活动中的自尊心和幸福感。

3.3.3 赋能性要素内容

根据案例研究，赋能性参与接触点的实现维度是个人收获。如图3.7所示，个人收获包括物质纪念和精神收益两个要素。

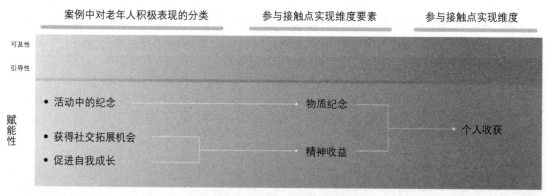

图3.7 赋能性原则下案例总结

赋能性原则是指参与者在活动中获得赋能和启发的时刻。这种赋能不仅对个人成长和实现带来更持久和更深远的影响，还能激发他们的潜能和积极性。为此，赋能性参与接触点包含赋能属性的可及性和引导性参与接触点的内容。然而，在所选择的案例中，并没有明显提及具有赋能属性的参与接触点。

个人收获中物质属性的物质纪念，包括茶点或者物质报酬，还可以制作活动手册作为纪念品赠送给老年人收藏。然而，并没有直接证据表明这些对老年人来讲是重要的活动收获。

精神收益主要包含自我成长和社交拓展。在自我成长方面，有些老年参与者感觉在参与活动的过程中获得了力量，尤其是当他们在活动中的贡献受到认可时，他们感觉自己变得很有用，增强了他们的自信。此外，活动中的发声机会、新技能的学习都被认为比较有意义。还有一些老年人表示，参与活动后也开始重视和关注活动相关的内容。因此本书也将这些内容归纳到精神收益中。精神收益的另一方面是社交拓展，许多参与者认为活动参与给予了他们社交的机会，参与活动本身的收获远大于所获得的物质报酬。并且如果通过参与活动能够建立社群，有助于维持老年人对项目的长期参与和贡献，符合他们的日常生活习惯。这也在一定程度上证实了，当老年人参与过活动并认可活动，与设计研究团队建立固定联系后，还会有再次参与的可能。

3.4 面向老年人的参与式设计方法构建

3.4.1 面向老年人的参与接触点方法

根据案例研究，发现已有研究对筹备阶段和影响阶段的讨论较少，主要集中在活动的开展阶段。这些研究成果为引导性原则中的态度引导、激励驱动和能力补偿三个维度提供了比较丰富的指导建议。在活动筹备阶段涉及对招募盟友、活动地点和活动主题的建议。这些内容都强调了活动传播渠道和活动内容策划对老年人的可及性是非常重要的，主要介绍了一些可以联系的社会机构，或者提前与老年人建立联系先相处再招募。关于活动影响阶段的讨论是最少的，案例中几乎没有直接明示赋能性的内容，而是作者结合上下文提取。其中一些研究间接通过筹备阶段和开展阶段中的参与接触点，指出赋能性参与接触点的确是存在的，并且呈现出它们对活动可持续发展的支持。下面将对每一个阶段下的参与接触点实现维度及要素进行总结。

（1）活动的筹备阶段

在进行活动筹备时，确保参与接触点的可及性原则是关键。该原则强调活动信息需要有效地传递给潜在参与群体。这个原则包括两个方面：渠道选择和活动策划。

渠道选择涉及如何选择适合老年人的信息传递途径。老年人通常在退休后与社会的联系减少，以及对现代信息技术不太熟悉，这些因素使得他们在接收信息方面存在一定的局限性。因此，选择信息渠道时需要特别注意老年人的实际需求和习惯。考虑到老年人生活环境的特点，渠道选择可以通过两个要素来实现。一个是信誉驱动，指的是与老年人熟悉的组织机构建立联系，例如社区、单位的退休办或者其他社会组织，以提高活动信息的可信度。在这些社会机构中，社区是比较容易建立合作关系的机构。另一个是人际认同，指的是通过老年人认可的人群邀请他们参与，或者在被老年人认可后招募他们参与。具体而言，可以让老年人通过他们的社交圈转发活动信息。这种方式尤其适用于那些在招募过程中表现积极的老年人，他们在自己的朋友圈中传播信息，可以显著提高信息的覆盖面和接受度。此外，设计研究团队还可以通过举办座谈会或小型交流活动，直接与老年人建立联系。通过这种面对面的交流方式，团队可以更好地了解老年人的需求，获得他们的认可后，再正式提出活动邀请。这种方法有助于建立信任关系，并使老年人更愿意参与活动。

活动策划包括设置符合老年人偏好的活动内容和在招募过程中进行人性化调整。主要有主题赋能和地点可达两个要素。主题赋能旨在结合研究课题，通过巧妙优化活动主题来吸引老年人参与。活动主题的设计应体现个人价值、提供社交机会或传授与技术相关的知识。赋予活动主题更多的吸引力，可以激发老年人的参与兴趣，使他们感到参与活动能够带来实际的收益和满足感。地点可达是从交通出行对老年人参与活动影响的角度考虑，活动地点应选择在老年人容易到达的地方。如果活动地点相对较远，还应考虑提供交通补贴或安排交通服务，以减少老年人参与活动的障碍。这种安排可以确保老年人能够顺利到达活动现场，提升他们的参与意愿。

（2）活动的开展阶段

在活动进行过程中，参与接触点的引导性原则强调的是在活动开展过程中引导老年人的积极性，提高他们的参与度。这里的目标是让老年人理解活动目的、任务要求以及让他们认为自己有能力完成任务。引导性原则包含态度引导、激励驱动和能力补偿三个实现维度，其中每个维度都有各自的要素。

态度引导着眼于引导老年参与者对开展活动任务持有积极正向的态度。这里包含了首因态度和过程影响两个要素。首因态度强调通过良好的初始印象引导老年参与者与设计研究团队快速建立信任。在活动筹备阶段，通过活动前介绍团队、内容，并营造友好的环境来促成积极的首因态度。而过程影响是动态变化的，设计研究团队需要在活动进程中及时观察老年人的态度，及时调整活动内容，促使他们积极参与。其中既包括提前预设的部分，也需要实时调整。预设部分包括设置游戏环节、安排适当的休息时间等，以缓解参与者的压力。此外，在执行任务时，研究人员需要运用有效的交流技巧，引导老年参与者思考、表达和实践。

激励驱动主要是在活动中，通过他人的互动影响老年人的参与行为。在活动中，参与群体可以分为两类身份：与老年参与者不同的利益相关者，如设计研究者和社工等，以及与老年参与者平等的其他老年人。这涉及代际和朋辈两种人际关系，所以激励驱动具有代际互动和朋辈激励两个要素。代际互动指的是不同身份或年龄的人相互组合开展活动任务。在这样的组合中，由于年龄和背景的差异，老年人在发表意见后会获得更多的成就感，从而促进他们之间的交流。而朋辈激励则更强调同辈之间的竞争和互相鼓励，可以增强老年参与者的行动力。

能力补偿旨在增强老年人完成任务的信心，其中包括技术支持和人工辅助两个要素。技术支持通过设计方法、材料和工具等，弥补老年参与者能力上的不足。人工辅助则通过主持人的引导和小助手的专业技能弥补老年参与者的不足。在这里，态度引导和激励驱动的目的是激发老年人积极行动的意图，而能力补偿则是确保老年人能够真正参与和完成活动任务的关键，通过消除障碍和提供支持，激发老年人的主动性和参与度。

（3）活动的影响阶段

参与接触点的赋能性原则体现在老年人通过参与活动而获得的个人收获，受到可及性和引导性参与接触点影响。个人收获包括物质纪念和精神收益两个要素。

物质纪念主要指的是老年人参与活动所得到的具有纪念意义的具体成果。这些成果包括活动中获得的报酬、奖品、纪念品、证书或者手工制作完成的作品等。这些物质成果不仅具有纪念意义，还可以成为老年人展示自己参与和努力的实物证据，进一步增强他们的成就感和满足感。相比之下，精神收益则更加多样且深远，包括参与者在参与活动过程中所获得的自我成长和社交拓展。通过参与活动，老年人能够学习新知识、掌握新技能，从而在智力和能力方面得到提升。此外，活动还为老年人提供了一个与他人互动交流的平台，增加了他们的社交机会。在这个过程中，老年人不仅能够结识新朋友，扩大自己的社交圈，还能够通过交流分享自己的经验和故事，提高自己的表达能力和自信心。尽管现有文献中未具体提及精神收益对老年人后续参与活动的直接促进作用，但研究表明，精神收益对老年人的生活质量和心理健康有着显著的积极影响。老年人通过参与活动，不仅丰富了自己的生活内容，还实现了自我价值的提升。这种内心的满足感和成就感，往往成为他们继续参与类似活动的重要动力之一。因此，可以说精神收益是促进老年人后续参与相关活动的重要因素之一。这种收益不仅帮助他们在心理和情感上获得满足，还在一定程度上增加了他们对生活的热情和积极性，激发了他们不断尝试新事物和新活动的兴趣和动机。通过这种良性循环，老年人能够在持续的参与中不断收获新的体验和成长，进一步提升他们的生活质量和幸福感。

综上，图3.8为面向老年人的参与接触点方法指导。根据活动流程横向分为参与接触点的可及性、引导性和赋能性三个原则。每一个参与接触点原则的纵向都罗列了各自的实现维度，各个实现维度的右侧是它们的要素介绍。

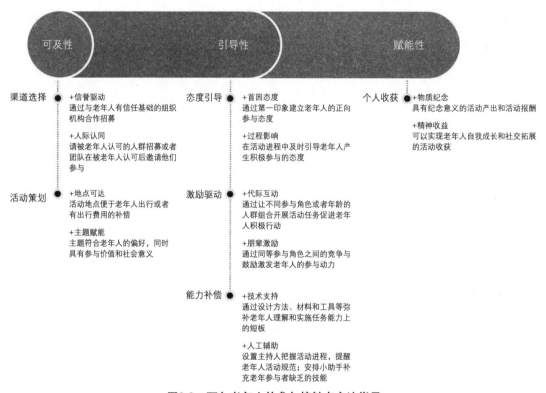

图3.8　面向老年人的参与接触点方法指导

3.4.2　OETP方法模型

为吸引老年人参与、促进他们参与以及增加他们参与的价值感，基于ETP框架，根据老年人社会参与、生理和心理的特点，通过理论研究和案例分析总结得到促进老年人积极参与设计活动的OETP方法模型，如图3.9所示。该模型在ETP框架的基础上，详细地将各个原则的实现维度进行了可视化，清晰地展示了如何在实践中贯彻这些原则。老年用户对于年轻研究者来说，相较于其他类型的用户，更难以接触和交流。这主要是由于代际差异、生活经验和技术使用习惯等方面的差异。因此，方法模型的可持续理念显得尤为重要。基于这个模型，设计研究团队的目标是提高老年人参与活动的价值，并确保这些活动对老年人有持续的积极影响。在具体实施过程中，倡导了更多有助于老年人个人成长和自我效能感的策略。根据马斯洛需求层次理论，老年人的需求结构与年轻人不同。生理需求在老年人的需求中占据较低的位置，而尊重需求则处于最高层次。此外，老年人的需求是其精神发展的基本动力。当老年人的这些需求得到满足后，他们会更认可这种活动，从而更加积极地参与其中，并有可能将活动推荐给身边的朋友。

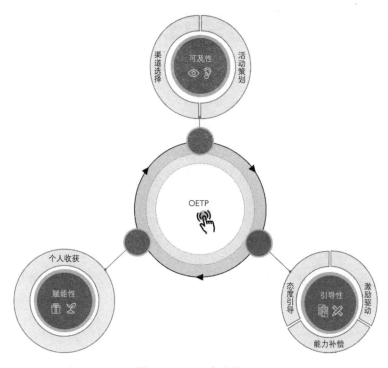

图3.9　OETP方法模型

随着信息技术的发展，数字产品的普及激化了老年人与社会之间的矛盾。许多老年人感到与迅速发展的科技脱节，这增加了他们的孤立感。而参与式设计活动为老年人提供了一个了解和体验新技术发展的平台，使他们能够更好地融入现代社会。这不仅仅是对他们技能的提升，更是心理上的安慰和社会联系的增强。此外，参与式设计活动模式的可持续发展，不仅能够帮助设计研究团队更高效地组织活动，确保活动能够持续进行，还能为老年人提供更多实现自我价值和促进个人成长的机会。这些活动可以帮助老年人发现和发掘自己的潜力，增强自信，提升生活满意度。通过这种模式，老年人不仅能在活动中获得物质和精神上的收获，还能在活动结束后持续受益，保持积极参与的热情。

第 4 章

面向老年人的参与式设计活动实践

在上章中,我们在理论研究和案例分析的基础上,系统性地总结了面向老年人的参与式设计活动方法。为了进一步验证和丰富不同参与接触点原则的具体实现方式,本章将详细介绍研究团队在OETP方法指导下举办的九个参与式设计活动。这些活动通过多样化的设计和实施策略,为我们提供了宝贵的实践数据和经验,同时也进一步证明了OETP方法的有效性及其在实际应用中的适用性。

在这九个参与式设计活动中,我们依据以人为本的设计原则,将其分为三种类型:以启发为导向的参与式设计活动、以共创为导向的参与式设计活动以及以测试为导向的参与式设计活动。具体来说,这三种活动类型中每类分别包括三个活动,共计九个活动。这些活动均在2019—2023年期间举办,通过多样化的设计策略和可行的实施方式,为研究团队积累了丰富的实践经验。

以启发为导向的参与式设计活动,主要关注协同老年参与者一起找到真实的需求和问题。这类活动旨在与参与者一起找到真实的问题,鼓励他们针对特定问题提出独特的见解和想法。在这类活动中,我们通过设立创意工作坊和头脑风暴会议,引导老年人从不同角度思考和探索设计问题。

以共创为导向的参与式设计活动,侧重与老年参与者共同进行设计实践。我们与参与者携手合作,共同开发和改进设计方案。通过这种方式,我们不仅能够深入了解老年人的实际需求,还能够在实际操作中获得他们的真实反馈。这类活动通常包括共同设计工作坊和合作项目,参与者在这些活动中不仅提供意见,还直接参与设计过程中的各个环节,与研究团队一起解决实际问题。

以测试为导向的参与式设计活动,侧重通过测试和评估来验证设计方案的有效性和可行性。在这些活动中,我们将设计方案应用于实际场景中,并邀请老年参与者进行试用和反馈。通过观察他们的使用体验和收集反馈数据,我们能够评估设计的实际效果,并根据实际情况进行优化和改进。这类活动通常包括原型测试、用户体验评估和实地观察等环节。

在这三年期间,设计研究团队从活动初期依赖社会组织和社区进行参与者招募,逐步获得了老年参与者的认可。随着时间的推移,我们不断扩大了招募社群,积累了丰富的参与经验。活动的成功举办不仅展示了OETP方法的有效性,也验证了赋能性参与接触点在促进老年人参与活动中的作用和影响。此外,我们在帮助其他研究团队成功招募老年参与者的过程中,进一步证明了OETP方法在实际应用中的广泛适用性和可行性。这些案例为读者提供了实际应用OETP方法的参考,通过这些具体的活动实例,读者能够深入了解如何在设计活动中应用这一方法,从而在未来的研究和实践中更好地促进老年人的社会参与,提升他们的生活质量。

4.1 以启发为导向的设计工作坊

4.1.1 概述

在以启发为导向的参与式设计活动中,核心任务是识别设计问题、制订设计摘要的框架,以及观察目标群体在日常环境中的行为和反应。这类活动通常采用访谈、观察或焦点小组等方法进行,旨在围绕特定主题深入了解老年人的想法和需求。然而,传统的方法有时会让老年参与者感到过于正式或枯燥,从而产生紧张情绪或对犯错的担忧,进而降低他们的参与意愿。因此,设计研究团队在面对这类活动时,需要尽量营造一种轻松、非正式的氛围。首先,应从研究目标中提炼出老年人偏好的元素,设置与其兴趣相关的活动主题,使其感到活动对自己有实质性的好处。其次,在开展过程中,可以将访谈内容分解为多个环节,以轻松的对话形式进行。这种方式不仅能帮助老年参与者放松心情,还能让他们更自由地表达个人观点和意见。此外,设计研究团队还融入了集体讨论的方法,如头脑风暴和场景构建等,以改善活动的正式氛围。例如,通过头脑风暴,老年参与者可以在开放的环境中自由地提出各种想法,而场景构建则让他们在具体情境中探索和表达自己的需求和期望。这些策略不仅提高了老年人的参与度,还能让他们在互动中更真实地表达自己的想法。

在活动中,设计研究团队需要始终将老年参与者视为研究伙伴,努力从他们的视角去理解问题和需求。比如,在访谈开始前,团队成员可以与老年人分享一些有趣的故事或轻松的话题,帮助他们放松心情。然后,通过引导性的提问,逐步引出研究主题。这样不仅能让老年人感到被尊重和重视,还能激发他们更积极地参与和分享。

具体来说，作者根据OETP指南卡（第一版）举办了三次以启发为导向的面向老年人的参与式设计活动，如表4.1所示。这些活动的开展形式分为社区协作、研究室以及远程参与（表4.2）。案例中的社区协作是与社区合作，由社区招募参与者并提供活动地点。这种形式利用了老年人熟悉的环境和信任的社区关系，有助于他们更轻松地参与活动。研究室形式指的是设计研究团队通过各种渠道自行招募老年人，在所属研究单位开展活动。这种形式便于团队灵活布置现场，减少活动组织成本。远程参与的形式指的是线上同步开展或者设计团队远程指导，参与者在其他环境中非实时参与。这种形式打破了地理限制，使更多老年人能够便利地参与到设计活动中。本案例中的实时远程指的是设计团队与老年参与者各自在研究室环境和家中实时在线参与。

表4.1 以启发为导向的参与式设计活动

工作坊	活动开展形式
移动照相馆，2019	社区协作
未来由我设计1，2021	研究室
面向老年人群活动参与度调研，2021	实时远程

表4.2 活动开展形式

开展形式	描述	优点
社区协作	与社区合作，招募老年人参与并提供活动地点	利用熟悉的环境，增强信任感
研究室	设计团队招募老年人并在研究单位开展活动	便于直接互动，获得即时反馈，降低组织成本
远程参与	线上同步或远程指导，非实时参与	打破地理限制，增加参与机会

4.1.2 "移动照相馆"工作坊

（1）活动背景及目的

这个项目源于"面向老年用户的人像参数化设计"研究课题（已经顺利结项）。该研究课题主要关注老年人像参数化问题，期望通过对老年人拍照喜好和图像美化的需求展开调研，设计出符合老年人审美的人像优化算法和产品，让拍照变得更加友好和有趣。该研究课题分为三个阶段：数据采集、设计图像优化算法、设计符合老年人的产品。"移动照相馆"工作坊是第一个阶段数据采集中展开的工作。由于数据采集工作会在多个地方开展，我们将活动命名为"移动照相馆"工作坊。

活动的主要目的是：①收集老年人使用智能手机拍照的需求，以及使用手机拍照后，对他们的社交活动产生的影响；②收集老年人心中"好看"照片的标准，为后续图像优化处理提供依据。基于这些目的，活动中设置了智能手机教学环节以了解老年人使用智能手机的情况，以及肖像拍摄环节以了解美颜标准，这两个主要任务环节可吸引老年人参与。

为了更好地实现上述目标，我们在"移动照相馆"工作坊中设计了一系列具体活动。首先，通过智能手机教学环节，我们帮助老年人掌握基础的手机操作技巧，特别是如何使用手机摄像头和拍照应用程序。我们发现，许多老年人虽然拥有智能手机，但对其功能了解有限，尤其是在拍照方面。这个教学环节，不仅提升了他们使用手机的信心，也激发了他们对手机拍照的兴趣。其次，我们在肖像拍摄环节中，邀请老年人参与实际的拍照体验。在拍照过程中，我们观察和记录他们在选择拍摄角度、光线、背景等方面的偏好，并通过与他们的交流，深入了解他们对"好看"照片的定义。例如，有些老年人更喜欢自然光下的照片，有些则倾向于在特定场景中拍照。这些信息为我们后续设计图像优化算法提供了重要参考。

此外，我们还通过问卷调查和访谈，收集老年人对拍照场景、姿势和照片分享的态度。许多老年人表示，他们喜欢在家庭聚会、旅游等场合拍照，并通过社交媒体与亲友分享。这不仅是为了记录美好时光，也是为了与亲友保持联系。通过了解这些需求，我们可以更好地设计出符合他们社交习惯的拍照和分享功能。本次工作坊得到了江苏省南京市鼓楼区某社区的支持，以社区协作的形式开展。

（2）活动设计与参与接触点

"移动照相馆"工作坊是由作者的研究团队组织和开展的。在此次活动中，我们还在当地招募了四名在校大学生志愿者，他们在现场负责为老年人解答手机使用问题，以及对手机中照片和视频拍摄编辑类软件进行开放式访谈。为了保证活动的顺利进行，在现场还有两名社区工作人员协助管理，与此同时，社区还安排了一位专业健康咨询师，为参与活动的老年人提供健康咨询服务。这样的设置不仅吸引了老年人积极参与，还在他们等待活动任务时提供了有益的消磨时间的方式。

由于活动在社区举办，实际参与人数难以严格控制。一些未提前报名的老年人看到社区有这个活动后，便临时决定加入。最终，根据访谈问卷的回收统计结果，共有三十五位老年居民参与了本次活动。他们通过活动学习并享受了手机拍照、图片编辑等功能，同时也得到了健康咨询服务的指导。此次活动不仅增加了老年人对智能手机功能的了解和运用，也丰富了社区的文化活动，促进了社区居民之间的交流与互动。对于研究团队来说，这次活动不仅收获了有效的数据，还为未来的研究提供了宝贵的经验和参考。通过这样的社区活动，我们不仅看到了老年人对新技术的兴趣和热情，也感受到了他们在健康和社交方面的需求,这为我们后续的研究提供了重要的启示和动力。

①活动的筹备阶段:考虑样本量和招募方式的有效性。为了确保招募到合适的老年参与者,我们根据渠道选择的信誉驱动,与社区联系,建立合作关系。社区需要定期为周边的老年居民提供爱心服务与关爱活动,包括提供爱心餐、健康咨询、知识普及以及各种娱乐活动。这种持续关注和关爱,有助于社区与老年居民之间建立更深厚的联系,促进社区的和谐发展。因此,在招募期,我们在符合社区活动需求的基础上,秉持着以老年人为中心的参与式设计活动理念,团队根据主题赋能,突出了手机拍照教学和肖像拍摄两个内容以吸引老年人参与。其中手机拍照教学不仅帮助老年人更好地了解和利用智能手机功能,还能增强他们的数字素养和社交互动;而肖像拍摄则为老年人提供了展示自己风采和与他人分享生活的机会,促进人们的互动与交流。同时这两个内容也满足了研究团队需要采集的数据目标。

如图4.1,根据社区内部空间,现场被分为三个功能区域:教学和自由活动区;肖像拍摄和打分区;等待拍摄区。其中,a区是活动开场的区域,在这里通过智能手机教学的形式进行暖场活动,旨在让设计团队与现场老年人建立信任关系。在这个环节中,设计团队通过答疑环节展开半结构化访谈,以了解老年人在日常生活中对于手机拍照美颜功能的需求和期望。b区则是肖像拍摄、打印照片和打分的区域。老年人将根据摄影师的指引拍摄肖像,并对所拍摄的照片进行评分和解说。最终他们可以选择一张满意的照片进行打印,留作珍藏。c区是两个区域中间的过渡区,老年参与者可以在这里等候拍照或取回已打印的照片。为了避免每个环节之间老年人等候时产生无聊和焦虑的情绪,社区还专门为本次活动安排了健康咨询师,在老年人休息或等候时为他们测量血压和提供简单的健康咨询。

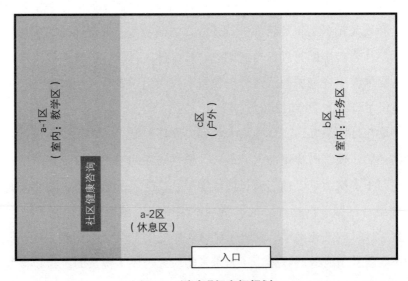

图4.1 活动现场空间规划

活动阶段	筹备阶段	开展阶段："移动照相馆"工作坊					影响阶段
主要内容	策划与招募	01开始前迎接与签到	02暖场 活动内容与参与者介绍	03任务期_数据收集 访谈	04任务期_拍摄与打分 肖像拍摄	05表达感谢 赠送照片和礼品	后期反馈
行动目的	招募老年参与者	营造欢迎与支持的氛围 签到建立信任感	让研究团队与老年参与者快速建立联系	在手机教学过程中融入访谈内容进行数据收集	了解老年人对美颜的需求	认可老年参与者的贡献并给予活动报酬	了解活动反馈
参与接触点 可及性原则（A） +渠道选择 ● A1.信誉驱动 ● A2.人际认同 ● A3.地点可达 ● A4.主题赋能 +补充 ● A5.实践洞察 引导性原则（G） +态度引导 ● G1.首因态度 +激励驱动 ● G2.过程影响 ● G3.代际互动 ● G4.朋辈激励 +能力补偿 ● G5.技术支持 ● G6.人工辅助 赋能性原则（E） +个人收获 ● E1.物质纪念 ● E2.精神收益	A1.信誉驱动 a1.1联系社区帮助招募 A4.主题赋能 a4.1活动中设置了智能手机拍照教学环节 a4.2活动中可以拍摄肖像照 A3.地点可达 a2.3活动地点设在社区活动室 A5.实践洞察 a5.1提供活动报酬	G1.首因态度 g1.1研究团队佩戴工作牌在门口迎接老年参与者 g1.2老年人熟悉的社区工作人员帮助接待和介绍 g1.3熟悉活动地点	G6.人工辅助 g6.1主持人介绍活动与工作人员身份 G5.技术支持 g5.1使用幻灯片辅助老年人理解教学内容 G2.过程影响 g2.1志愿者为老年参与者进行智能手机拍照操作疑问解答 g2.2当志愿者与老年人交流困难时，社工在一旁讲解协调	G3.代际互动 g3.1志愿者为老年人解决问题的过程增进了彼此关系，使得访谈过程顺利 G2.过程影响 g2.3社区安排了社区医生在老年人等候休息的时候帮助测量血压，避免他们因为情绪不佳 g2.4活动任务设置比较灵活，没有先后顺序，根据老年人自身情况选择任务区，完成任务避免等候	G6.人工辅助 g6.2摄影师指导老年人拍摄肖像 G2.过程影响 g2.5老年人拍摄状态不佳时，志愿者适当鼓励 G4.朋辈激励 g4.1参与者看到其他老年人拍出满意照片 g4.2提前完成任务的老年人还邀请了附近朋友前来参与拍摄	G2.过程影响 g2.6让老年人选择一张最喜欢的照片打印后赠送 g2.7赠送活动礼品	E1.物质纪念 e1.1有一些老年人认为打印出来的照片很有纪念意义 E2.精神收益 e2.1社区联系团队表示参与本次活动中智能手机教学收获很大，增加了很多智能手机应用的知识，希望与团队建立长期合作

图 4.2 "移动照相馆"工作坊中实现的参与接触点

由于有社区的积极介入与协作,活动招募工作变得轻松与高效,活动开展过程也比较顺利。许多老年人居住在社区活动中心附近,这也使得他们抱着和社工以及邻里联络感情的心态来参加活动,增强了他们的参与意愿。所以熟悉的活动地点能促进老年人参与活动。另外,社区为了吸引老年人参与,还准备了礼品感谢老年参与者。

②活动的开展阶段:这个阶段是工作坊真正实施的阶段,现场主要环节见图4.2、图4.3。活动过程分为以下五个部分。

一是欢迎老年人到达现场。活动开始前,设计团队早早抵达现场调试设备,确保一切准备就绪。根据首因态度,团队成员佩戴好工作证,礼貌地站在活动中心的入口处,热情欢迎着到场的老年参与者,引导他们顺利入座。在这个过程中,社区工作人员也积极帮助引导老年人进入教学场地,并耐心与他们聊天,让等候活动开始的时间更加愉快。由于活动场地是老年人熟悉的地方,并且有他们熟悉的社工在场接待,这些细致周到的安排让老年人感到放松和舒适,也更加愿意与设计团队进行互动和交流。

二是基于手机拍照教学活动的暖场。当所有参与者到齐后,社区工作人员会负责主持开场,介绍设计团队,为活动拉开序幕。随后,设计团队以幻灯片作为技术支持讲解教学内容。为了避免老年人在集体授课中因理解困难而感到沮丧或焦虑,我们特别安排了大学生志愿者提供个性化答疑服务,根据参与者的学习情况随时解答疑问,确保学习效果更加显著。在交流过程中,由于个别老年参与者与志愿者之间可能存在交流障碍,老年人的情绪出现一定波动或变得急躁。这时社工的介入变得至关重要,他们会及时出现在一旁,安抚老年人的情绪,帮助他们顺畅地沟通,确保活动秩序井然。在整个教学活动中,答疑环节成为老年人最喜爱的部分。许多老年人羞于向他人询问手机问题,但在这个环节中,他们得以放下心中的顾虑,增强了使用智能手机的信心。这种互动不仅加深了老年参与者对手机功能的了解,也拉近了研究团队与老年人之间的联系,加深了信任关系,为后续顺利开展活动提供了支持。

三是收集访谈数据。志愿者与老年参与者在答疑环节中建立了信任友好关系,这种老年人偏好的代际交流形式,使得开放式访谈任务进行得比较顺利。

四是参与者拍摄肖像、打分和打印照片。根据不同老年人的答疑进程,志愿者会灵活安排他们的活动流程。对于那些答疑顺利的老年人,志愿者会安排他们进入b区进行照片拍摄和打分工作。对于一部分已询问完手机问题等候拍照的老年人,志愿者会引导他们去咨询健康问题或者在休息区等候。整个过程会结合老年人的参与状态实时调整,避免老年人产生负面情绪,并保证参与者在舒适的氛围中愉快地完成活动任务。在拍摄区,一些老年人可能开始会不适应镜头,这时候摄影师的耐心指导和周到照顾至关重要。通过摄影师的细心引导和精心布置的环境,老年参与者渐渐缓解了紧张的情绪,开始享受拍摄过程。

同时,在场已经和老年参与者熟悉的志愿者们也扮演着重要角色,他们用亲切的口吻和赞美的话语,如"阿姨,您的笑容太迷人了,再笑一个吧",积极鼓励和支持参与者,引导他们自信面对镜头。此外,我们还发现老年人之间对拍摄的鼓励与对照片的赞美也能够很好地促进参与行为。

五是领取照片与纪念品后离开。这个环节是整场活动最受欢迎的部分,当老年人拿到他们在活动中打印出来的照片以及社区准备的纪念品时,他们的情绪明显变得异常激动和兴奋,尤其在拿到打印出来的照片后,有些老年人甚至会主动寻找设计团队,展开更深入的交流。这一刻,老年人感受到自己在活动中的重要性和价值,更流露出满足和幸福的笑容。对于许多老年人来说,能够将这样美好的回忆和珍贵的体验留存下来,也是一种宝贵的收获。除了个人情感上的满足,领取照片的环节也加强了老年人与身边其他参与者之间的互动和交流。在相互欣赏、分享和赞美照片的过程中,他们也增进了彼此之间的友谊和感情,营造出一种团结和亲密的氛围。这种分享和互动不仅让活动更具有意义和深度,也让老年人感到更加融入和快乐。

由于活动时间持续一天,一部分上午结束活动的老年人会在下午再次带着朋友来参与活动。此外,住在社区活动中心周边的一些居民,从家中看到活动现场的热闹气氛后被吸引,也有人在下午主动参与到活动中来。

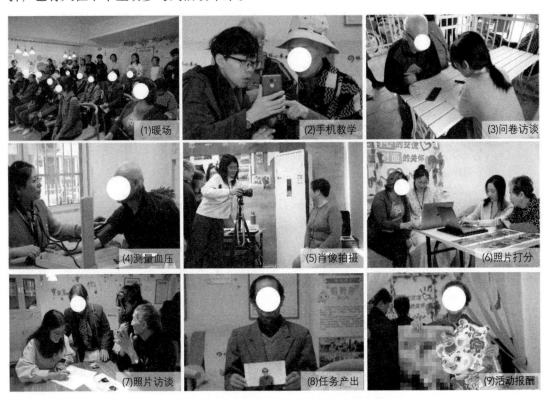

图4.3 "移动照相馆"工作坊各活动环节

③活动的影响阶段：这个阶段是指工作坊给老年人以及社区带来的后续影响。在活动结束后，我们接到社区的电话，他们表示这种新的组织形式不仅让老年人感到新鲜感，也更加凸显了社区对他们的关心和用心。这样的积极变化为未来社区工作的开展起到了极其重要的正向影响。因此希望与我们建立长期的合作。而参与活动的老年人则纷纷表示，在活动中关于智能手机的问题答疑对他们帮助很大，解决了长久以来困扰他们的许多问题。由于老年人并不愿意为手机上的小问题去打扰子女，因此这样的活动正好给了他们解决手机问题的机会，同时也学习到了一些新技能。另外，领取到的肖像照片成为他们心中珍贵的纪念品，许多老年人多年来都没有高质量的肖像照片，这次活动给了他们难得的机会。在拍摄照片的过程中，得到的鼓励和赞赏让老年人更加自信和快乐，这些温暖的体验将持续影响他们的生活。

（3）活动总结与参与接触点讨论

本次工作坊是设计研究团队首次面向老年人组织的参与式设计活动，同时初次尝试与社区合作。社区的介入显著提高了招募老年人的效率。在活动结束后，社区表示希望与我们建立长期合作关系。这次合作使设计研究团队了解到，由于社区会定期对老年居民开展爱心活动，因此与社区联动开展活动是一个互惠双赢的机会。在协作过程中，社区工作人员提供的许多建议为设计研究团队的后续研究提供了宝贵的经验，丰富了活动的实践价值。因此，在初次举办面向老年人的参与式设计活动时，与社区合作是一个极其有益的选择。

通过后期对现场工作人员的访谈，我们发现，营造轻松的氛围和设计有意义的活动内容，可以显著降低老年人的参与压力。本次活动中，过程影响类的参与接触点是最多且最为关键的。不仅可以通过人与人之间的互动来调节这些接触点，还可以通过活动环节的设置来引导老年人积极的参与态度。例如，在活动中，首先通过智能手机教学答疑环节，拉近设计研究团队与参与者之间的关系。在答疑过程中结合研究目的进行开放式访谈，使得数据收集过程更加自然，而不是专门设置访谈环节给老年参与者施加压力。

在整个活动过程中，老年人对拍摄照片的环节表现出了极大的兴趣。许多老年人已经多年没有拍摄过肖像照了，一方面是因为他们觉得自己年纪大了，担心拍出来的效果不佳；另一方面是因为平时拍照无人指导，所以对拍摄效果并不满意。在我们的活动中，我们邀请了专业摄影师指导拍摄，老年参与者可以挑选满意的一张照片打印出来。看到实体照片的那一刻，他们的参与意愿得到了极大增强，并积极表达了对人像美化的建议和想法，为设计研究团队提供了宝贵的参考意见。这种反馈对于设计研究团队的研究具有重要价值。

活动结束后，"移动照相馆"的活动还在北京举办了若干场次，鉴于在南京场积累的经验，研究团队顺利收集了大量有效数据，并发表了关于老年人手机拍照和人像美化的研究结论，为相关领域的发展做出了重要贡献。这次活动不仅仅是一次设计研究的实践，更是一个深度理解老年人需求、提升他们生活质量的宝贵机会。

4.1.3 "未来由我设计1"工作坊

（1）活动背景及目的

本次活动源于"未来人居"研究课题，致力于更好地探索和理解面向老年人的未来智能化家居生活场景。为了实现这一目标，我们策划并举办了"未来由我设计"系列工作坊，共计三场。这些工作坊旨在深入了解老年人对智能技术的认知，以及他们在家庭环境中所期待拥有的智能产品。本案例介绍的是系列工作坊中的第一场，其核心目的在于探讨老年人在居家场景下对智能产品的需求和期望。

活动被命名为"未来由我设计"，其初衷在于赋予老年人设计自身晚年生活的机会，以此吸引他们的积极参与。在活动筹备阶段，设计研究团队通过问卷调查，收集了老年人对现有家庭电子产品使用状况的数据。这些数据的分析结果显示，老年人在使用现有电子产品时存在诸多问题和需求，但他们对智能技术的态度总体上是积极的。基于这些发现，设计研究团队决定进一步了解老年人对智能技术的具体态度和对智能产品的实际需求。为了促进老年人积极参与讨论，设计研究团队准备了一系列材料，便于老年人在活动中构建自己的日常生活场景。这些材料包括A0白色卡纸、彩色胶带、彩色马克笔、电子产品立牌以及乐高玩具等（图4.4）。其中，A0白色卡纸用于构建家庭空间平面图的底板，彩色胶带和彩色马克笔用来规划和绘制家庭空间的布局，电子产品立牌则用来唤起老年人对家庭空间中已有电子产品的回忆。

在活动过程中，老年人基于自己的日常生活作息与行为习惯，设想在未来智能化场景下的居家环境，并表达他们对智能家居产品的需求。例如，一些老年人希望在卧室内增加智能灯光系统，可以根据他们的作息自动调节亮度；一些老年人则希望在厨房中安装智能烹饪设备，帮助他们更方便地准备餐食。通过这些材料的使用，老年人不仅能够直观地展示他们的想法，还能在与他人的交流中获得更多的灵感和启发。此外，设计研究团队还提供了乐高玩具，以帮助老年人快速搭建或演示他们所期待的智能产品。例如，有些老年人利用乐高玩具搭建了一个小型的智能药盒模型，展示药盒定时提醒并分发药物的功能。同时，活动中也提供了便利贴，方便老年人与他们的小助手随时记录讨论过程中产生的想法和灵感，并粘贴在相应的位置。这不仅有助于整理和归纳他们的需求，也为后续的产品设计提供了重要参考。

面向老年人的参与式设计

图4.4 活动现场布置

这些精心设计和准备的互动环节，不仅使活动具有高度的互动性和实践性，也使老年人能够更直观地参与对未来智能家居生活的探讨中。他们在活动中积极参与，畅所欲言，表达了对智能技术的期待和需求。同时，设计研究团队也从中获得了宝贵的第一手数据，为后续的智能家居产品设计提供了重要依据。

总的来说，"未来由我设计"工作坊不仅为老年人提供了一个表达和实现他们未来生活期待的平台，也为设计研究团队提供了深入了解老年人需求的重要机会。这种以参与者为中心的活动设计理念，既提升了老年人参与的积极性和满意度，也为未来智能家居产品的开发奠定了坚实基础。通过协同老年人参与设计研究活动，我们不仅实现了研究课题的初衷，也为老年人创造了一个更加美好和智能化的未来生活。

（2）活动设计与参与接触点

如图4.5所示，整个活动包含了筹备阶段、开展阶段和影响阶段。作为活动的核心环节，开展阶段包含了四部分内容：欢迎与签到、暖场、分组设计讨论与发表以及表达感谢。整个活动由作者研究团队两位成员组织和开展，活动中需要老年人分组完成场景构

活动阶段	筹备阶段	开展阶段：“未来由我设计1”工作坊				影响阶段
主要内容	策划与招募	01开始前 迎接与签到	02暖场 活动介绍和留言板	03任务期_未来智能家居场景构想 分组设计讨论并发表	04表达感谢 赠送照片和礼品	后期反馈
行动目的	招募老年参与者	营造欢迎与支持的氛围快速建立信任感	让老年参与者围绕智能开始思考	通过设计引发老年人思考与讨论	认可老年参与者的贡献并给予活动报酬	微信回访与朋友圈观察了解反馈
参与接触点 可及性原则（A） +渠道选择 • A1.信誉驱动 • A2.人际认同 +活动策划 • A3.地点可达 • A4.主题赋能 +补充 • A5.实践洞察 引导性原则（G） +态度引导 • G1.首因态度 • G2.过程影响 +激励驱动 • G3.代际互动 • G4.朋辈激励 +能力补偿 • G5.技术支持 • G6.人工辅助 赋能性原则（E） +个人收获 • E1.物质纪念 • E2.精神收益	A1.信誉驱动 a1.1在前期活动建立的微信群中发布招募信息 A4.主题赋能 a4.1活动主题是智能家居生活探讨 A3.地点可达 a3.1活动地点就近有公交车站与地铁站，方便到达	G1.首因态度 g1.1设计研究团队门口迎接老年参与者 g1.2研究机构的权威性让参与者对于工作人员身份比较认可 g1.3布置了适宜讨论与开展活动的空间，在桌面摆放好各种创作材料与简单熟悉的工具，以及为每一位参与者提供了介绍活动用的活动手册 G2.过程影响 g2.1登记卡中写下自己的昵称或贴上代表个人的贴纸促进融洽关系	G5.技术支持 g5.1设置留言板环节：请老年人写下对“智能”的理解 g5.2留言板周边贴满了与智能相关的照片墙，以启发老年人的想法 g5.3幻灯片与活动手册辅助老年人理解活动安排与任务要求 G6.人工辅助 g6.1主持人介绍活动与工作人员身份	G5.技术支持 g5.4桌上简单熟悉的设计材料可以让老年人快速理解和构建生活场景 G6.人工辅助 g6.2志愿者在便利贴上对老年人说的关键内容进行记录，再贴到讨论区，便于他们回顾与思考 g6.3工作人员引导小组成员交流与合作 G2.过程影响 g2.2志愿者观察老年人构建场景，适时提问 g2.33工作人员鼓励和引导老年人发表设计构思 G4.朋辈激励 g4.1让老年人分组设计构建未来家居场景的过程，每一位参与者都积极行动起来 g4.2老年参与者之间的意见发表可以提高彼此的行动力	G2.过程影响 g2.4赠送活动礼品 g2.5合影留念	E1.物质纪念 e1.1礼品与合影都非常有纪念价值 E2.精神收益 e2.1参与者在朋友圈发布活动参与经历，表示想要关注智能产品以及拥有了愉快的社交经历 e2.2有一位参与者表示活动中被其他人推荐了一款智能产品打算尝试

图4.5 “未来由我设计”工作坊第一场中实现的参与接触点

建，因此最终招募了九名老年参与者（以三人为一组）。同时，为了提供更好的支持和服务，我们还特别邀请了四名具有设计学背景的研究生志愿者参与，他们在老年人创建场景的过程中提供帮助和指导，并负责记录老年参与者的观点和想法。

①活动的筹备阶段：设计研究团队在前期活动中成功积累了一些认可团队的老年人，并建立了一个微信群，以便与他们保持联系。所以，本次工作坊主要通过微信群发布招募信息。值得一提的是，智能家居的主题吸引了老年人的热情参与，因为他们渴望通过这个机会学习更多关于智能产品的知识。活动地点位于设计研究团队所在研究单位，周围设有地铁站和公交车站，同时研究单位所在的大楼也提供了停车位，地理位置非常便利。总体而言，招募过程比较顺利，收到了积极的反响。

如图4.6所示，活动场地被划分为两个区域：留言板区和3D用户旅程图制作区。在留言板区（a区），为了了解老年人对智能化概念的理解，设置了一块白板供老年人自由书写或绘画，表达他们对智能化概念的理解（留言板见图4.4）。在3D用户旅程图制作区（b区），准备了三张大桌子，供老年人分组构建未来智能家居空间。3D用户旅程图的灵感来源于服务设计中的用户旅程图工具。用户旅程图通过可视化的方式，展示用户在一个服务中的行为以及在开展行为时如何与服务中的各触点产生互动，以此来发现用户的痛点和设计机会点。基于此，我们让老年参与者在A0卡纸上规划居家场景中的空间，以

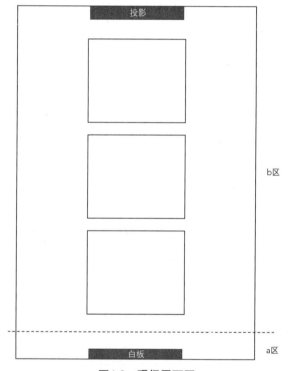

图4.6　现场平面图

"居家环境中的一日行为"为主题，让他们回忆一天的行为，促进他们对智能产品的思考，引出他们的需求和愿望，以此发现机会点。通过这些举措，我们期待能够在活动中激发并整合老年人的智慧和创造力，为未来智能家居生活的发展提供有益的参考和建议。

②活动的开展阶段：一是欢迎与签到。在活动开展当日，设计研究团队提前到达现场，仔细确认各种设施和材料的准备情况，以确保活动的顺利进行。鉴于老年人通常有提前到场的习惯，团队特意安排了两位工作人员在大楼门口迎接参与者并引导他们，旨在活动正式开始之前就和老年参与者建立起紧密的联系与互动，促进融洽与友好的活动氛围。

在签到环节，我们为每位老年人准备了信息登记卡，详细记录基本信息，以便更好地与他们沟通与互动，增进彼此之间的了解与联系。尤其是，老年参与者可以在卡片上的姓名栏填写自己希望被称呼的昵称，进一步拉近与团队之间的距离（图4.7）。同时，老年人还可以选择动物贴纸中的形象，以更生动有趣的方式展现自我，这种细致入微的安排不仅有助于团队更快地了解每位参与者，也能让参与者在小组合作中建立更加亲密的关系与联系，为活动的深入展开增添了温馨与亲切的氛围。

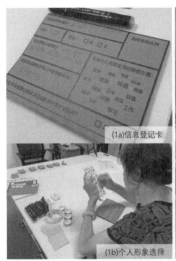

图4.7　活动现场主要环节

本次活动地点设在团队所属的研究机构，机构自身的权威性让老年人到达后表现出对主题讨论的期待。活动现场提前布置了开展任务所需的材料和工具，桌椅按照小组讨论的形式摆放，同时每个位置都准备了活动手册。这些安排促进了提前抵达的老年人之间以及与研究团队之间的交流，同时也可以让老年参与者提前熟悉活动安排。当所有老年人齐集后，主持人开始介绍成员和本次活动的安排。

二是暖场。在老年参与者进入房间后，首要任务是引导他们前往留言板区（a区），这个区域为他们提供了一个专门表达对"智能化"概念理解的空间。白板周围贴满了与智能化相关的图片，这些图片旨在帮助老年人更加直观地理解设计研究团队所介绍的智能化概念，让他们与设计研究团队对智能化这个概念有统一的理解。此外，老年人可以通过文字或图画的形式在白板上表达他们对智能化的理解，结合自身经验和想法，将智能化概念赋予个性化和独特性。这样的安排不仅有助于设计研究团队了解老年参与者对于智能化概念的认知水平，也能让老年参与者提前对活动内容有一个初步的了解和认识。通过让老年人在留言板区表达对智能化概念的理解，设计团队可以更深入地了解老年人对智能化的理解和期待，有助于更好地调整活动内容和形式，以更好地满足老年人的需求。同时，老年人通过参与这一环节，也可以提前了解活动的主题和方向，使他们在活动正式开始时能更好地融入其中，更具参与度和主动性。这种互动和交流的初步阶段，有助于拉近设计团队与老年参与者之间的距离，建立起良好的互动关系，为活动的后续工作打下基础。

完成留言板区的任务后，按每组三人的形式分组落座，主持人结合详细的幻灯片和活动手册讲解研究任务的内容和目标。在这一环节中，主持人有针对性地介绍活动的主题、目的和规则，让老年参与者对接下来的活动有更清晰的认识和期待，激发他们的兴趣和参与热情。

三是分组设计讨论与发表。根据技术支持参与接触点的要求，团队准备的设计材料都是常见且易于操作的，这样的安排使老年人在构建场景的过程中能够更加顺利地展开活动，有效提高了参与者的参与度和创造力。分组动手共同创作的环节不仅提升了老年人的参与积极性，也增进了小组成员之间的互相了解和沟通，促进了团队之间合作和协调的效果。在这个创作过程中，要求老年参与者将讨论中的灵感重点记录下来。然而观察发现，老年人并不太习惯边讨论边记录，也对记录内容存在一定的困惑。因此，志愿者特别留意观察和倾听小组成员对未来生活的构想，帮助老年人将想法记录在便利贴上，这不仅减轻了老年人的记录压力，还让他们更加专注于场景的构建和对主题的思考，有助于他们更好地表达和分享想法，促进后续的深入讨论和思考。在活动中，志愿者除了记录以外还扮演着引导和支持的角色，当察觉到有些小组成员比较沉默时，及时介入并通过提问的方式激发老年人的思考和讨论。创作环节结束后，主持人请三个组的组长分享各组的未来设计场景。老年人可能刚开始不太习惯站出来发言，这时志愿者的鼓励和引导起到了关键作用。例如，志愿者在引导第一组组长发言时说："L阿姨刚刚提到的智能机器人我觉得设想特别好，是否可以和大家分享一下呢！"这种方式很好地鼓励了L阿姨发表他们组的构想，随后其他组长也受到了启发，开始积极发言。经过一个小时的热烈讨论和互动，活动圆满结束，留下了美好且难忘的合作共建经历，为参与者带来了深刻的体验和启示。

活动的成功开展不仅提升了老年人对智能家居理念的理解和认知，也促进了老年人之间的交流和合作，为智能化技术与老年人生活的结合开启了更加广阔的可能性。

四是表达感谢。活动结束后，许多老年人强烈要求在现场拍摄合影留念，纪念品领取与拍照留念的过程再一次增强了参与者对活动和设计研究团队的认可。

③活动的影响阶段：活动结束后，我们欣喜地看到许多老年人将活动合影照片分享到朋友圈，并在微信群里积极地反馈和讨论他们的参与体验。他们对活动纪念品中带有研究机构标志的帆布袋和笔记本给予了高度的赞扬，认为这些礼品不仅可以使用，还能激励家中的孩童努力学习，因此，这些礼品和合影对他们来说具有特别珍贵的纪念意义。不仅如此，还有一些老年人表达了对活动的感激之情，通过参与活动，他们获得了有关智能产品

的最新信息和见解。此外，还有一位参与者特别提起了活动中小组讨论的过程，他认为这样的讨论不仅增加了社交机会，也让他们受益匪浅。此外，他还获得了一款智能产品的推荐，计划购买并尝试体验。这些积极的反馈充分展现了老年人对活动内容和设计研究团队的认可，同时也反映出活动对他们的积极影响和启发。老年人参与活动后留下的这些正面评价，不仅让我们倍感欣慰和受到鼓舞，更激励着我们不断提升活动质量和服务水平，为老年人提供更多有意义和有益的活动，促进智能产品的推广并使其更容易被老年人接受。

（3）活动总结与参与接触点讨论

通过这次参与式设计活动，我们深刻了解到老年人对于智能化概念的理解更多倾向于家居产品的多功能集合，并且他们更偏爱语音交互的形式来与智能产品进行互动。在活动中，老年参与者需要分组完成任务。为了促进融洽关系的建立，我们在签到环节采取了让老年人填写昵称或选择代表个人形象的贴纸的方式。这不仅方便大家快速熟悉彼此，也帮助设计研究团队更亲切地与老年人开展交流，促进更加融洽的互动。

由于老年人对"智能"主题可能不太熟悉，他们对智能产品的理解可能会与设计研究团队所讨论的智能化概念存在一定差异。为了弥补这种理解上的差距，我们基于能力补偿要素，设置了情感墙、留言板等技术支持形式，以帮助老年人更好地理解主题和参与活动。此外，在活动中通过让老年参与者分组构建场景的方式，引导他们回忆和表达自己的日常生活行为习惯，同时利用提前准备的产品卡片来提醒他们日常生活中可能用到的智能家电。这一安排旨在激发老年人的思考和讨论，鼓励他们提出对智能家居环境的设想和对智能产品的需求。

我们特意选择了老年人熟悉且易于操作的场景构建材料，以便老年人更加顺利地完成任务。在分组过程中，研究人员会根据过程影响要素适时地调节气氛，促进小组成员之间更多的交流。志愿者通过向老年人请教的方式，促进了小组之间积极开放的交流，这种方式很好地鼓励大家畅所欲言，互相倾听与分享。为了确保老年人能够在活动中集中精力创作并牢记自己的想法，我们根据人工辅助要素，为每一组安排了一位设计助理来记录他们的想法和讨论内容，并随时将记录贴在桌面上，以便老年人进行回顾。这种形式有助于老年人更好地专注于构建场景和探讨想法。

活动结束后，我们发现老年人都热衷于在现场留影，同时有些老年人在拍照时还主动添加其他参与者的联系方式。此外，在老年人回去之后，我们还持续收到老年人的信息反馈，他们表示这场活动主题意义非凡，让他们感到有所贡献，并期待未来我们能开展更多丰富多彩的活动。这些正面反馈极大地鼓舞了设计研究团队，也展示了活动中设置的参与接触点对老年人所产生的积极影响。

通过这次活动，我们不仅了解到老年人在使用智能产品时的偏好和需求，还积累了宝贵的实践经验，为今后组织参与式设计活动提供了重要参考。在未来的设计活动中，我们将继续优化和调整活动环节，确保老年人能够更好地参与并享受这些活动，同时也为适老化设计研究提供更多有价值的数据和洞见。我们的目标是通过不断努力，使老年人能够更好地融入数字化社会，享受科技带来的便利和乐趣。

4.1.4 "面向老年人群活动参与度调研"工作坊

（1）活动背景及目的

这次工作坊是我们与英国国家老龄化创新中心（UK National Innovation Centre for Ageing，NICA）合作进行的"中国老年公民参与研究情况"调研项目发起的。该项目的主要目的是探究接触、招募和协同中国老年人参与产品和服务开发等设计调研活动的方法与途径，并为相关领域提出合适的建议和改进措施。

为了实现这一目标，设计研究团队采用了焦点小组方法，通过举办线下和线上两种形式的工作坊来展开调研，以便深入了解老年人的参与体验和观点。线下工作坊是在设计研究团队所在的研究单位举办的，为参与者提供了面对面交流和深度讨论的机会。而线上工作坊则通过腾讯会议和Miro等软件进行远程讨论，这不仅解决了无法面对面交流的限制，同时也为老年人提供了更加灵活的参与方式。在本案例中，我们主要展示的是线上工作坊的内容。线上工作坊的主要目的是调查中国北京地区老年人参与研究活动的情况，并确定最佳途径，让他们能够更积极有效地参与产品和服务的开发过程。通过线上形式的工作坊，我们希望尽可能地探索相关调研活动的可行策略，以促进老年人在数字化时代的融入和参与。

为了确保线上工作坊的顺利进行和高效性，设计研究团队做了大量的前期准备。首先，我们为每位参与者配备了观察员，旨在观察他们在线上工作坊中的参与情况和反馈。这种细致入微的安排和关怀，不仅有助于提升线上工作坊的效果和质量，也为今后开展类似活动提供了宝贵的经验。观察员的主要职责包括记录参与者的发言，关注他们在讨论中的情绪变化，以及总结他们对活动内容的反馈。另外，为了确保每位老年人在活动中都能得到充分的关注和支持，我们还安排了专门的技术支持人员，随时解决参与者在使用线上工具时遇到的技术问题。这不仅提高了活动的流畅度，也增强了老年人参与的信心和积极性。通过这次线上工作坊，我们不仅收集到了大量有价值的第一手数据，还增强了老年人参与研究活动的兴趣和信心。这些宝贵的经验将帮助我们在未来更好地设计和组织类似的参与式设计活动。

（2）活动设计与参与接触点

如图4.8所示，活动分为筹备、开展和影响三个阶段。开展阶段分为四个部分。整个活动由作者研究团队的两位成员组织和开展，招募了三名志愿者为线上参与活动提供帮助，

活动阶段	筹备阶段	开展阶段："面向老年人群活动参与度调研"工作坊			影响阶段
主要内容	策划与招募	01开始前 确认老年人正确上线	02暖场 活动介绍	03任务期_焦点小组 使用Miro头脑风暴	04表达感谢 邮寄活动纪念品以及给予活动报酬	后期反馈
行动目的	招募老年参与者	保证老年人顺利使用在线平台	让老年参与者理解活动目的与内容	了解老年人对参与研究活动的看法	认可老年人的贡献并给予活动报酬	微信回访了解反馈
参与接触点 可及性原则（A） +渠道选择 · A1.信誉驱动 · A2.人际认同 +活动策划 · A3.地点可达 · A4.主题赋能 +补充 · A5.实践洞察	A1.信誉驱动 a1.1由高校退休办帮助发布活动招募信息 A4.主题赋能 a4.1面向参与式设计研究活动的讨论主题，觉得可以了解新的知识	G1首因态度 g1.1提前为老年人配备志愿者，及时关注和给他们反馈 G5.技术支持 g5.1腾讯会议，可以通过手机或者电脑登录，操作比较简单	G6.人工辅助 g6.1主持人介绍人员身份，作人员介绍，推动活动进程	G2过程影响 g2.1志愿者实时关注线上老年人的动态，及时询问是否需要帮助 G5技术支持 g5.2志愿者通过Miro软件实时可视化老年人的想法并呈现给他们看 G6.人工辅助 g6.2主持人结合发言情况鼓励参与者发言和控制进度 G3.代际互动 g3.1任务环节中有志愿者与老年人一对一的交流环节，让老年人不用顾忌太多，自由发言 g3.2会议中有不同社会角色群体发表意见，促进老年人的发言		E2.精神收益 e2.1后期队伍希望有老年人联系团队成为团队研究人团队，觉得这样非常有意义，能为社会做出贡献
引导性原则（G） · 态度引导 · G1.首因态度 · G2.过程影响 · 激励驱动 · G3.代际互动 · G4.朋辈激励 · 能力补偿 · G5.技术支持 · G6.人工辅助						
赋能性原则（E） +个人收获 · E1.物质纪念 · E2.精神收益						

图4.8 "面向老年人群活动参与度调研"工作坊中实现的参与接触点

另外邀请了有老年用户研究经验的三名研究者、有过服务老年人经验的一名社工以及三名老年参与者。

①活动的筹备阶段：考虑到本次活动采用线上形式开展，为了确保活动顺利进行，我们在招募老年参与者时倾向于选择那些有线上会议软件使用经验的老年人作为主要招募对象，以便他们更容易适应线上活动环境。这次活动与一所公立高校的退休办合作进行招募。退休办是专门为国企、高校等事业单位的退休人员提供服务的机构，平时组织丰富多彩的活动，为退休老人提供更多社交和学习的机会，同时也对与外界单位合作组织活动持积极态度。在与退休办沟通合作的过程中，有一位老年参与者表达了对活动主题的重视，认为这对老年群体至关重要，并表现出强烈的参与意愿。为了确保活动顺利进行，设计研究团队考虑了软件的通用性和老年人使用电子产品的习惯，最终选择了腾讯会议作为线上活动的主要平台。在成功招募到老年参与者后，设计研究团队及时建立了微信群，以便与老年参与者保持紧密联系，随时了解他们在活动过程中面临的困难和顾虑。这种关心和支持，让老年参与者能够在活动中得到充分的关注和帮助，使其更加愿意积极参与并表达自己的看法和意见。

②活动的开展阶段：一是活动开始前，为确保每位老年参与者能够顺利上线，我们提前安排了志愿者来一对一协助老年人解决可能遇到的问题。这些志愿者将负责指导老年人如何操作线上会议软件，解决技术难题，以及处理其他可能出现的困难。通过这种周到的安排，我们希望每位老年参与者都能顺利登录线上平台，参与讨论和活动，避免因技术问题而产生的困扰，保证整个活动的顺利进行。线上会议软件我们选择了腾讯会议，主要是了解到参与者对这个软件比较熟悉，并且它可以通过多种设备登录使用。

二是暖场。主持人在活动开始时介绍参与者，并简要介绍活动的主题和宗旨，以引导所有参与者进入状态。主持人的介绍除了可以让参与者更好地了解活动内容，还能够激发参与者的热情，推动整个活动顺利进行。在介绍过程中，主持人可以引入活动的主要议题，提供背景知识和相关信息，帮助参与者更好地融入讨论和交流中，从而推动活动的进程，确保活动达到预期的效果。

三是焦点小组。针对线上参与式设计活动的看法，活动中每位老年参与者都配备了志愿者，全程关注并实时调整活动流程以应对可能出现的突发情况，例如解决技术性问题。这种贴心的安排有助于保障活动的顺利进行，并让老年参与者感受到关怀和支持。线上讨论过程中还设立了私人会议室，供老年人与配备的志愿者独立交流，这样的私密空间让老年参与者可以更加放心自由地表达观点。这种交流形式可以避免老年人因为害怕发言不当而不愿意表达，让他们更加放心大胆地提出自己的观点。在讨论时使用Miro实时可视化每位参与者的观点，观点的实时可视化呈现加强了参与者之间的交流，使得他们的讨论更具积极性和主动性（图4.9）。这种可视化方式为参与者们提供了清晰的视觉反馈，帮助他们更好地理解其他人的观点，并促进他们主动交流与互动。在整个活动过程中，主持人的角色显得尤为重要。因为线上参与可能会缺乏面对面的互动感，主持人需要实时聚焦每一位参与者的发言，并根据Miro平台中的观点数据来鼓励参与者发言，活跃活动氛围，引导讨论走向，确保活动的顺利进行。此外，在线上会议中不同利益相关者（包括退休办工作人员、社工和老年参与者）之间的讨

图4.9　线上会议及使用Miro的头脑风暴

论激发了老年人的思考，促使他们更加积极地表达自己的想法和观点。通过多方参与者的交流与互动，活动可以更好地展开，让老年人在交流中获得启发与收获。

四是表达感谢。考虑到工作坊以线上形式举办，因此活动礼品与报酬将在活动结束后通过邮寄的方式送达参与者。这种方式使参与者无需亲自前往现场领取礼品，提高了便利性。同时，通过邮寄的方式送达礼品和报酬，也为活动的后续跟进提供了机会。

③活动的影响阶段：在活动结束后，一位老年参与者根据这次活动的经历认识到参与研究活动的重要性，对活动的意义有了更深刻的体会。他表示希望能成为我们的长期顾问，与我们合作策划未来相关的参与式设计活动。这位老年参与者的积极反馈和愿望为我们未来的活动规划带来了宝贵的资源和支持，同时也展现出他对活动的认可和投入，激发了我们继续开展类似活动的动力和信心。这种深度参与和合作的愿望有助于我们更好地倾听老年参与者的声音，提升活动质量，完善活动设计过程。

（3）活动总结与参与接触点讨论

通过观察这次活动，我们发现55~60岁的年轻老年人，如刚刚退休的老年人，对线上活动的接受度较高。这类老年人通常更熟悉相关软件，并且具备较强的学习和适应能力。他们在职期间已经接触过各种数字化工具，因此能够较快地适应线上活动的操作和流程。相比之下，年纪较大的老年人由于脱离工作环境时间较长，生活中使用相关软件的经验较少，加上线上参与的学习成本较高，因此他们对线上活动的接受度相对较低。这一现象反映出在面向老年人组织线上活动时，必须提供学习成本低且易于操作的工具。

进一步的观察显示，大多数老年人在参与线上会议时主要使用手机登录，因此，需要选择能够支持多种设备登录和操作的相关软件。不同设备在不同场景下的应用可能会遇到各种问题，例如当老年人在手机上参与活动时，若有电话打入则会干扰他们的参与过程。因此，提前与老年参与者沟通好设备使用问题并设定好应对措施至关重要，人工辅助要素在整个活动阶段显得尤为重要。

相比于线下会议，线上会议的参与感较低，因此主持人的组织能力和应变能力变得尤为关键。在线可视化工具不仅可以帮助主持人更好地推进活动，还能提升参与者的互动感和活动的吸引力。考虑到老年人在线参与时可能存在安全感较低的问题，我们特意在讨论环节中加入了一对一的私密讨论空间，以消除他们的顾虑。

在招募过程中我们发现，很多老年人对参与设计研究活动并不抗拒，但是一些老年人因为害怕使用这些技术产品而拒绝参与活动。因此，面向老年人的在线工具在选择和开发时，必须结合技术支持和人工辅助两个要素。技术支持方面，需要确保工具操作简便、功能清晰、界面友好；人工辅助方面，需要提供详细的指导和及时的帮助，以降低老年人对技术的恐惧感和不适应感。

4.2 以共创为导向的设计工作坊

4.2.1 概述

以共创为导向的参与式设计活动是以人为本设计中的构思阶段。在面向老年人的参与式设计研究中，由于构思环节的复杂性和技术性，往往很难由老年参与者独立完成。因此，这一环节通常由设计师与老年人协同完成，从而形成以共创为导向的设计活动。在这种模式下，设计团队不仅要整合和提炼前期调研的见解，还需要与目标用户一同提出具体的解决方案。以共创为导向的参与式设计活动通常采用多种技术手段，以促进想法的生成和表达。这些手段包括拼贴、原型制作、设计探针和协同设计等。虽然大多数老年参与者可能缺乏专业的设计能力，但他们普遍表示对动手环节的活动类型更感兴趣。因此，我们在这些活动中会特别侧重设立以动手操作为基础的环节，同时通过引导和支持，弥补老年人在设计方面的不足，确保他们能够积极参与并贡献自己的创意。

根据设计研究团队的研究课题，在这类工作坊中，我们分别举办了"未来由我设计3""图标在哪里"和"隐形护理员"三个以共创为导向的参与式设计活动（表4.3）。在这些活动中，第一个工作坊是通过非实时远程方式进行，第二个是通过社区协作举办，而第三个在研究室环境下进行。

表4.3 以共创为导向的参与式设计活动

工作坊	活动开展形式
未来由我设计3，2021	非实时远程
图标在哪里，2021	社区协作
隐形护理员，2021	研究室

4.2.2 "未来由我设计3"工作坊

（1）活动背景及目的

本次参与式设计活动是"未来由我设计"系列工作坊的第三场。在前两场的实践中，我们发现老年人对智能产品持有积极态度，并挖掘出几种老年人认可的智能产品互动模式。通过第二场活动，我们进一步明确了老年人偏好语音交互类产品。因此，第三场活动的核心目的是协同老年人一起设计智能音箱，了解他们对语音交互产品的功能和形态的期望。鉴于第一场和第二场活动内容的相似性，不再单独介绍第二场活动内容。

我们决定采用远程形式开展此次活动。这不仅能够保障参与者的安全，还能让更多的老年人参与进来。为此，设计研究团队精心准备了一个专门的工具包，内含指导手册、橡皮泥、彩色笔和录音笔（图4.10）。这些材料通过邮寄方式送至老年参与者家中，以便他们在家中完成设计任务。工具包的设计考虑了老年人的操作习惯和需求，确保他们能够顺利完成各项任务。工具包中包含的指导手册详细规划了老年人每日需要完成的任务。这些任务旨在引导老年人思考并设计他们理想中的智能音箱。工具包还提供了丰富的创作工具，让老年人通过动手操作橡皮泥和彩色笔来表达他们的设计想法。录音笔则帮助他们记录整个任务过程中的灵感和想法。活动期间，设计研究团队通过微信与老年人保持实时联系，提供远程指导和支持。微信平台不仅方便老年人随时提问，还能让设计研究团队及时解答疑问，确保活动顺利进行。每位老年参与者都有一名团队成员作为观察员，负责记录他们的参与情况和反馈，这有助于提升活动效果和质量。通过这次远程参与式设计活动，我们不仅收集到了大量关于老年人对智能音箱功能和形态的具体需求，还积累了宝贵的远程调研经验。老年人在活动中的积极参与和创意贡献，使得我们对未来智能产品的设计有了更清晰的方向和更深刻的理解。

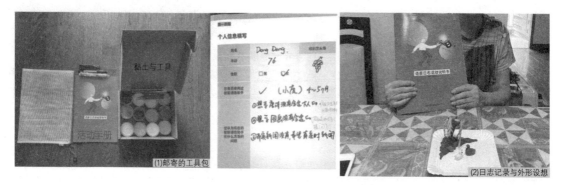

图4.10　工具包及老年人完成的任务

（2）活动设计与参与接触点

如图4.11所示，工作坊分为筹备阶段、开展阶段和影响阶段。活动开展阶段包含了四个环节。整个活动由作者研究团队两位成员组织和开展，邀请了五名老年参与者。

①活动的筹备阶段：在活动招募阶段，研究团队通过微信发布招募信息，通过先前组建的招募群和朋友圈转发进行招募。本次活动主题是智能音箱的设计研究，这个主题让老年人及其家属都非常感兴趣。在老年参与者中，有两位是由其家属与研究团队取得联系，希望他们的外婆和奶奶能够参加活动。此外，由于活动可以居家完成，这一特点也吸引了许多参与者积极报名。在确认参与者后，设计研究团队分别邮寄了工具包至老年参与者家中，并通过微信平台确认他们是否收到了设计材料，是否理解了活动手册内容，同时在线实时答疑解惑。活动手册中详细描述了任务要求及每一个工具的使用方法。老年参与者反馈表示手册内容清晰易懂，有助于他们快速理解活动要求。

②活动的开展阶段：一是邮寄工具包。二是使用工具包开展任务。老年参与者在活动开始时首先需要查看活动手册，以了解任务的具体要求。随后，他们需要根据工具包中的说明学习如何正确使用录音笔，并利用工具包中提供的彩色笔和橡皮泥，选择合适的形式来设计符合内心期望的产品造型。在整个设计过程中，研究团队实时在线与老年参与者保持联系，随时提供帮助和指导，确保活动进展顺利。在活动开展过程中，有一位老年人表示，如果每天记录所想的话会有压力。考虑到老年参与者的任务进度和个人能力不同，研究团队灵活调整这些任务要求，以减轻他们的参与压力，让活动更具包容性与个性。在活动开展过程中，研究团队还发现老年人更习惯使用微信与研究者联系和记录。因为微信具有实时通信和方便记录、拍照等优势，后续他们决定将活动手册中需要完成的任务转移到微信上进行记录和提交。三是完成活动支付报酬。活动报酬通过微信转账支付。有一位老年参与者表示这种支付方式非常适合她。她分享道，由于家人一直担心她使用电子支付时的安全问题，因此经常定期向她微信转钱，导致有时候因账户余额不足而尴

活动阶段	筹备阶段		开展阶段："未来由我设计3"工作坊			影响阶段
主要内容	策划与招募	招募老年参与者	01开始前 确认老年人能正确理解活动任务	02任务期_设计构思 根据活动手册记录与智能音箱互动的内容，设计智能音箱外形	03表达感谢 邮寄活动纪念品以及支付活动报酬	后期反馈 微信回访
行动目的			保证老年人理解和顺利开展活动任务	了解老年人对智能语音智能音箱的功能与外形需求	认可老年参与者的贡献并给予活动报酬	
参与接触点 可及性原则（A） +渠道选择 • A1.信誉驱动 • A2.人际认同 • A3.地点可达 • A4.主题赋能 +补充 • A5.实践洞察 引导性原则（G） +态度引导 • G1.首因态度 • G2.过程影响 +激励驱动 • G3.代际互动 • G4.朋辈激励 • G5.技术支持 • G6.人工辅助 赋能性原则（E） +个人收获 • E1.物质纪念 • E2.精神收益		A2.人际认同 a2.1通过微信发布招募信息 A3.地点可达 a3.1可以居家开展任务 A4.主题赋能 a4.1活动主题与智能音箱使用相关，受到老年人的欢迎	G1.首因态度 g1.1工作人员提前在微信上与老年人建立联系 G5.技术支持 g5.1准备了活动手册对活动内容与任务要求进行详细的描述	G2.过程影响 g2.1研究团队实时与参与者保持联系，帮助他们解答问题 G5.技术支持 g5.2准备了工具包帮助设计创作 g5.3老年人使用微信记录任务要求 G6.人工辅助 g6.1研究团队在线帮助老年人答疑		E1.物质纪念 e1.1工具包中的黏土促进了老年人与家中孩童玩黏土的交流，任务完成后黏土成为老年人与孙辈互动的媒介 E2.精神收益 e2.1开展活动期间开始关注智能音箱，活动后尝试使用一些新的功能 e2.2代际交流的加强

图4.11 "未来由我设计"工作坊第三场中实现的参与接触点

尬。活动报酬采用微信转账的方式,有助于她在未来的日常生活中更便捷地进行电子支付操作。

③活动的影响阶段：活动结束后,每一位参与者都需按要求将工具包邮寄给研究团队。有两位老年参与者因为对自己所创作的作品感到满意,希望将其保留作为纪念。因此,研究团队建议他们拍摄照片和视频来代替留存实物作品。另外,还有一位老年参与者提到黏土制作符合他的个人喜好,相比绘画,他认为黏土的创作过程更自由,可随时重新开始,而绘画则给他带来了一定压力,因为他担心自己的绘画水平不佳。令人意外的是,这位老年参与者在活动结束后发现,黏土不仅仅是一种工具,还成为他和孙辈一起消磨时间和互动交流的渠道。他甚至表示,对他而言,黏土本身已经足够作为活动的奖励,不需要其他形式的报酬。在微信回访中,一位有过智能音箱使用经验的老年参与者分享了活动带给她的新体验和操作尝试,她表示这个活动让她对智能产品有了更深入的了解。另外,还有一位老年参与者的孙辈主动联系研究团队表达感谢之情,因为活动不仅给了祖父祖母接触智能产品的机会,也促进了他们与孙辈之间的亲情交流,增进了彼此间的理解和沟通。这些正面反馈不仅体现了活动对老年参与者的积极影响,也凸显了活动设计可以促进不同年龄层之间的联系和交流,以加强这类活动对老年人的正向影响力。

（3）活动总结与参与接触点讨论

本次活动是设计研究团队首次尝试远程参与式设计活动,为了确保老年参与者能够充分理解活动内容并顺利开展活动任务,团队精心设计了包含多种辅助工具的工具包。尽管活动手册中详细介绍了录音笔的使用方法,但大多数老年参与者还是更倾向于将内容以手写形式记录在活动手册中或通过微信进行记录。为了避免可能出现的绘画不熟练或不愿意画画的情况,设计研究团队特别提供了彩色笔和黏土两种工具供老年参与者选择。其中,黏土由于其易操作的特点,受到了大多数老年参与者的欢迎。在整个活动过程中,团队发现微信不仅在招募阶段是一种极其有效的媒介,而且是一种非常有用的能力补偿方式。大多数老年人已经熟悉并广泛使用微信作为主要的沟通工具,相较于录音笔和活动手册,他们更倾向于使用微信记录任务要求,这一做法也更符合他们的使用习惯。通过微信,参与者能够快速分享想法、图片和语音消息,这极大地提升了他们的参与积极性和舒适度。微信不仅在记录和分享环节表现出色,还在信息传递和反馈方面发挥了重要作用。团队通过微信群与老年参与者保持实时联系,随时解答他们的疑问,并在活动结束后收集反馈意见。这种即时互动的方式增强了参与者的信任感和归属感,使他们更愿意积极参与到活动中来。

在活动结束后,团队通过与老年参与者的访谈和回访,总结了许多有价值的经验。例如,一些参与者表示,使用黏土工具不仅让他们在表达创意时更加自由,还增加了活动的趣味性和互动性。另一些参与者则指出，微信的使用让他们感到更加方便和亲切，减少了对新工具的抵触情绪。通过这些反馈，设计研究团队意识到，未来的活动策划中可以进一步探讨如何更好地利用微信这一老年人熟悉的工具来促进他们远程参与设计活动。总之，通过这次活动，设计研究团队不仅成功地探索了远程参与式设计活动的可行性，还为未来活动的策划提供了宝贵的经验。微信作为一种有效的能力补偿工具，不仅提高了老年参与者的参与度和舒适度，还为设计研究团队提供了更多灵活和高效的互动方式。这一发现为老年人远程参与设计活动开辟了新的路径。

4.2.3 "图标在哪里"工作坊

（1）活动背景及目的

本次参与式设计活动是"面向老年用户的人像参数化设计"研究课题的第三阶段，专注于探索老年人友好的手机拍照界面设计。在前期的研究中，我们发现老年人在使用智能手机拍照时，往往难以理解复杂的图标和操作流程。这种限制不仅影响了他们对智能手机拍照功能的充分利用，还在一定程度上降低了他们的使用体验和满意度。因此，本次工作坊的主要目的是实现以下两个目标：一是了解老年人是否能够正确理解现有手机界面中的各种图标；二是调查手机拍照界面中图标的位置是否会影响老年人对界面的理解。通过本次工作坊，我们收集到了大量关于老年人使用手机拍照功能的第一手资料。分析结果显示，大多数老年人对现有手机拍照界面中的复杂图标理解困难，而图标的位置对他们的操作流畅度也有显著影响。这些发现为我们提供了宝贵的设计参考，让我们能够在未来的设计中，针对老年人的需求进行更为精准的优化和调整。

（2）活动设计与参与接触点

如图4.12所示，整个活动分为三个阶段：筹备阶段、开展阶段和影响阶段。活动开展阶段包含了四个环节。整个活动由作者研究团队三位成员组织和开展，共招募了七名老年参与者，另外还招募了五名志愿者在现场与老年参与者组队完成任务。本次活动与社区协作，因此社区也提供了两位工作人员帮助管理现场。

①活动的筹备阶段：这次活动是与社区合作举办的，社区希望为老年人提供解决智能手机使用问题的机会，并邀请研究团队合作。同时，研究团队也有自己的研究目标，希望通过老年人参与设计手机拍照界面来实现研究目的。为了实现双方的目标，研究团队决定在活动过程中加入智能手机使用答疑环节。活动的目标是了解老年人对图标的理解程度，以及协同老年参与者一起设计他们所期望的界面。为了更好地开展研究任务，研究团队准备了大量现有手机拍照界面中的图标贴纸和手机界面图，让老年人自行设计理想中的界面。活动地点选择在社区活动室，方便老年人前往参与活动。

活动阶段	筹备阶段	开展阶段："图标在哪里"工作坊			影响阶段
主要内容	策划与招募	01开始前迎接与签到	02暖场活动介绍	03任务期_手机界面创作共创设计及访谈	04表达感谢赠送照片和礼品	后期反馈
行动目的	招募老年参与者	营造欢迎与支持的氛围快速建立信任感	让老年参与者理解活动内容与任务要求	识别老年人对于现有界面上图标的理解，以及创作期望的手机界面	认可老年参与者的贡献并赠送给予活动报酬	微信回访了解反馈
参与接触点 可及性原则（A） +渠道选择 ● A1.信誉驱动 ● A2.人际认同 +活动策划 ● A3.地点可达 ● A4.主题赋能 +补充 ● A5.实践洞察 引导性原则（G） +态度引导 ● G1.首因态度 ● G2.过程影响 +激励驱动 ● G3.代际互动 ● G4.朋辈激励 +能力补偿 ● G5.技术支持 ● G6.人工辅助 赋能性原则（E） +个人收获 ● E1.物质纪念 ● E2.精神收益	A1.信誉驱动 a1.1与社区合作招募 A3.地点可达 a3.1活动地点在社区活动中心	G1首因态度 g1.1社工在场一起迎接老年人 g1.2活动现场为参与者布置了创作桌 g1.3活动桌面上摆上了丰富的设计材料 G2.过程影响 g2.1在等候时工作人员主动询问手机使用的问题帮助其解决	G6.人工辅助 g6.1主持人介绍活动与任务要求	G2.过程影响 g2.2强调设计过程可以失败，以此减轻参与者的压力 g2.3先共创再访谈（共创与设计助理建立了一定的情感基础，老年人通过共创有助于访谈的积极态度和有效性） G3.代际互动 g3.1为每一位参与者配备了设计助理一起开展活动 G5.技术支持 g5.1用提前打印出来的贴纸在纸质手机界面上创作设计拍照使用 G6.人工辅助 g6.2设计助理提醒任务步骤，对工具进行说明，引导老年人开展设计任务	G2.过程影响 g2.4赠送活动礼品	E1.物质纪念 e1.1活动礼品中的口罩与消毒水很实用，觉得比报酬更实用，可以马上使用 E2.精神收益 e2.1在活动中解决了一些手机使用中的问题

图4.12 "图标在哪里"工作坊中实现的参与接触点

②活动的开展阶段：一是迎接与签到。在活动现场，社工和设计研究团队共同迎接老年参与者，这种社工协同设计研究团队的组合可以让老年人放下第一次面对设计研究团队的紧张感，快速产生基本的信任感，与设计研究团队建立联系，同时也让老年参与者感受到被重视和尊重。在共创环节中，需要设计研究团队成员与志愿者一对一地与老年参与者分组进行创作。因此在迎接过程中，工作人员与参与者分组匹配，并向参与者进行个人介绍。为了确保设计研究团队和参与者在共创过程中能够顺利展开合作，团队提前布置好了现场的共创环境，这不仅让到场的老年参与者对活动充满期待，也为他们提供了一个创作和交流的舒适环境。

与此同时，在等待活动开始的过程中，一些匹配好的小组已经开始就手机使用中遇到的问题进行讨论。这种交流不仅帮助老年参与者及时解决疑问，拉近了与研究人员之间的距离，也为活动注入了融洽且互动的氛围。通过相互倾听和分享，老年参与者不仅在等待时保持了兴致，还在后续任务展开时充满了热情和行动力。

二是暖场。主持人介绍活动内容与任务目标，以推动活动的进程，让老年人更好地理解团队精心的安排，提高老年参与者的参与行动力。

三是手机界面共创与访谈。在这个环节中，设计研究团队与老年参与者进行了一对一的交流和协同设计。设计师并不干预老年人的设计思路，而是引导他们如何完成设计任务，并提供必要的指导和支持，同时记录下观察到的问题和反馈。这种一对一的交流模式不仅让老年人感受到被尊重和重视，也有助于深入了解他们在手机界面设计方面的需求和想法。通过这种代际互动的形式，研究团队得以更好地了解老年人视角下的手机界面设计并帮助他们顺利完成任务，同时也增强了老年参与者的表达欲和表现力（图4.13）。为了帮助老年参与者快速构建手机界面原型，设计研究团队准备了大量图标贴纸，并鼓励他们亲自动手"贴出一个手机界面"，这种形式让老年人可以快速设计一个界面。尽管贴纸是一次性的，但部分老年参与者因为担心会贴错而产生一些犹豫。针对这种情况，工作人员耐心解释并鼓励他们放手一试，且团队备有多余的贴纸和界面线稿，以确保老年参与者有足够的试错机会，让他们能够放松心情，没有顾忌地进行操作。当共创环节结束后，每组的工作人员会依据共创结果展开半结构化的访谈工作。在这个阶段，由于之前的互动和合作让老年参与者对工作人员更加信任和熟悉，从而使得访谈过程更加顺利和富有成效。老年参与者的意见和反馈有助于进一步优化手机拍照界面的设计，从而更好地满足他们的实际需求和使用习惯，提升智能手机的可用性和用户体验。

四是致谢。活动结束后，设计团队向老年参与者赠予了自行设计的环保袋、纸巾和口罩。

(1)小助手与老年人1v1协作　　(2)手机界面拼贴　　(3)界面访谈

图4.13　老年人与设计助理协同合作

③活动的影响阶段：活动结束后，根据参与者的积极反馈，社区表达了与设计研究团队建立持续性合作的期望。设计研究团队为了感谢老年参与者的支持和参与，在活动结束时提供了口罩、消毒水等生活用品作为报酬。老年人认为这些非常实用和贴心，表示了高度的认可。一些老年参与者表示，他们并不愿意频繁向身边的亲人寻求帮助，解决手机使用问题。通过活动中与设计师进行一对一的交流，他们发现这种方式很好地解决了他们的问题，让他们学到了许多智能手机使用技能，获益良多，实现了自我提升。这种个性化的关怀和专业指导，让老年参与者在技术和社交方面受益匪浅，增强了他们对智能科技的认知和应用能力。

（3）活动总结与参与接触点讨论

本次工作坊的设计目的是为老年人创造一个亲手设计理想手机拍照界面的机会，使他们在创作过程中不仅能够表达自己的需求和想法，还能享受到设计的乐趣。活动的第一个环节精心准备了多张手机界面图纸和各种拍照图标贴纸，旨在确保老年参与者在开展任务时操作简单易行，从而激发他们的创作激情。这种设置充分考虑了老年人可能具有不同的创作动力和偏好，因此提供了一个自由发挥、无拘无束的创作空间。

为了让有创作能力和兴趣的老年人能更好地表达自己，研究人员还鼓励他们尝试自己手绘出理想的图标。这不仅增加了活动的趣味性，也让参与者更加深入地体验到了设计的乐趣。通过这样的安排，老年人不仅可以简单地粘贴图标，还能够在创作过程中融入更多个人的想象和创意，从而提高他们的参与感和满足感。

在活动的第二个环节中，基于第一个环节的创作过程和结果，研究人员与老年参与者展开了开放式访谈，详细询问他们对所设计图标和界面的理解和认识，并讨论他们在日常拍照过程中遇到的主要问题。这一环节旨在通过面对面的交流，进一步挖掘老年人的真实需求和想法。由于前期已经建立了协同合作的基础，老年参与者在这个环节能够更积极主动地表达出他们的潜在需求和建议。

共创环节采用了贴纸设计界面的方式，让老年人可以快速上手，任务执行起来更加轻松。然而，由于贴纸的一次性特点，一些老年人在贴错位置时会感到不安和犹豫。在这种情况下，设计师的耐心安抚和额外提供的设计材料，让老年参与者可以逐渐放下紧张情绪，轻松地投入创作任务中。这种关怀和支持，不仅缓解了老年人的压力，还增强了他们的自信心，使他们能够更加专注和愉快地完成设计任务。

未来的参与式设计活动可以考虑采用更多可反复设计的材料或其他创意元素，例如磁性贴纸、可擦写的白板或者数字绘图板。这些材料不仅能够降低老年人在共创设计中的心理压力，还能让他们在反复尝试中不断完善自己的设计，从而享受到更多的创作乐趣和成就感。此外，还可以引入更多互动性强的环节，例如小组讨论、设计竞赛等，进一步提高老年人的参与度和积极性。

4.2.4 "隐形护理员"工作坊

（1）活动背景及目的

本次参与式设计活动源自与腾讯合作开展的研究课题，旨在深入调研和分析居家养老模式下的智慧看护系统。该系统基于先进的计算机视觉技术，采用了跌倒检测算法，以智能居家摄像头和语音模块的有机结合实现功能。其主要目标在于探索老年人对摄像头的外观设计、材质选择和功能配置的个人偏好，同时还包括他们对潜在危险场景的处理方式的选择。在活动中，我们应用了参与式设计的方法，综合运用场景展示、共创地图等多种形式，邀请老年人和设计师共同参与到摄像头的外观设计中。这种设计方法不仅促进了设计师与老年人之间的有效沟通，还使得设计过程更加贴近用户的实际需求和期望。通过这一过程，设计研究团队能够获得老年人对智慧看护摄像头设计语言的深刻理解，包括他们对设计细节的具体期望和感受。这种深入的用户参与不仅帮助我们更好地把握老年人的真实需求，也为将来智慧看护系统的优化和改进提供了宝贵的参考依据。最终，这些研究成果将有助于打造出更符合老年人实际需求的智能居家看护解决方案，提高居家养老的安全性和舒适度。

（2）活动设计与参与接触点

如图4.14所示，整个活动分为筹备阶段、开展阶段和影响阶段。活动开展阶段包含了四个环节。整个活动由作者研究团队四位成员组织和开展，邀请了六名老年参与者，另外还招募了四名设计学背景的志愿者在现场与老年参与者组队完成活动任务。基于经验与相关文献发现，让老年人从零开始进行设计是比较困难的事情，因为他们缺乏设计技能，不清楚如何开始，同时也会担心自己画得不好或者出现错误。此外，也有部分老年人本身并不喜欢动手画画的活动。为了解决这一问题，设计团队创造了一个共创地图。如图4.15所示，该地图包含了五个区域：场景区，主要用于了解老年人认为哪些居家场景容易摔倒；功能区，用于了解老年人对摄像头功能的需求；外观与感受区，用于了解老年人对摄像头

活动阶段	筹备阶段	开展阶段："隐形护理员"工作坊				影响阶段
主要内容	策划与招募	01 开始前迎接与签到	02 暖场活动介绍	03 任务前_跌倒检测摄像头设计共创设计及发表	04 表达感谢赠送照片和礼品	后期反馈 微信回访
行动目的	招募老年参与者	营造欢迎与支持的氛围 快速建立信任感	让老年人理解课题和任务要求	识别老年人对摄像头的功能与外观要求	认可老年参与者的贡献并给予活动报酬	
参与接触点 可及性原则（A） • A1.信誉驱动 • A2.人际认同 • A3.地点可达 • A4.主题赋能 • A5.实践洞察 +补充 引导性原则（G） • G1.首因态度 • G2.过程影响 • G3.代际互动 • G4.朋辈激励 • G5.技术支持 • G6.人工辅助 赋能性原则（E） +个人收获 • E1.物质纪念 • E2.精神收益	A2.人际认同 a2.1 在前期活动中积累组建的微信社群中发布招募研究的老年参与者）发布招募信息 a2.2 请以往参与者帮助推广与招募 A3.地点可达 a3.1 活动地点交通便利 A4.主题赋能 a4.1 活动内容涉及跌倒检测，受到老年人的关注	G1.首因态度 g1.1 在门口迎接老年人 g1.2 活动现场提前布置了便于讨论的设施，及各种设计材料与工具	G6.人工辅助 g6.1 主持人介绍活动与任务要求 G5.技术支持 g5.1 使用幻灯片辅助讲解任务要求	G5.技术支持 g5.2 为了便于讨论与创作设计，提供了共创地图与其他激发灵感的图片 G6.人工辅助 g6.2 主持人在每一个任务环节开始前都做一次讲解 g6.3 设计助理老年人表达想法时帮助记录在地图上，并帮老年人及时绘制出他们的设计构想 g6.4 设计助理补充老年人发言，减轻他们的压力 G3.代际互动 g3.1 设计助理与老年人组开展活动任务 G4.朋辈激励 g4.1 请各小组老年参与者发表设计构想	认可老年参与者的贡献 G2.过程影响 g2.1 赠送研究机构纪念品表达感谢	E2.精神收益 e2.1 对摄像头有了新的认识，表示后面会关注这类产品，尝试使用 e2.2 觉得这种关注个人健康生活主题的活动很有且很有意义 e2.3 开始重视跌倒问题，对家中布置进行了再规划

图 4.14 "隐形护理员"工作坊中实现的参与接触点

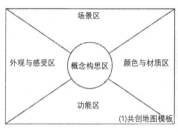   

图4.15 共创地图以及共创环节部分结果

外观的偏好；颜色与材质区；概念构思区。为了更好地促进老年人的思考和构想，设计团队为每个区准备了大量的场景图、设计图、材质图以及文字提示，以供老年人选择和生成设计概念。

①活动的筹备阶段：活动招募过程中，设计研究团队通过之前积极参与过的老年人帮助转发信息来进行招募。由于活动主题是关于老年人居家环境的安全守护问题，因此吸引了众多老年人积极报名。需要说明的是，参与的老年人都是首次参加此类主题的工作坊。工作坊在设计团队研究单位举办，该单位所在的写字楼周边交通便利、停车方便，即使是第一次参加的老年人也可以轻松找到这个地点。

②活动的开展阶段：一是迎接与签到。在活动开始前，设计研究团队与志愿者一起到门口迎接老年人，与他们建立联系。在举办活动的房间里，设计研究团队精心布置了现场，并根据参与者人数准备了设计工具与材料，摆放在桌面上以表示对每一位老年参与者的重视，同时所准备的工具与材料都是非常简单常见的，这样可以缓解老年人紧张担忧的心理，为后续活动的顺利进行打下了良好的基础。

二是暖场。主持人播放幻灯片对活动内容和安排进行简要介绍，以帮助老年参与者更好地理解任务要求。这种搭配幻灯片的方式，能够直观地展示活动的内容和流程，让老年人更容易理解和熟悉活动的安排，有助于提高他们对活动的参与度和投入程度。主持人简洁清晰的介绍，为活动的顺利开展奠定了良好的基础，同时也为老年参与者营造了一个友好和易懂的参与环境，增强了他们参与的信心和积极性。

三是开展任务。为了便于讨论与协同设计，设计研究团队提供了共创地图促进设计助理与老年人更好的交流。这份共创地图细致地划分了四个部分，每一个部分的内容都经过精心策划，旨在引导老年参与者在活动过程中完成每一个环节。为确保老年参与者能够准确理解任务要求，主持人在开始每个部分前会再次强调该部分要求，以确保参与者明确任务目标与要求。每个部分的讲解都充分考虑到老年人的接受能力，在每一环节也会提供充足的时间让老年人完成相关功能区域的任务。在整个任务过程中，设计师与老年人之间进行了一对一的交流和协作。每到一个环节，设计助理不仅会再次重复讲解任务以帮助老年人更好地理解，还会实时记录和绘制老年人的想法，帮助他们将观点以图示方式及时呈现在地图上。这种交流方式非常有效地促进了老年人的参与度，补偿老年参与者在设计技能上的不足，并使他们能够更轻松地表达自己的意见。在完成一对一的协同设计后，主持人也请参与者分别发言，这个过程激发了老年参与者彼此之间的讨论与思考，同时每一位老年参与者的设计助理也会在发言过程中帮助老年人补充，这使得老年人在发言时也不会有太多压力，因此会积极表达。这种代际组队合作的过程是老年人比较喜欢的方式，因为在合作过程中他们可以接收到许多新鲜的资讯，并且有设计师在旁辅助也会让他们在开展任务时更有把握。

四是致谢。参与者完成任务离开前，收到来自团队的活动纪念品，活动报酬通过微信转账支付。

③活动的影响阶段：老年参与者在后续反馈中表示，他们学到了许多有用的知识，并加强了对家中跌倒问题的重视。因此，他们积极调整家居布局，力求提升家庭的安全性。还有老年参与者主动向周围的朋友提出关于家中安全和跌倒问题的建议，希望能够共同关注和解决这一重要问题。他们期待有更多的机会能够参与类似主题的活动，这种积极的态度和行动反映了老年人在活动中的收获和活动的影响。

（3）活动总结与参与接触点讨论

本次参与式设计活动的主要目标是协同老年人参与摄像头外观设计，特别注重在设计过程中探讨摄像头隐私与外观设计的关系。为了确保活动的顺利进行并让老年人更好地表达他们的观点和想法，我们在活动的筹备阶段做了充分的准备。

首先，我们选择的每一位工作人员都有一定的绘画基础，他们能够在老年人的描述下，手绘出老年人理想的外观设计，以直观的形式呈现出来。这种直观的表现方式不仅能帮助老年人更好地表达自己的创意和需求，还能让研究人员更清晰地了解他们的想法。此外，为了激发老年参与者的灵感，我们还准备了与研究主题相关的图片供他们参考。这些图片不仅涵盖了各种摄像头外观设计的示例，还展示了不同设计在隐私保护方面的应用，以帮助老年人更全面地思考和设计。

活动的第一个环节是让老年参与者与研究人员通力合作，共同思考并设计摄像头的外观。在这个过程中，老年人不仅提出了他们的设计理念，还与研究人员探讨了摄像头隐私保护与外观设计之间的关系。这一环节旨在启发老年人的思考，鼓励他们表达自己的观点，并通过交流和讨论来促进理念的碰撞和共创。

为了更好地引导老年参与者表达他们的观点和想法，我们特别招募了具有设计背景的志愿者参与活动。这些志愿者能够快速将老年参与者描述的内容转化成手绘设计图，以直观的形式展现老年人的想法。通过这种方式，老年人能够看到自己想法的实际效果，进一步激发他们的创造力和参与热情。

相较于传统的评论和描述摄像头外观和功能的形式，这种老年人自主设计、提出观点的方式取得了更好的效果。在活动中，老年参与者不仅主动参与设计，还提出了许多平时研究人员难以关注到的细节问题。例如，一位参与者提出摄像头外观应当与家居风格相匹配，以避免摄像头过于显眼而引发隐私顾虑。这些宝贵的意见为我们的研究提供了新的视角和思路。

整个共创过程基于能力补偿参与接触点，并结合人工辅助要素，通过设计师与老年参与者一对一的合作方式，不仅让老年人充分展现个人特长，同时使设计师及时补充专业知识上的不足。这样的合作方式进一步促进了代际合作与交流，提升了老年参与者的积极性。

活动结束后，我们收集了参与者的反馈意见。很多老年人表示，通过这次活动，他们不仅学到了新的知识，还得到了尊重和认可。他们对未来继续参与类似的活动表现出了极大的兴趣。研究团队也从中受益匪浅，通过与老年人的互动，我们不仅收集到了丰富的研究数据，还增强了对老年人需求和想法的理解，为今后的设计工作提供了宝贵的参考。

总的来说，这次参与式设计活动取得了圆满成功。通过老年人与研究人员的通力合作，我们不仅完成了摄像头外观设计，还在探讨隐私与设计关系方面取得了重要进展。这种创新的工作坊模式不仅提高了老年人的参与度和积极性，也为我们今后开展类似的研究活动提供了有益的借鉴。

4.3 以测试为导向的设计工作坊

4.3.1 概述

以测试为导向的参与式设计活动主要是将参与者视为咨询师角色，协同参与活动。这类活动通常采用类似以启发为导向的活动一样的设计方法，同时结合了可用性测试中的技术手段。相关研究表明，在用户测试过程中，需要使用或佩戴一些技术设备，并且测试环节有时会像考试一样，这些会让他们感受到压力，从而对这类活动产生抵触情绪。为了缓解老年人在参与测试过程中所面临的压力，我们在活动设计中采取了多种措施，以解决可能由技术问题引发的困扰。

基于参与接触点方法，我们精心策划并组织了三个面向老年人的以测试为导向的参与式设计工作坊。这些工作坊分别是"ICF图标风格测试"工作坊、"在线购物导航测试"

工作坊以及"镜头中的世界"工作坊（表4.4）。其中，"ICF图标风格测试"工作坊和"在线购物导航测试"工作坊在研究单位内举行，"镜头中的世界"工作坊则与社区合作开展。通过这些精心策划的工作坊，我们致力于为老年参与者创造一个轻松舒适的氛围，激发他们的兴趣和参与欲望。活动设计中充分考虑了技术问题可能带来的压力，并通过各种方式减少这种压力，从而帮助老年人更好地理解和参与到设计活动中。这样一来，我们不仅能收集到宝贵的用户反馈，也能有效提升老年人在参与式设计活动中的满意度和参与度。

表4.4　以测试为导向的参与式设计活动

工作坊	活动开展形式
ICF图标风格测试，2020	研究室
在线购物导航测试，2020	研究室
镜头中的世界，2021	社区协作

4.3.2　"ICF图标风格测试"工作坊

（1）活动背景及目的

本次活动的课题是我们与南京逸夫医院合作的"老年失能失智三级康复转介网络系统设计"项目。该项目的核心目标是对国际功能、残疾和健康分类（ICF，International Classification of Functioning, Disability and Health）内容进行本地化的可视化再设计。ICF分类系统为描述与人体健康相关的功能状态和失能情况提供了统一而标准化的方式。它通过对功能和功能障碍的统一命名、定义、分类及编码，将特定的健康状况与其功能状态、残疾情况和健康环境紧密相连，为健康状况提供了标准化的术语和分类体系。本项目旨在利用ICF分类系统，通过图示化的再设计，使其在本地社区中更具实用性和易用性。项目希望能够通过评估测试的方式，为社区工作人员提供一个实用工具，由社工帮助老年人完成自我身体状况的评估测试。测试结果将传输给医院，由专业医生进行进一步的就医指导。因此，测试内容的图示化设计变得尤为重要，需要确保图示能够被不同用户群体（包括医生、社工及老年人）所理解。

为了达到这一目标，设计研究团队首先对ICF分类系统中的各项内容进行深入分析，针对中国老年人的生活场景进行适配性设计。我们设计了一系列插画和图示形式的图片，以直观地呈现ICF量表中的文字内容。这些设计不仅考虑了老年人的视觉认知特点，还融入了文化背景和日常生活中的实际场景，力求使每一幅图示都能够准确传达所需的信息。

在ICF可视化设计完成后,我们着手开发了一个测试网站,用于对这些设计进行用户测试(图4.16)。该网站的开发旨在评估不同风格的图示在实际使用中的效果,以识别哪一种风格最适合老年人理解。通过在线测试,我们收集了大量关于不同图示风格的反馈数据。这些数据帮助我们了解老年人在使用这些图示时的认知规范,以及哪种类型的图示能有效地辅助他们理解文字信息。

图4.16　测试网站内容概要

(2)活动设计与参与接触点

如图4.17所示,整场活动分为筹备、开展和影响三个阶段。活动开展阶段包含了四个环节。本次参与式设计活动招募了三十二名老年参与者。活动是研究者与老年人一对一展开交流,以创造安静和无压力的环境。

①活动的筹备阶段:本次工作坊的老年参与者是通过一个经验丰富、备受信赖的社会机构进行招募的。该机构定期组织老年人参与各种有偿社会活动,其良好的声誉和丰富的招募经验为老年人提供了参与的安全感和动力。为了确保活动开展顺利且不拥挤,工作坊设计了多个时间段供老年参与者自由选择参加,体现了对参与者个体需求的尊重。此外,老年参与者得知活动地点设置在一家知名的研究机构内,且交通便利,他们表现出了强烈的参观意愿,进一步激发了他们的参与热情和好奇心。总体而言,老年人对本次工作坊活动报名积极,参与热情高涨,招募过程也相对顺利。社会机构的招募渠道和操作经验、活动时间的灵活设计以及活动地点的吸引力和知名度等因素共同促使了老年人踊跃参与。

活动阶段	筹备阶段	开展阶段："ICF图标风格测试"工作坊				影响阶段
主要内容	策划与招募	01开始前迎接与签到	02暖场活动介绍	03任务期_图标认知测试共创设计	04表达感谢赠送照片和礼品	后期反馈
行动目的	招募老年参与者	营造欢迎与支持的氛围快速建立信任感	向老年人介绍活动内容与任务要求	识别老年人对图标是否理解，风格偏好	认可老年参与者有贡献并给予活动报酬	通过回访了解老年人体验
参与接触点 可及性原则（A） +渠道选择 • A1.信誉驱动 • A2.人际认同 • A3.地点可达 • A4.主题赋能 +补充 • A5.实践洞察 引导性原则（G） +态度引导 • G1.首因态度 • G2.过程影响 +激励驱动 • G3.代际互动 • G4.朋辈激励 +能力补偿 • G5.技术支持 • G6.人工辅助 赋能性原则（E） +个人收获 • E1.物质纪念 • E2.精神收益	A1.信誉驱动 a1.1通过老年人熟悉的社会组织招募 A3.地点可达 a3.1活动地点是知名研究机构，有吸引力 a3.2活动地点交通便利 A5.实践洞察 a5.1受到活动报酬的吸引 a5.2可以选择适合自己的活动时间	G1.首因态度 g1.1活动地点在知名研究单位，参与者认为很有权威性 g1.2活动空间干净宽敞，有许多沙发可以休息，感觉比较悠闲	G2.过程影响 g2.1老年人到场和等候时会有工作人员帮助登记、介绍活动内容	G2.过程影响 g2.2工作人员强调测试答案不存在对与错 g2.3通过游戏形式让测试方式与设备 G3.代际互动 g3.1测试环节以一对一较为私密的形式开展 G4.朋辈激励 g4.1等候测试时看到其他老年参与者完成测试的状态 G5.技术支持 g5.1设计测试网站以尽可能记录老年人的测试数据，避免更多电子设备	G2.过程影响 g2.4赠送研究机构纪念品表达感谢	E1.物质纪念 e1.1表示有研究机构的纪念品有纪念意义 E2.精神收益 e2.1感觉到自己被需要和认可

图4.17 "ICF图标风格测试"工作坊中实现的参与接触点

②活动的开展阶段：一是迎接与签到。由于安排了固定的参与时间，研究团队会根据具体时间点迎接参与者，并细心引导他们前往提前安排好的茶水间休息等待。在老年参与者抵达现场后，由于研究单位的知名度较高，老年参与者对工作人员和场地都产生了较强的安全感和信任感。休息区内有饮水机、舒适的沙发等各种便利设施，为老年参与者提供了一个轻松、舒适的休息环境，使他们能够更好地放松身心，准备参与接下来的活动。通过为老年参与者提供舒适的休息空间，活动的开展更顺利和有亲和力，同时也为老年参与者营造了一种温馨、放松的氛围，有助于提高他们的投入度和参与度。

二是暖场。当老年人到达活动现场时，会有专门的工作人员进行登记，并详细介绍活动的内容和流程。工作人员会特别强调整个参与过程非常简单，不必有过多的心理压力。他们耐心解释活动的目的、规则和注意事项，确保老年参与者能够理解并放心参与。这样的安排较好地消减了老年人不必要的担忧，增强了他们对活动的信心和参与意愿。

三是测试环节。整个测试过程是在研究者与老年人一对一的情况下展开的。为了缓解老年人的紧张情绪，测试场所特意安排在舒适的沙发区。同时，为避免对老年人测试过程产生干扰，我们没有使用过多的电子设备记录活动，而是通过开发专门的网站来获取老年人的反应时间和理解图示的数据。但是当需要使用电脑时，老年参与者还是会表现出紧张和焦虑，他们担心因自己的操作失误而造成电脑损坏。在此情况下，测试人员需要花费一些时间安抚老年人的紧张情绪，示范操作过程，并强调测试的简单性，同时还需要强调测试本身是看图猜场景，答案没有对错之分，猜不出来并不是参与者的问题而是设计师设计的问题，以减轻老年参与者的心理负担。为了提高测试数据的准确性，我们在测试正式开始之前设置了一个游戏测试环节，让老年参与者可以逐步适应整个测试流程。由于测试环节在较为私密的场所，老年人完成测试后的访谈在轻松的氛围下进行，他们无需担心被其他人听到。此外，等候区的老年人看到其他参与者完成任务时间并不长且表情比较轻松，还会与陪同的工作人员进行对话交流，也是为接下来开展任务的自己打气。这里需要说明，完成测试离开的老年人不会与等候区的老年人进行交流。

四是致谢。活动结束后，活动报酬由中介机构发放给老年参与者。为了表达对他们的感谢和支持，团队还额外准备了研究机构的纪念品作为礼物。当老年参与者拿到带有研究单位标志的纪念品时，他们表达了极大的满足和开心之情。

③活动的影响阶段：后期回访时，老年参与者表示活动中收到的纪念品很有纪念价值。值得一提的是，其中有一位老年人表示，身边人了解到自己的参与经历后表示羡慕，同时自己也有一种为社会做贡献、被认可的感觉。

（3）活动总结与参与接触点讨论

本次活动是设计研究团队首次举办关于用户测试的工作坊，可谓是一次全新的尝试和探索。在筹备阶段，设计研究团队投入了大量时间和精力，确保活动能够顺利进行。然而，在实际开展过程中，我们发现相较于其他类型的活动，测试类活动为老年参与者带来的心理压力更显著。

许多老年人面对电子设备时，往往会产生焦虑。他们常常担心因自己操作不当而损坏设备，或者害怕自己无法完成测试任务。这种担忧不仅影响了他们的参与积极性，还可能导致他们在测试过程中表现出紧张和不安的情绪。为了应对这种情况，活动中的工作人员需要对参与者进行大量的心理疏导工作。首先，我们在活动开始前向老年参与者详细介绍了测试设备的可靠性和易用性，反复强调设备是非常耐用的，并且即使出现操作失误也不会损坏设备。此外，我们向参与者解释，测试的目的是收集他们的使用反馈和体验，而非评判他们的操作能力。因此，测试结果并没有对错之分，任何反馈都是宝贵的。此外，我们还特别注重营造一个轻松、友好的测试环境。为了让老年人感到舒适和受欢迎，我们设置了温馨的休息区，提供茶水和点心。在测试间隙，工作人员会与老年参与者进行非正式的交流，了解他们的兴趣和喜好，缓解他们的紧张情绪。

总体而言，这次工作坊不仅仅是一次测试活动，更是一次对老年人心理和情感需求的深刻探讨。我们认识到，在面对老年用户时，设计研究不仅需要关注技术层面的问题，更需要重视他们的心理感受和体验。

4.3.3 "在线购物导航测试"工作坊

（1）活动背景及目的

本次工作坊专门为适老化虚拟在线购物平台设计展开，主要集中于老年人在虚拟购物环境中的体验与需求。此次活动旨在实现两个主要目标：首先，探究老年人在现实环境与虚拟环境下的导航行为差异，以深入了解他们在空间导航方面的特点和需求；其次，调查老年人对全景商城技术的接受度，探索他们对新型虚拟购物体验的态度和看法。在测试环节中，我们准备了一款专为老年人设计的虚拟全景商城。该商城旨在模拟真实购物环境，丰富的场景设置和直观的操作界面，使老年人能够方便地购物。测试内容包括使用难易度、理解难易度、逻辑复杂度、场景愉悦度等多个方面。通过对这几个方面的综合评估和分析，我们能够为虚拟全景商城的进一步优化提供有力的依据，从而为老年人创造一个更加友好和易用的虚拟购物平台。这不仅有助于提升他们的购物体验，也为适老化虚拟技术的发展提供了宝贵的参考。

（2）活动设计与参与接触点

如图4.18所示，活动分为筹备阶段、开展阶段和影响阶段。活动开展阶段包含了四个环节。整个活动由作者研究团队三位成员组织和开展，邀请了十二位老年参与者。

面向老年人的参与式设计活动实践 第4章

活动阶段	筹备阶段	开展阶段："在线购物导航测试"工作坊			影响阶段
主要内容	策划与招募	01开始前迎接与签到	02暖场活动介绍	03任务期_线上购物导航测试共创设计	04表达感谢赠送照片和礼品	后期反馈
行动目的	招募老年参与者	营造欢迎与支持的氛围快速建立信任感	向老年人介绍活动内容与任务要求	了解老年人在线上平台的购物体验	认可老年参与者的贡献并给予活动报酬	通过微信回访了解老年人体验
参与接触点						
可及性原则（A）+渠道选择	A1.信誉驱动 a1.1通过老年人熟悉的社会研究机构招募 A3.地点可达 a3.1活动地点是知名研究机构，有吸引力 A5.实践洞察 a5.1受到活动报酬的吸引 a5.2可以选择适合自己的活动时间					
• A1.信誉驱动						
• A2.人际认同						
+活动策划						
• A3.地点可达						
• A4.主题赋能						
+补充						
• A5.实践洞察						
引导性原则（G）+态度引导		G1.首因态度 g1.1活动空间干净宽敞，有许多沙发可以休息，感觉比较悠闲	G2.过程影响 g2.1老年人到场有工作人员帮助登记、介绍活动内容 g2.2在等待过程中，工作人员一直会强调接下来的测试环节是一个游戏环节，为老年人减轻压力	G2.过程影响 g2.3工作人员强调购物行为是游戏，不会产生真实的消费 g2.4工作人员需要根据不同参与者情况安抚和鼓励 G5.技术支持 g5.1佩戴眼动仪观看虚拟商城有新鲜感，在屏幕上可以体验到真实的场景 g5.2场景中设计摆放了老年喜爱的商品，提升了他们上的虚拟购物体验	G2.过程影响 g2.5支付活动报酬 g2.6赠送研究单位纪念品	
• G1.首因态度						
• G2.过程影响						
• G3.代际互动						
• G4.朋辈激励						
• G5.技术支持						
• G6.人工辅助						
赋能性原则（E）+个人收获						E2.精神收益 e2.1老年人将活动过程录制成小视频发在朋友圈，对活动表示很有意思，对线上购物平台表示期待
• E1.物质纪念						
• E2.精神收益						

图4.18 "在线购物导航测试"工作坊中实现的参与接触点

①活动的筹备阶段：这次的参与者主要通过过往设计研究活动中表现积极的老年群体转发信息来招募。经过仔细筛选后，前来参与的老年人都是首次参与研究团队组织的活动。在招募过程中，采用了人际认同、活动报酬以及活动地点的可达性要素，成功吸引老年人的参与。为了避免实验中出现被测试人员排队等候的情况，设计研究团队设置了不同的测试时间段供老年人选择。由于实验过程需要使用一些技术设备，为了防止老年人产生不安的心理，团队特意安排了舒适的沙发等候区，营造实验现场轻松愉悦的氛围，让参与者感受到一种温馨的体验氛围，而不是给他们带来紧张和压力。通过这些安排，设计团队期望能够增强老年人的参与意愿和积极性，同时也为实验的顺利开展提供了基础保障。

②活动的开展阶段：本次工作坊的流程和参与接触点与上次工作坊基本类似，在任务环节中有一些测试内容以及实现参与接触点方法的不同。

一是欢迎和签到。根据之前的经验和反馈，本次工作坊中团队依然选择安排老年参与者在舒适的沙发区等候实验。这一安排旨在确保实验环境的轻松和愉悦，避免给参与者带来紧张和严肃的感觉。这样的安排不仅能够让老年人感受到舒适和关怀，也有助于营造一个放松和友好的实验氛围，让他们在参与活动时保持愉快的心情和专注的态度。

二是暖场。当参与者到达实验现场时，工作人员会登记并详细介绍活动的内容和注意事项。值得一提的是，工作人员会特别强调测试过程中"购买"行为只是一个实验链接，并非真实的购买行为。这一举措旨在消除老年人可能产生的金钱交易不安心理，同时也有助于减轻因操作失误而造成的愧疚感。通过对实验流程的清晰解释和引导，工作人员希望参与者能放心参与，享受实验过程，避免不必要的焦虑和紧张情绪。

三是线上购物导航测试（图4.19）。在实验开始前，首先邀请老年人填写与方向感相关的实验问卷，然后正式开展实验任务。在测试环节中，老年参与者需使用指定的手机完成虚拟商城中的两项任务：自由探索；找到指定产品并完成购买。在此时，工作人员会再次强调实验中的购物行为并非真实的购买举动。在这个环节中，老年参与者几乎没有因为使用指定手机而出现控制问题。然而，在测试过程中，一些老年参与者还是会多次确认是

(1)测试场景

(2)测试内容

(3)测试结果

图4.19　现场测试场景及测试内容

否进行真实购买。活动期间全景商城对于老年人的代入感很强，很多老年人通过全景商城的方式得到了购物的共鸣。比较有意思的是，相较于上一次工作坊老年人看到电脑有紧张感，对于眼动仪，他们反而表现出更多的好奇心，对佩戴眼动仪并没有特别抗拒的表现，反而将佩戴使用眼动仪的新鲜体验作为参与动力。研究者为了更好地模拟真实购物场景，还专门把老年人喜欢的货品放在虚拟购物场景中，这些设计让老年人产生熟悉感，从而缓解了他们的紧张情绪。在实验过程中，老年参与者反映了活动的复杂度对其参与的影响。过于困难的任务可能带来挫败感，因此工作人员需要根据老年参与者的实际情况进行安抚和鼓励，以保持他们的积极态度。鉴于之前工作坊的经验，研究者更加强调与老年人的良好沟通，以游戏化的方式展开测试活动，从而营造轻松愉快的氛围，让参与者享受到参与过程的乐趣和满足，从而提升他们的参与度。

四是表达感谢。研究者支付活动报酬，赠送纪念品。

③活动的影响阶段：在活动结束后，我们发现一些老年参与者拍摄了小视频记录活动经历，并分享到他们的朋友圈中。他们表达了对这种新颖的购物方式的喜欢，并表示愿意长期使用这样的全景平台来体验其他生活场景。同时，他们也对活动赠送的纪念品表示喜爱。这些积极的反馈和表达反映了老年参与者对于活动的认可和喜爱，同时也体现了他们对新科技的接受和对全景购物平台的潜在兴趣。这些反馈对于研究团队来说是一种鼓舞和肯定，也为未来的研究和实践提供了有益的参考和启示。

（3）活动总结与参与接触点讨论

本次活动对于老年参与者来说无疑是一次挑战。从研究工具到测试内容，大多数老年人此前没有接触过这些新技术，因此需要从整体环境着手，安抚他们的戒备和不安心理。活动开始时，我们精心布置了测试场地，营造了一个舒适、温馨的氛围，让老年参与者感到放松和受欢迎。研究者的沟通技巧和对测试内容的细节讲解在其中起到了至关重要的作用，帮助老年人逐步适应测试流程，并顺利完成任务。

尽管在实验过程中不断强调了测试要求，但老年人仍需要花费较多时间适应和尝试。为了帮助他们更好地进行技术类产品测试，我们认为，今后开展类似研究时，在条件允许的情况下可以提前组织与测试内容相关的教学活动，以帮助老年人更好地进行技术类产品测试。这些教学活动不仅可以让老年人熟悉测试工具和内容，还能增强他们的自信心和参与积极性。预先的培训和模拟测试，可以有效减少老年人在正式测试中的适应时间，使整个实验过程更加流畅。

另外，有些老年人在佩戴设备时会产生紧张感，从而影响生理数据的测量。因此，设计团队需要特别关注老年人的状态，在他们佩戴设备后给予足够的时间和支持，帮助他们平复心情。例如，在佩戴设备后，可以安排一些放松的活动或轻松的对话，让老年人逐渐适应设备的存在，减轻他们的心理压力。

在活动中，我们还发现一个有趣的现象：因为眼动仪等设备是老年人不熟悉的产品，一些老年人反而表现出了强烈的好奇心和尝试欲望。这提醒我们，不能简单地以刻板印象来看待老年人的行为和态度。事实上，许多老年人对新技术和新产品持开放的态度，他们愿意尝试和探索。作为研究者，我们需要摒弃对老年人的固有偏见，积极鼓励他们以尝试和探索的态度参与到实验中来。

在未来的研究中，我们考虑进一步优化测试流程。例如，可以在测试开始前播放一段简单的设备操作视频，或者安排志愿者一对一地指导老年人使用设备。这些方式可以进一步降低老年人的学习成本和心理压力。此外，在测试过程中，研究者需要时刻保持敏锐的观察力，及时发现并解决老年人遇到的问题，确保他们能够顺利完成测试。

总的来说，这次活动不仅让我们积累了宝贵的经验，也深化了我们对老年人参与技术测试的理解。我们认识到，老年人并非一成不变的群体，他们的需求和态度各不相同。在设计和实施测试活动时，我们需要更加细致入微地考虑老年人的心理和情感需求，提供充分的支持和鼓励，帮助他们更好地适应和接受新技术。通过这种方式，我们不仅能够提高研究的有效性，还能够增强老年人的自信心和参与感，真正实现共创共赢的目标。

4.3.4 "镜头中的世界"工作坊

（1）活动背景及目的

本次工作坊分为两个部分：一是手机拍照教学；二是授课后安排老年人在现场选择产品进行拍摄，并由设计团队打印展览。在老年人学习拍照过程中，设计团队将以开放式访谈的形式为他们答疑，以了解现场老年人在拍照过程中的问题。在自由拍摄阶段，设计团队将依据事先设计的拍照行为表进行记录，从而深入了解老年人的拍照习惯和需求。通过这一活动，设计团队旨在为社区老年人提供实用的手机拍照技巧和帮助，同时获取老年人的真实反馈，以优化未来的手机拍照设计和服务。

本次活动是设计研究团队与江苏省南京市玄武区社区联合举办的关爱老年人的社区活动的一部分。结合社区需求，设计研究团队针对老年人在使用手机拍照时遇到的问题，策划并组织了这一场参与式设计活动。活动的主要目的是了解老年人在使用智能手机拍照过程中遇到的具体困难，并通过实际操作和收集反馈，为他们提供切实有效的解决方案。在活动正式开始之前，为了确保能够精准地了解老年人的需求和困难，社区方建议我们对目标老年群体进行家访。这一阶段的主要任务包括：①建立初步联系。通过家访与老年人建立初步联系，了解他们的基本情况、兴趣爱好以及手机拍照的使用经验。家访还为后续活动的开展奠定了信任基础，使老年人对即将参与的活动有一个初步的了解和心理准备。

②邀请参与活动。在家访过程中，邀请老年人参与未来的面向老年居民的爱心活动，并向他们介绍即将开展的手机拍照培训工作坊。这一任务不仅有助于提高老年人的参与积极性，还能使他们对活动内容和形式有一个清晰的认识。

工作坊分为两个主要部分，以确保活动的系统性和有效性。第一部分是手机拍照教学，教学内容包括：①基础操作培训，介绍智能手机拍照的基本功能和操作技巧，如何调整焦距、使用闪光灯、选择拍照模式等。重点讲解常见的拍照问题和解决方法，如拍摄模糊、曝光不足或过度等问题。②拍照技巧指导，提供一些实用的拍照技巧，如构图技巧、光线利用、如何进行人像拍摄等。帮助老年人掌握拍摄清晰、富有美感的照片的基本方法。③互动问答环节，在教学过程中设计团队设置开放式的问答环节，鼓励老年人提出他们使用手机拍照时遇到的问题。通过回答他们的疑问，我们能够了解他们在拍照过程中遇到的具体困难，并及时提供解决方案。

第二部分是实际拍摄与收集反馈。培训课程结束后就进入实践环节，让老年人在现场选择产品进行拍摄。这个阶段包括：①自由拍摄。老年人可以选择自己喜欢的产品进行拍摄，在实际操作中运用刚刚学到的拍照技巧。设计团队将提供必要的指导和帮助，确保每位参与者能够顺利完成拍摄任务。②现场记录与观察。在拍摄过程中，设计团队将依据事先设计的拍照行为表进行详细记录。通过观察老年人的拍摄习惯、操作方式和遇到的问题，我们能够深入了解他们在实际拍摄中的需求和困难。③打印展览。完成拍摄后，设计团队将打印老年人拍摄的照片，并在现场展览。展示他们拍摄的作品，不仅能激励老年人的参与热情，还能为他们提供一个展示自己成果的平台。④开放式访谈。在活动的最后阶段，设计团队将进行开放式访谈，与老年人讨论他们在拍照过程中的体验和反馈。通过深入交流，我们能够了解他们对手机拍照功能和培训内容的真实感受，以及他们希望在未来得到哪些改进。

本次工作坊不仅为老年人提供了实用的手机拍照培训，还通过真实的使用体验和反馈，为设计研究团队提供了宝贵的第一手数据。这有助于我们进一步了解老年人使用智能手机时的需求，并为未来的设计和服务改进提供坚实的基础。

（2）活动设计与参与接触点

如图4.20所示，活动分为筹备阶段、开展阶段和影响阶段。活动开展阶段包含了四个环节。整个活动由作者研究团队两位成员组织和开展，招募了三名志愿者在现场观察与记录，社区提供了四名工作人员辅助设计研究团队工作，招募了二十四位老年参与者。

①活动的筹备阶段：活动开始前，在社工的带领下，设计研究团队与社工走访了四个社区（图4.21）。通过与老年人的交流，设计团队首先了解了他们近期的日常生活，从社工介绍中了解了老年人对智能设备的简单使用情况，同时也宣传了即将进行的研究活动。

活动阶段	筹备阶段	开展阶段："镜头中的世界"工作坊				影响阶段
主要内容	策划与招募	01开始前 迎接与签到	02暖场 拍照教程	03任务期_拍照环节 拍照实践	04表达感谢 赠送照片和礼品	后期反馈
行动目的	招募老年参与者	营造欢迎与支持的氛围 快速建立信任感	向老年人介绍活动内容与任务要求	要求老年人按照任务规划拍摄照片，在拍照过程中观察老年人使用情况	认可老年参与者的贡献并给予活动报酬	回访了解老年人对活动评价
参与接触点 可及性原则（A） +渠道选择 • A1.信誉驱动 • A2.人际认同 +活动策划 • A3.地点可达 • A4.主题赋能 • A5.实践洞察 引导性原则（G） +态度引导 • G1.首因态度 • G2.过程影响 +激励驱动 • G3.代际互动 • G4.朋辈激励 • G5.技术支持 • G6.人工辅助 赋能性原则（E） +个人收获 • E1.物质纪念 • E2.精神收益	A1.信誉驱动 a1.1与社区合作招募 A2.人际认同 a2.1提前与社工一起家访进行招募 A3.地点可达 a3.1活动地点在社区老年人活动中心 A4.主题赋能 a4.1活动主题为手机拍照教学	G1.首因态度 g1.1研究团队成员佩戴姓名牌并穿颜色不同但款式相同的短袖以示区别 g1.2活动空间提前摆好了椅子和摄影练习用的素材	G6.人工辅助 g6.1主持人使用幻灯片介绍活动内容，讲解手机拍照技巧 g6.2主持人讲解过程中，其他辅助队成员作为辅助老年人为有需要的老年人补充讲解 G5.技术支持 g5.1向每一位老年人提供手机拍照指导手册，便于他们随时翻着	G2.过程影响 g2.1老年人出现疑问时，工作人员及时讲解 g2.2工作人员在观察到赞赏老年人 G4.朋辈激励 g4.1老年人彼此之间展示自己满意的作品，促进了大家完成任务的热情 G5.技术支持 g5.2提前摆好的各种摄影素材激发了老年人的拍摄热情 g5.3拍摄指导手册中的一些技巧帮助老年人优化了构图和拍摄内容 g5.4打印筛选好的照片，激发了老年人的行动力	G2.过程影响 g2.3赠送研究单位纪念品 g2.4精打印的照片 g2.5赠送活动指导手册	E1.物质纪念 e1.1老年人表示打印出来的照片很有意义和价值 e1.2老年人认为活动手册很有用，要求拿回家 E2.精神收益 e2.1老年人认为在活动中学习到的知识在后面确实有用到 e2.2老年人表示这样的活动让他们有了更多的社交机会

图4.20 "镜头中的世界"工作坊中实现的参与接触点

图4.21 活动前的家访及活动过程中的现场状况

在社工的引导下，老年人普遍表现出友好和积极的态度。这种融洽的互动为设计团队与老年人之间建立了良好的联系，为后续活动的顺利开展打下了坚实基础。由于活动主题是手机拍照，因此选择在社区活动室举办活动，以提升老年人的参与意愿，让更多的老年人能够方便地前往活动现场。

②活动的开展阶段：一是迎接与签到。活动当天，尽管下着小雨，但由于前期的走访与宣传，仍然有二十四位老年人前来参加。为了让老年人在活动现场更容易识别工作人员，设计研究团队成员佩戴姓名牌并穿颜色不同但款式相同的短袖以示区别。为了顺利授课并让老年人完成任务，研究团队提前布置了现场，摆放了摄影素材。到场的老年人也纷纷表示对接下来的活动充满期待。

二是拍照教学。主持人使用幻灯片进行了手机拍照技巧的详细教学。在教学过程中，其他设计研究团队成员在现场巡视，实时关注老年人的学习情况，如发现参与者表现出疑问立即进行解答，这样的过程也促成了简单的开放式访谈。此外，在授课过程中，每位老年人还获得了指导手册，方便随时查阅以加深理解。

三是拍摄实践。在实际拍摄环节，每组配备了一位设计研究团队成员跟踪观察和记录参与者的拍照行为。团队精心准备的摄影素材受到老年人的欢迎，激励他们积极完成拍摄任务，拍照指导手册中的技巧在老年人实践中得到了应用，老年人之间也会展示自己拍得好的作品，为活动现场增添了热烈氛围。在这个过程中，研究团队成员以观察为主，记录每位老年人的拍照行为，在适当时机结合记录的问题进行半结构化访谈，并在老年人遇到问题时进行答疑，同时也会及时鼓励和赞美老年人，激励他们完成任务。活动最后会打印大家的照片进行展示，这种形式也激发了老年人的好胜心。尤其在看到其他人的照片打印出来后，老年人之间会沟通拍摄技巧。整个过程中研究团队成员以观察为主，记录自己组里每一位老年人的拍照行为，在适当的时候与组员结合记录的问题进行半结构式访谈。

四是表示感谢。活动结束后，活动中的指导手册、照片以及现场拍摄用的物品，都成为老年人喜欢的纪念品。有一些老年人不愿意离场，希望为研究团队提供更多信息，以回馈这次有意义的活动经历。

③活动的影响阶段：活动结束后，活动微信群仍会收到老年人对活动的正面反馈。在与社区工作人员的交流中得知，老年人对这次活动非常满意，并表示他们从中获益良多。其中，老年人指出，在手机拍照方面学到了一些以前未曾了解的新知识。他们特别提到，活动中提供的活动手册对他们的学习起到了重要的辅助作用，而打印出来的照片则让他们深感这是一份富有纪念价值的礼物。值得一提的是，这次活动不仅让他们学到新技能，更使他们与他人之间建立了更密切的联系，增进了邻里间的情感交流。活动的成功举办为未来类似活动的策划和实施提供了宝贵的经验和指导，也进一步加强了社区与老年人之间的互动和联系，构建了更加和谐融洽的社区环境。

（3）活动总结与参与接触点讨论

在本次活动开始前，社区工作人员与设计研究团队紧密合作，策划了一次家访活动。设计研究人员与社区工作人员前往老年人家中，邀请他们参与后续的线下活动。家访环节起到了关键作用，为后续活动的顺利展开奠定了坚实基础。家访的初衷是希望在老年人熟悉的环境中与他们建立初步的沟通与联系，这种方式有效缓解了老年人对陌生环境的戒备心理。

家访过程中，设计研究团队得到了社区工作人员的引荐和介绍，这使得老年人容易与研究人员建立信任和亲近感，增强了老年人参与活动的安全感。研究人员得以在这种亲切的氛围下，直接、面对面地向老年人解释活动的内容和意义，进一步邀请他们参与后续的线下活动。由于这种方式具有亲和力和可信度，所以老年人接受邀请的成功率大大提升。值得一提的是，在家访过程中，社区工作人员贴心地建议家访人员尽量不携带包类物品，如果确实需要携带，可以选择透明的储物袋。这一建议极为实用，因为透明储物袋不仅能够缓解老年人对物品丢失的担忧，也保障了家访人员的安全。

本次活动中，提供的手机拍照指导手册备受老年人喜爱。在教学环节中，老年人都非常专心地在手册上做笔记，有的甚至表示要带回家继续学习。这些手册不仅成为他们的学习工具，也成为宝贵的活动纪念品。为了激励老年人完成拍摄任务，活动中设计了摄影比赛，构建生动的场景让参与者亲身实践，增强了他们的参与感。摄影比赛的设计不仅提升了活动的趣味性，也让设计研究团队能够真实地观察到老年人在实际拍摄中的行为习惯。这种实践环节相较于单纯的访谈，可以提供更真实、更有价值的数据。通过实际操作，研究人员可以更直观地了解老年人在使用手机拍照时遇到的困难和问题，从而为后续设计改进提供宝贵的参考依据。

总的来说，本次家访和线下活动的结合，不仅有效地推动了研究的进程，也让老年人在参与过程中感受到了关怀和尊重。家访活动建立起了初步的信任和沟通基础，而后续的摄影比赛和教学环节则通过实际操作和互动进一步加深了这种信任与合作。这些经验为未来类似活动的开展提供了有益的借鉴，表明在设计面向老年人的活动时，细致入微的关怀和周密的安排是成功的关键因素。

4.4 基于实践案例的工具卡优化

参与式设计活动的实践研究结果进一步对OETP方法的可行性进行检验。在本书中，通过观察和访谈，提取了各个工作坊中积极表现的时刻，并将这些时刻归纳为相应的实现维度要素（图4.22）。其中增加了"实践洞察"，这个部分是理论研究中没有发现的内容，主要是对老年人参与意愿的补充。实践过程很好地检验了赋能性原则，同时也在小范围内实现了研究模式的可持续发展，以下将详细阐述研究结果。

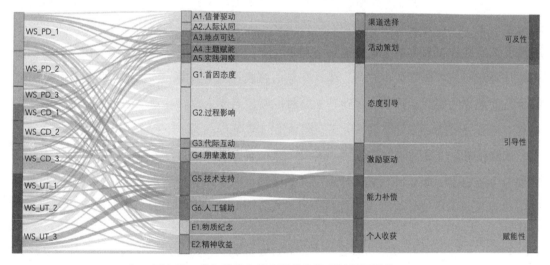

图4.22　参与接触点的实现维度梳理过程可视化

4.4.1　可及性原则

基于渠道选择的信誉驱动要素，设计研究团队探索了社区合作、社会组织合作和退休办合作三种不同的招募方式。其中，社区合作适合缺乏经验的团队选择。一旦研究团队得到社区的认可，便能高效地招募到所需的老年人，并且更容易实现长期合作。通常情况下，社区为了方便老年人参与，会提供活动场所，通常还会有工作人员在现场协助团队开展活动。在这个过程中，团队还能够学习到与老年人相处的实践经验。

与社会组织合作也是招募老年人的一种比较高效的方式。然而，根据不同组织的不同情况，可能存在收取中介费用的情况（仅根据我们团队的实践经验发现）。通过这类机构招募时，老年人可能会更加关注活动的报酬，因为他们大部分是将活动报酬作为参与的动机（这也是实践洞察中的一个新发现）。

与退休办合作的方式，则对设计研究团队的要求会比较高。有些退休办表示，在帮助一些研究机构招募老年人参与活动后，经常会没有结果反馈，老年参与者参与后都比较迷茫，感觉没有获得任何有利于自己的东西，因此会有所抱怨，使得退休办在选择合作对象时会比较谨慎。这就需要设计研究团队事先准备好以老年参与者为中心的完善的活动计划，以提高与退休办合作的成功率。

人际认同在工作坊中是设计研究团队有了一定经验后才得以实现的，认同是一个过程，只有在团队获得老年参与者的认同后，参与过的老年人才会帮助团队宣传和招募。

在活动策划维度中，主题赋能是非常重要的，这可能与研究团队招募的群体以一线城市且有一定文化程度的群体为主有关。尤其当活动主题与智能手机、智能产品以及健康生活相关时，报名的人会非常积极。老年人对这类主题活动会抱有学习新知识、试用新产品的心态参与。并且这类主题会让他们觉得自己有发声机会，体会到被需要。在回访过程中还发现，虽然老年人都不会说是因为活动报酬来参与活动，但是有些老年人会因为活动时间超时而询问是否报酬会多一些；或者在电话访谈时老年人将老伴拉来一起回答，结束后向研究者索要两份活动报酬。从这些细节可以看出老年人比较在意活动报酬，这可能与他们看中付出与回报的对等性相关（实践洞察中的发现）。

在地点可达方面发现，活动地点本身有吸引属性的话也会激发老年人的参与行为。这个吸引属性包含了地点便利属性和地点知名属性（实践洞察中的发现）。作者研究团队举办活动的地点在知名高校实验室，许多老年人会因为这种特性抱有参观游玩的心态前来参与活动。

在上一章通过理论研究和案例分析，将可及性参与接触点归纳为渠道选择和活动策划两类，其中对活动策划总结了地点可达与主题赋能两个实现要素。然而在实践工作坊中发现，地点上的吸引、报酬上的驱动也会成为老年人的重要参与动机。回顾理论研究，地点可达与主题赋能分别基于可接近性与可接受性提出。

案例研究中对筹备阶段的内容提及较少，且案例大多数来自国外学者的总结，因而忽略了地点吸引和报酬吸引的特点。在实践中，作者发现这两个要素对于老年参与者来说具有吸引力，因此将原有活动策划中的地点可达与主题赋能修正为心理可及与地理可达（图4.23）。对两个要素命名修正的原因有两个方面，一是补充了心理可及的内容，突出活动策划内容中心理和地理与参与者的距离。其中，心理可及是指活动内容在心理上让老年人觉得可以接受，涵盖了主题赋能、地点吸引、报酬驱动以及时间分段等要素。这里的时间分段是根据实践活动中测试导向的工作坊提出的，属于个例，并不具有代表性，在这里仅作为参考意见。而地理可达的内容并没有变化。

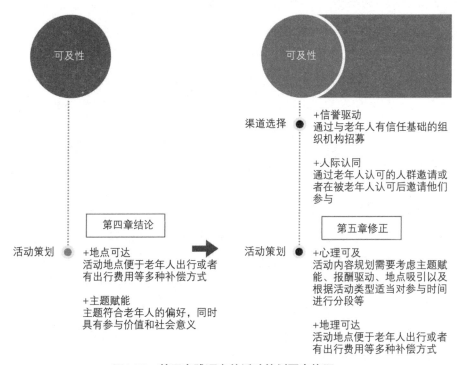

图4.23 基于实践研究的活动策划要素修正

4.4.2 引导性原则

在态度引导实现维度，基于首因态度要素，作者研究团队在每场活动开始前一周和前一天都会向每一位参与者发送信息，提醒他们活动时间，再次确认是否准时出席，如果有困难可以及时与我们联系。活动前一天会提醒参与者天气情况、活动时间与地点以及交通工具的选择。这些都很好地帮助团队在前期与老年人建立友好的关系，有了这样的基础，有些老年人会提前来到现场做晨练，避免错过活动时间。另外还发现，组织团队中如果有知名企业或者研究机构的加入，会让老年参与者更加愿意表现自己，这种积极的态度与有熟悉的人在场是不同的。在访谈时有老年人表示，这主要是因为他们觉得自己又回到了工作场景，提高了他们的贡献意识，同时他们认为在这种环境下的发声将更具有价值，可以被有"力量"的人听到。这也提醒我们在引导态度时要让老年人感受到自己的发声对社会的重大意义，以及给予他们研究团队可以为他们解决问题的信心。此外，每次开展活动时，工作人员都会佩戴姓名牌，或者穿着不同颜色的衣服便于老年人识别，让他们在需要时可以及时获取帮助。这一点得到了许多老年参与者的赞许，有些老年人表示如果不知道怎么称呼时很难开口询问，有问题可能就干脆不问了。基于这些反馈，团队成员后来以简单的昵称介绍自己，还会在活动开始前让参与者给自己起昵称，这样活动中可以通过呼唤昵称拉近彼此之间的距离。

在活动正式开始后，过程影响要素起到了重要的推动作用。通常情况下，一场活动的持续时间在90分钟左右，老年人的态度在这漫长的过程中会一直变化，总体来说是一个积极性下降的过程。这就对研究者们提出较高的要求，需要时刻关注每一位老年人的状态，根据不同情况通过语言交流（鼓励和肯定老年人的行为）和流程调整（设置休息时间或者调整任务难度等）等方式提高他们的积极性。

激励驱动实现维度中的代际互动在实践中也受到了欢迎。有一位参与者认为，同龄人在一起讨论和在公园里找其他老年人聊天没什么区别，来参加活动就是为了了解年轻人的想法，通过年轻人拓宽视野。代际互动有时候并不一定是年轻人和老年人的组合，也可以是不同社会角色的组合，例如在"面向老年人群活动参与度调研"的工作坊中，不同社会角色之间的讨论可以为老年人带来一些新的资讯，从而促进他们的讨论。此外，朋辈激励会在潜意识中影响老年人的表现力。比如设置朋辈之间的小组任务，完成任务后让小组代表发言，往往一位代表发言后其他老年人也会开始加入。这种形式可以很好地打破无人发言的僵局，以及消除个人发言的担忧，因为小组代表的发言内容代表的是团队而不是个人，这样他们认为即使错了也不是自己的问题。

能力补偿是促进积极表现的关键实现维度，决定老年人认为自身是否有能力开始行动，例如参加讨论、制作草模和完成测试。其中技术支持包含了设计方法、设计材料、创作工具等多个方面的内容，促进老年人理解研究内容和任务要求，激发他们思考以及辅助他们实现研究者的要求。在使用技术性设备或者工具时，需要选择老年人熟悉的，例如手机或者平板电脑；设置任务时，这些设备的操作模式要简单，避免老年参与者因害怕使用或者不会使用而影响研究结果。

在这里，根据任务内容也可以适当配备小助手辅助他们。人工辅助中的小助手是必备要素之一，条件允许的情况下，最好能为每一位老年参与者或者每一个小组配备一位小助手，补充他们缺少的技能，例如在共创环节由小助手实时绘制老年人的想法，在讨论环节由小助手帮助记录要点。小助手不仅在技能上帮助老年人，同时也可以适当地鼓励他们发言，以及近距离地观察老年人真实的行为。另一个重要的人工辅助是主持人。主持人需要控制整个活动的进程，把握时间，适当设置休息时间，以及注意每一位老年人的状态，提醒小助手及时做出调整，引导老年人完成活动任务。

4.4.3 赋能性原则

在第四章并没有得到直接的证据,但在实践研究中得到了支持。赋能性的实现是一个漫长的过程,作者研究团队从2019年开始,连续三年致力于面向老年人的参与式设计活动的研究,有较长的周期观察参与式设计活动为老年参与者带来的影响。第四章的研究结果显示,赋能性具有物质纪念和精神收益两种类型。在实践中发现,物质纪念主要来源于任务中的产出,如前面提到的活动手册以及实践工作坊中的设计素材与工具。在"未来由我设计3"工作坊中提到,老年参与者非常喜欢黏土工具;在"未来由我设计1"工作坊中,老年人会把多余的设计材料如贴纸和彩色笔带回去,他们认为这些东西可以给自己的孙子或者孙女玩,提升他们的代际关系。这些都被他们认为是有纪念意义的收获,且在他们的日常生活中也有用。另外就是活动纪念品,这与组织单位本身的声誉有关,有单位标志的纪念品会比较受参与者的喜欢。

在精神收益方面,很难在访谈中得到具体的内容,在"未来由我设计1"工作坊中,活动后在老年参与者微信群与他们的朋友圈里可以观察到,活动拓展了他们的社交关系,促进了他们的个人成长。通过三年来的活动积累,研究团队收获了许多支持活动的老年人,他们不仅会积极报名参与活动,也会帮助团队招募新成员加入。所以研究团队的人员招募库也在不断扩充。赋能性参与接触点是非常难实现和设计的,它与老年人自身的文化背景息息相关。作者团队认为,较好地实现可及性和引导性参与接触点,总能为参与者带来一定收获,这种收获或许不是立竿见影的,但可以潜移默化地影响参与者。

综上所述,本书以参与式设计活动的研究框架ETP为基础,通过理论研究和案例分析,总结了面向老年人参与设计活动的参与接触点方法OETP。在这一过程中,我们不仅梳理了参与式设计的核心理念,还深入探讨了如何将这些理论应用于面向老年人参与的实际设计活动中。通过实践研究,我们进一步检验和优化了OETP方法中活动策划维度的实现要素,以确保其在实际操作中的有效性和可行性。为了帮助设计研究者更好地运用OETP方法,我们还开发了一份专门面向老年人的参与式设计指南卡(图4.24)。该指南卡名为"参与接触点——参与式设计指南(老年参与者版)",设计宗旨在于为设计研究者提供明确的指导,确保他们在组织和实施参与式设计活动时能够充分考虑老年参与者的需求和体验,增强他们对这类活动的认可度,以及提升他们的参与价值。

指南卡有十张,每张包含正反两面(详见附录2)。指南卡分为两部分,第一部分是对卡片中专业术语的介绍以及使用说明。这个参与接触点指南卡主要是没有经验或者经验较少的设计研究者使用的。一些有经验的设计研究者也可以将指南卡作为活动准备时的清单,核对相关工作是否已准备就绪。指南卡的研究对象是活动中的老年参与群体,主要是城市老年居民，具有一定文化水平，无明显身体或者认知障碍。第二部分是对不同活动阶段中参与接触点原则的介绍，每一个阶段的参与接触点原则、实现方式以及案例介绍分布在一张卡片的正反面。这样设计的目的是让阅读者在正面看到具体的活动阶段、参与接触点原则介绍，反面可以及时查看相关案例的介绍。

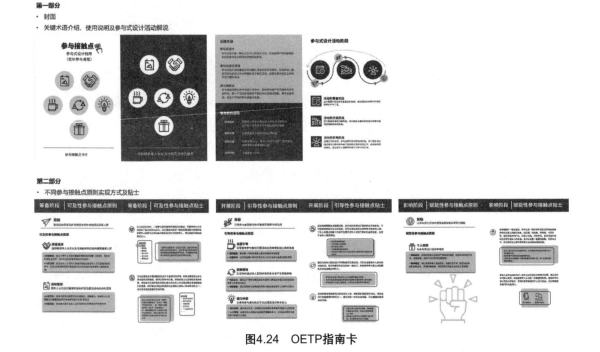

图4.24　OETP指南卡

　　第一个筹备阶段，可及性原则的渠道选择中，卡片提供了有合作机会的机构类型，因为社区是老年人最信赖的机构，所以备注了与社区合作的优势与技巧。第二个开展阶段，引导性原则的态度引导中，强调了工作人员个人行为和空间布置上要注意的事项。在激励驱动中强调了开展任务时针对不同情况的分组技巧。在能力补偿中强调了活动手册的重要性和作用，以及主持人的必要性与意义。最后一个影响阶段，赋能性原则的个人收获部分，给出了实践工作中洞察到的老年人偏好的活动报酬建议，还有一些容易被忽略的事项。在理论研究与实践部分发现，老年人参与这类活动的主要目的是社交，以及询问一些平时没有得到解决的问题。例如在活动中可以主动关心他们使用智能手机的情况，通过解决老年人的困难，加速信任感的建立。另外，在设置流程、布置空间以及安排任务时，可以考虑增加参与者之间的社交互动。尽管这里讨论的是活动前和活动中需要注意的事项，但赋能性原则深受前两个阶段的影响，因此这些容易被忽略的细节需要设计研究者在前期格外关注。

第5章

OETP方法及指南的评估与优化

在前文中，我们通过系统的理论研究和实践探讨，总结和归纳了面向老年人积极参与设计活动的方法——OETP（Engagement Touchpoints for Older Participants）。这一方法的核心在于综合考虑老年人参与活动的需求和体验，旨在通过不同利益相关者的共同努力，设计和实施更符合老年人整体需求的参与式设计活动。OETP方法不仅关注老年人自身的体验，还将设计研究团队、社区工作人员以及其他相关人员的意见和需求纳入考量，从而实现更为全面和有效的活动设计策略。

在理论研究阶段，我们对参与式设计的基本理论进行了深入分析，并结合老年人的特点总结了OETP方法。理论研究为OETP方法的构建提供了科学依据和理论支持，使得OETP方法不仅具有操作性，还能够针对老年人的特殊需求进行优化。通过对相关理论的探讨，我们明确了OETP方法的核心原则和实施策略，从而为后续的实践研究奠定了坚实的基础。在实践研究阶段，我们通过实践工作坊活动验证了OETP方法的有效性。我们组织了多场面向老年人的参与式设计工作坊，并将OETP方法应用于这些活动的策划和实施过程中。这些实践活动不仅帮助我们深入了解了OETP方法在真实环境中的实际应用情况，还为方法的进一步优化提供了宝贵的实际数据和反馈。通过与老年参与者的直接互动，我们能够实时获取他们的意见和体验，从而不断调整和改进活动设计，以更好地满足他们的需求。

尽管我们在前期对OETP方法进行了初步的迭代，但在研究过程中仍然存在对整个方法及其当前版本评估不足的问题。鉴于OETP方法涉及多个利益相关者的共同参与，并且主要以工作坊形式实施，我们首先采用了参与式评估法对方法进行评估。具体而言，我们邀请了不同利益相关者使用OETP指南开展了一场参与式设计工作坊，并在工作坊结束后进行了详细的访谈。此次评估主要集中在以下几个方面：参与接触点的可操作性、活动模式的可持续性以及方法的有效性。这些评估结果帮助我们了解了OETP方法在实际操作中的表现，并为进一步改进提供了重要参考。为了弥补参与式评估中可能存在的主观性和专业性不足的问题，我们进一步邀请了五名相关领域专家对OETP方法进行了第二轮评估。这些专家评审涵盖了OETP方法的构建过程、方法指南以及参与式评估的实施过程。最终，我们根据两轮评估的结果，对OETP方法进行了全面的迭代与反思。这一过程不仅帮助我们识别了方法中的不足之处，还为未来的改进提供了宝贵的指导意见。

5.1 评估内容与方法

本研究致力于提高老年人在设计研究活动中的积极性，为此构建了促进老年人积极参与设计活动的参与接触点方法OETP。该方法的目标在于辅助那些缺乏老年人研究经验或经验较少的设计研究者更好地引导老年人参与到设计研究过程中。OETP方法认为，参与式设计活动不仅是指导设计研究者更好地理解目标用户的方法，同时也拓展了老年人对新技术产品与服务的了解渠道，以及为老年人提供了发声的机会。通过提升老年人的参与价值，逐步获得老年群体对此类活动的认可，长此以往，让更多的老年人通过参与设计研究活动，愿意积极关注支持他们晚年生活的技术类产品与服务，从而提升参与式设计活动的可持续影响力和研究模式的可持续性。随着社会发展和老龄化进程的加快，加强老年人参与设计研究活动的积极性和意愿也将变得更加迫切和重要。

针对OETP方法的评估内容包括多个方面：首先是方法构建过程的学术规范性和推导逻辑的合理性，这关乎方法的科学性和合理性；其次是参与接触点的总结归纳是否合理，对于设计研究者来说是否好操作，对于老年人来说是否可以有效提升他们的参与积极性；最后是OETP方法的可持续理念和社会意义的合理性和可行性，这直接关系到方法的实用价值和推广可能性。全面评估这些方面，才能更好地验证OETP方法在促进老年人积极参与设计研究活动方面的有效性和可行性，为老年人关注技术产品与服务、提升生活质量提供更有力的支持和指导。

尽管在研究过程中我们通过理论研究、案例研究和实践研究总结了OETP方法，但是整个过程中利益相关者的直接意见不够充分，为了完善和优化OETP方法，通过文献查阅，我们决定引入参与式评估和专家评估两种方法。它们各自的评估方法、评估内容、参与人群如图5.1所示。

OETP方法及指南的评估与优化　第 5 章

评估方法	1）参与式评估 邀请利益相关者使用OETP方法后进行评价	2）专家评估 邀请相关领域专家对参与式工作坊及OETP方法研究过程进行评价
评估内容	• OETP方法的有效性 • 参与接触点指南卡的易学性 • 参与接触点指南卡的可用性	• 参与式评估的有效性 • OETP方法构建的合理性 • OETP方法对老龄化社会影响的可能性 • 参与接触点指南卡的易学性 • 参与接触点指南卡的可用性
参与人群	**方法使用人群（设计研究员）**：焦点小组 主要针对老年人表现及参与接触点 方法实践人员（$n=7$）：1v1访谈 设计观察员（$n=2$）：1v1访谈 **方法被使用人群（老年群体）**：1v1访谈 主要针对活动体验与后续的参与意愿 老年参与者（$n=6$）：1v1访谈 老年观察员（$n=2$）：1v1访谈 **项目提供者（从业人员）**：1v1访谈 主要针对活动结果的有效性及老年人表现 观察员（$n=2$）	**专家1：交互设计/用户体验** 活动方法的可用性、易学性和有效性 **专家2：人机交互/人因工程** 面向活动方法评估的合理性与有效性 **专家3：设计理论/设计史** 对于方法推导、方法构建合理性的评估，评估方法的评估 **专家4：服务设计/设计社会学** 对于服务设计思维、接触点研究方面的评估 **专家5：资深社会工作者（社工事务所经营者）** 对于活动组织、接触点应用对老年人的有效性与合理性评估

图5.1　参与式评估与专家评估的方法、内容、参与人群

　　参与式研究重视从多方利益相关者的角度进行全面评估，对此通常会选择参与式评估法。参与式评估法（participatory evaluation method）让主要的项目利益相关者参与到评估的过程。这种授权的形式可以让项目开发者听到更多的声音，从而更好地优化项目本身，并且可以进一步补充目前总结OETP方法过程中缺失的视角。评估过程中，当多方利益相关者加入协同合作项目，完成任务实现效益时评估结果被认为是有效的。然而也有学者认为，参与式评估对于发现或解决一些专业性技术问题可能还不够全面。考虑到这个方面，我们还选择了专家评估法（expert evaluation method）检验参与式评估过程，以补充可能被忽略的专业性问题，如方法构建的过程、方法的可持续理念以及对积极老龄化社会发展的影响。专家评估本质上是启发式或定性的，而不是提供统计显著结果的定量评估。启发式评估是一种非正式的方法，由可用性专家判断每个对话元素是否符合既定的可用性原则。这里的专家评估法不同于启发式评估，专家可以自由发表各种意见。这种方法的优势在于不需要太多评估员，可以低成本快速地完成评估过程。通过对现有评估方法的查阅，结合研究条件的限制，我们最终选择了参与式评估和专家评估两种方法混合的模式，分别从设计实践和专业理论的视角检验和完善OETP方法。

　　整个评估过程分为两个部分。第一个部分是参与式评估。在参与式评估中，评估者的选择依据的是评估内容的潜在利益相关者。他们对评估内容有足够的相关知识，是可以做出贡献的群体。不同情况下参与式设计研究活动中的利益相关者类型也会不同，通常情况下主要的利益相关者是活动组织者和参与者，在本研究中是设计研究团队和老年参与者。

设计研究团队关注的是OETP方法能否帮助他们更好地组织活动,以及在实践场景中参与接触点是否容易理解和实现。老年参与者是体验者,活动关注促进老年人积极行为的时刻是否符合OETP方法中的参与接触点原则,以及今后他们是否会更愿意参与这类活动。

为此,作者邀请一组用户研究领域的设计研究者使用OETP方法指南组织了一场"走进设计研究"工作坊。为了更客观地实施评估过程,作者还邀请了老年观察员、设计观察员以及业内观察员对整个过程进行评估。其中,设计观察员主要评估的是OETP指南的可操作性,老年观察员评价参与体验以及对活动的态度,业内观察员评估的是结果的有效性。在工作坊结束后,作者分别与这些利益相关者进行了访谈。

第二个部分是专家评估。专家评估的目的不仅是补充参与式评估过程的客观性,同时也是对方法是否可以更宏观地实现可持续性以及对积极老龄化建设做出贡献进行评价。通常情况下,对于这类评估,Nielsen建议选择3~5名评估人员。在这个阶段,作者将参与式评估的全过程通过视频、照片及文字梳理的形式发给联系好的五位专家预约时间进行访谈。OETP方法的核心理念是将参与式设计活动的组织视为一种面向老年人参与设计研究的服务,参与接触点的提出是为了提高老年用户参与体验,从而促进他们的积极行动力,并以实现多方利益相关者共赢为目标,构建可持续的参与式设计研究活动模式。因此在选择专家方面,从服务设计领域、用户体验领域、社会设计领域以及设计研究领域四个专业方向,分别选择四位在这些领域至少有五年工作和教学经验的专家,同时这些专家与企业有丰富的合作经验,对于企业的需求与评估标准比较熟悉。此外还邀请了一位有十年以上为老年人服务经验的资深社会工作者,他在老年人参与社会活动的需求以及与老年人相处方面有非常丰富的经验,同时也一直致力于积极老龄化发展的工作。作者在这五位评估者看完OETP方法及多方利益相关者评估过程后,分别与他们进行了一对一深度访谈,最后将两个评估结果进行对比与讨论,进一步完善了OETP方法与指南。

5.2 参与式评估

5.2.1 工作坊背景与目的

"走进设计研究"工作坊的举办源于作者研究团队与英国国家老龄创新研究中心的合作项目,该项目是关于中国老年公民参与(Senior Citizen Engagement)研究情况的调研子课题,旨在深入了解中国老年人参与研究活动的现状,并探索接触、招募以及协同老年人参与产品和服务开发等设计调研活动的方法和途径。"走进设计研究"工作坊目标是针对老年群体对线上活动平台的参与态度，为一款面向中国老年人设计的线上研究活动报名及参与的微信小程序产品的原型进行迭代设计。

在这个过程中，为了更客观地评估OETP指南，作者招募了7位设计实践者使用指南举办活动，还招募了6位观察员观察整场活动并进行评价。7位设计实践者是不同设计学科的高年级研究生，他们都对用户研究的方法有基本了解，也有协同老年人参与设计研究活动的经验。6位观察员分别为2名设计观察员、2名老年观察员、2名用户研究业内观察员。两名设计观察员中，一名是有服务设计研究背景的高校老师，另一名是有社会心理学背景的在职研究生，该研究生之前有比较丰富的用户研究工作经验。这两名设计观察员都在各自领域有过五年以上的实践经验。两名老年观察员具有一定活动参与经验，同时退休前也在事业单位从事人事工作，具有高中以上学历。两名业内观察员是在相关企业工作的业内人士，同时自身也有组织活动的经验。这些观察员并不参与活动的组织与筹备，只负责在活动开展过程中观察整个过程。

5.2.2 参与式工作坊的评估过程

整个评估过程分为利益相关者培训、工作坊开展以及利益相关者访谈三个部分（图5.2）。

参与式评估流程	1）利益相关者培训	2）工作坊开展	3）利益相关者访谈
参与群体	设计实践者（$n=7$）	设计实践者（$n=7$） 老年参与者（$n=6$）	老年参与者（$n=6$） 一对一深度访谈
	利益相关者观察员（$n=6$）	利益相关者观察员（$n=6$）	设计实践者（$n=7$）+设计观察员（$n=2$） 焦点小组及一对一深度访谈
			业内观察员（$n=2$） 一对一深度访谈

图5.2 参与式设计工作坊评估过程及参与群体

（1）利益相关者培训

培训由作者研究团队的两位研究人员主持，7位设计实践者分别以线上和线下的形式参与。在了解项目具体需求后，根据OETP指南开始策划活动，活动以线下工作坊的形式开展。此外还为6位观察员提供了观察员手册，手册中包含评估内容以及他们的职责。

（2）活动组织与工作坊开展

7位设计实践者结合人工辅助分为1位主持人和6位设计助理。整个活动的组织过程根据OETP方法分为筹备、开展与影响三个阶段。如图5.3所示，在筹备阶段，设计实践团队基于人际认同，通过作者研究团队以前组建的活动参与者微信群，发布活动信息招募老年人，在这个过程中还请积极支持团队的老年人帮助转发信息。此外，在活动开始前团队发起了

活动阶段	筹备阶段		开展阶段："走进设计研究"工作坊					影响阶段
主要内容	策划与招募		01开始前迎接与签到	02暖场_介绍活动内容与参与者	03任务期_灵感启发 头脑风暴	04任务期_产品测试 有声思维报告	05任务期_共创与发表 共创地图+Figma	06表感谢领取证书与礼品	设计反馈与回访
行动目的	招募老年参与者		营造欢迎与支持的氛围，快速建立信任感	让老年参与者更好地了解活动目的与研究任务	进一步帮助老年参与者理解活动主题和表达想法	让老年人使用产品，发现问题	让小助手更好地理解老年人需求，并实现他们的想法	认可老年参与者的贡献并给予活动报酬	向老年参与者展示迭代后的设计，同时了解活动对他们产生的后续影响
参与接触点 可及性原则（A） A1.信誉驱动 A2.人际认同 A3.地理可达 A4.心理可及 引导性原则（G） G1.首因态度 G2.过程影响 G3.代际互动 G4.朋辈激励 G5.技术支持 G6.人工辅助 赋能性原则（E） E1.物质纪念 E2.精神收益	A2.人际认同 a2.1在可信任的微信群里发布招募信息 a2.2请积极支持的老者帮助参与活动的发布信息 a2.3在前期同巷内线下的群体中招募 A4.心理可及 a4.1活动内容强调了参与价值		G1.首因态度 g1.1设计助理在门口迎接每位老年参与者 g1.2设计助理佩戴姓名牌自我介绍与参进行自我介绍 g1.3为每位介绍老年参与者活动场地，让他产生安全感 g1.4在座位上贴上每一位参与者的姓名 g1.5在活动场地摆放水果、饮用水和零食等 G5.技术支持 g5.1在座位上摆放了活动手册，让他们等待开始时可以提前熟悉活动安排	G5.技术支持 g5.2在主持人介绍时幻灯片中播放活动手册，可以辅助老年人理解、回忆和记录 G6.人工辅助 g6.1设计助理在老年人有疑问时及时答疑	进一步帮助老年参与者理解活动主题和表达想法 G2.过程影响 g2.1设计助理根据情况鼓励自己负责的老年人发言 G3.代际互动 g3.1与完成头脑风暴 G4.朋辈激励 g4.1根据便利贴的颜色与数量促进老年参与者的发言 G5.技术支持 g5.3通过让老年参与者了形式让老年人看到其他参与设计助理合作 G6.人工辅助 g6.2设计助理帮助他们记录老年人的想法贴在白板上 g6.3在这个环节中主持人引导老年人发言以及提醒他们活动的进程	G5.技术支持 g5.5使用有声思维报告来避免复杂的科技元素，让老年人快速学会和实施用户测试 G6.人工辅助 g6.4设计助理为老年人演示有声思维报告	让小助手更好地理解老年人需求，并实现他们的想法 G3.代际互动 g3.2设计助理与老年参与者组队进行迭代设计 G4.朋辈激励 g4.2通过在屏幕上投放设计产出，促进了他们积极的交流与发言 G5.技术支持 g5.6设计助理与老年参与者通过共创地图交换信息以及总结问题 g5.7设计助理通过Figma软件可视化他们的设计构思 G6.人工辅助 g6.5设计助理根据自身的专业知识引导共创并帮他们实现想法	认可老年参与者的贡献并给予活动报酬 G2.过程影响 g2.2设计研究团队在活动结束后再次肯定老年参与者贡献，并对他们的后续支持表达期待 g2.3给每一位老年参与者准备礼品表示感谢 g2.4通过微信为每一位参与者支付报酬	E2.精神收益 e2.1参加活动感觉很有社会意义 e2.2有社交机会

图5.3 "走进设计研究"工作坊中实现的参与接触点

一个线上问卷，设计研究团队向问卷中留下联系方式的老年人（愿意参与后期团队活动的老年人留下了联系方式）询问活动参与意愿。活动合作方是英国老龄健康研究中心，因此在招募信息中还强调了组织方的影响力和参与价值，以增强老年人的参与动力。最终一共招募到6位55周岁以上老年人。基于研究目标，活动中的研究任务分为头脑风暴、有声思维报告以及共创设计三个环节，整场参与式设计工作坊持续了120分钟。在工作坊正式开始前有10分钟左右的签到环节，小助手各自接待了自己负责的老年参与者入场，并在登记的过程中通过一对一的访谈了解老年参与者的基本信息及使用智能手机的习惯和偏好。

活动的开展阶段分为六个部分。

①活动正式开始前，因为老年人对于活动的第一印象是很重要的，因此参考首因态度的建议，所有小助手佩戴姓名牌前往大厦一楼迎接各自负责的老年人，并进行自我介绍。小助手们接到老年人后，耐心地向各自的老年参与者介绍了卫生间、饮水机以及零食摆放点的位置。在每一位参与活动的老年人的位置上贴上了他们的名字，摆放了活动手册，前者是为了让他们感受到被重视与欢迎，后者是让他们可以在等候的过程中查阅活动流程与内容，以免等候时无聊导致后期参与活动时感到不耐烦。活动现场的水果、零食为老年参与者营造了轻松愉悦的氛围。活动中需要的材料交由小助手保管，以免老年人看到过多的材料而有压力和紧张情绪。由于围绕活动任务的问卷与访谈内容较多，为了避免老年人因回答过多问题而感到疲劳，设计团队将访谈内容拆开分布在不同的环节里。如关于个人信息和小程序使用情况，设置在了签到的环节，这个过程同时也能帮助小助手与老年人更好地了解彼此。在后期访谈中，小助手们认为这个过程很重要，通过为每位老年人进行个人介绍和全面的活动场地介绍，成功地缓解了彼此之间的陌生感和紧张感。老年人在看到自己名字时，感受到被尊重和重视，并表示要在后面的活动中好好表现自己。

②活动正式开始后是暖场部分。首先，主持人使用幻灯片向所有参与者介绍了研究团队和活动内容。在这一过程中，若老年人有任何疑问，坐在身旁的设计助理会及时为他们解答和协助。这样的安排旨在确保老年参与者能够充分理解活动的背景和内容，同时感受到专业团队的支持和关注。通过主持人的介绍和设计助理的细致服务，老年人可以更好地融入活动中，消除疑虑，确保活动顺利进行。

③任务期。第一个任务是启发老年参与者对活动主题的思考，采用了头脑风暴方法。在这个环节中，通过头脑风暴的形式，老年参与者被鼓励将他们的想法写下来，并贴在指定的白板区域，这样其他参与者能够及时看到彼此的想法，从而促进互动交流。设计助理在这一过程中起着重要的辅助作用，他们需要根据活动主题引导老年人思考，帮助他们记录想法并将其贴在白板上，如图5.4所示。为了区分老年参与者的不同意见，我们还为每一位参与者设置了不同颜色的贴纸，这使得参与者可以直观地识别自己的观点和数量，与他

图5.4　工作坊开展中的各环节照片

人进行对比，从而促进他们积极发言。所以这个环节不仅有代际交流，还有朋辈之间的讨论，这样的混合模式有效地激发了老年参与者的思考和表达欲望，很好地实现了激励驱动。在这个过程中，小助手们会根据各自老年参与者的贴纸情况适时给予鼓励，以推动活动的进行。头脑风暴的形式和彩色的便利贴很好地实现了过程影响的可操作性。当然在整个过程中，主持人也扮演着至关重要的角色，引导整个流程，控制时间，确保每位老年人都能分享自己的想法，并适时引导其他参与者参与讨论。

④头脑风暴激活老年人的思维后，进入产品测试部分，在这个环节我们采用了有声思维报告的方法。有声思维报告不仅可以简化参与者进行用户测试的部分，还使参与者能够更深入地了解研究目标，为下一步的共创环节做好铺垫。在进行有声思维报告之前，为了更好地帮助老年人理解，我们采取了技术支持的手段。除了通过文字和影像来指导老年人进行有声思维报告外，我们还运用人工辅助的方式，由设计助理先进行演示，然后请老年人进行实践操作。设计助理们认为，这个环节中的人工辅助要素可以更好地帮助老年人顺利进行用户测试。在体验完产品后，老年人对于研究主题有了更进一步的理解，也对产品使用有了更多的想法。

⑤共创设计环节。在整个活动流程中，这个环节被从业人员认为是收获最多和参与度较高的环节。这一环节不仅为老年参与者提供了表达意见和参与设计的机会，也促进了他

们在活动中的实际参与感和创造性发挥。在共创环节中，首先安排了共创地图，通过这一工具，老年参与者与设计助理一起回顾在有声思维报告中、使用小程序过程中遇到的问题，表达他们对产品的期待和建议。随后，设计助理利用Figma软件实时可视化老年参与者的设计概念，使其能够及时观察、修正和完善自己的设计方案。这种及时的反馈和修正机制增强了老年人的参与动力，让他们在设计过程中能够发挥创造力，更积极地表达自己的观点。在这个过程中，设计团队配合了人工辅助要素，安排小助手来帮助老年参与者弥补专业技能上的不足，确保每一位老年参与者都能够顺利进行设计工作。在完成设计迭代后，主持人将每位老年参与者的设计作品投放在屏幕上，并邀请他们介绍自己的设计构思。这一环节不仅给予老年人展示作品的机会，还促进了他们的积极发言和意见交流。

⑥表达感谢。设计团队为感谢老年人的贡献，为每一位参与者颁发了参与证书，这个证书会根据参与者的参与次数逐渐由"乐龄志愿者"晋升为"乐龄专家"，旨在激励并鼓励老年人持续支持后续的活动，提升他们的参与意愿和积极性。此外，我们还为每一位老年人提供了纪念品和适当的活动报酬。待老年人离开后，当天统一安排每一位设计助理使用手机转账的形式给予活动报酬。

活动开展过程中，遵循了过程影响的指导，我们在每个环节之间设置了5～10分钟的休息时间，让老年人可以恢复体力和脑力。另外还发现休息区的零食在这一过程中起到了积极的作用，尤其是巧克力和香蕉。老年参与者对独立包装的零食表示认可和满意，因此独立包装的零食与香蕉看上去比较干净卫生，便于食用，还能及时补充能量。这种细致的安排展现了对老年人的关心和体贴。这个休息过程同时也可以让设计助理梳理前一轮的数据，及时调整下一轮的任务内容。整个活动中，我们并没有要求小助手们在每一个环节一定要完成什么，而是给他们一些摘要，让他们根据老年人的情况自行调整。

活动结束后的半个月是活动影响阶段，设计助理将基于工作坊结果迭代的小程序原型发送给每位老年人，进行了30分钟左右的简单回访。回访内容主要涉及迭代后的原型、活动结束后的影响及后期活动的参与意愿。所有老年参与者都积极地参与了回访过程，表达了对活动的认可和肯定。他们表示这种类型的活动具有社会意义，尤其在看到自己的设计构想被实现后，觉得很有参与价值，同时也让他们有了更多的社交机会。

（3）多方利益相关者评估

在活动结束后，设计团队分别对老年参与者进行了一对一半结构式的访谈。访谈内容围绕他们的参与体验以及这种参与模式的可持续性进行了交流，同时也询问了在活动中哪些因素促进了他们的参与意愿并且提升了他们的参与度，以及他们对于环境、人际、工具等方面的感受和看法。此外，设计团队还请他们分享了活动中的消极体验及不足之处，并提出改进的建议，以便在未来的活动中得到更好的改进和优化。最后让老年参与者对下次参与类似设计研究活动的意愿度进行了打分。随后作者研究团队又与参与工作坊的设计实践者和设计观察员进行了焦点小组讨论以及一对一访谈，讨论OETP方法的可操作性。最后与业内观察员进行了一对一访谈，评估OETP方法的有效性，以了解多方利益相关者对于如何协同并促进老年人积极参与设计研究活动的见解，分享他们对老年参与者的观察结果，并对应用参与接触点实现要素在实际活动过程中的优缺点进行分析，尤其是对策略中的不足之处进一步提出解决方案和建议。

5.2.3 多方利益相关者访谈结果

在多方利益相关者访谈中，我们从OETP方法的可持续性视角、可操作性视角以及有效性视角出发，分别对老年群体、设计人员以及从业人员进行了以访谈为主的评估内容收集（表5.1）。在结果阐述中，老年参与者标注为P，老年观察员标注为O，设计助理标注为D，设计观察员标注为DO，从业人员标注为PI。

表5.1 多方利益相关者访谈

利益相关者	主要评估内容	主要评估方式
老年参与者 （Older Participant）	可持续性视角： 1）活动中的体验 2）个人对于活动的参与意愿与态度	1）现场半结构式访谈 2）半个月后的一对一回访
老年观察员 （Older Observer）	可持续性视角： 1）结合不同活动阶段老年参与者的态度与状态 2）从专家视角看待活动设计对老年人的友好性	一对一深度访谈
设计助理 （Designer Assistant）	可操作性视角： 易学性、可用性、满意度	1）焦点小组 2）面向指南的问卷 3）一对一深度访谈
设计观察员 （Design Observer）	可操作性视角： 易学性、可用性、满意度 （对设计师现场使用参与接触点方法状况的补充）	
从业人员 （Practitioners from Industry）	有效性视角： 1）研究结果的满意度 2）对活动组织和结果输出的评价	一对一深度访谈

（1）活动体验及参与意愿

本次活动中，8位老年参与者对活动环境的舒适度以及沟通的愉悦度给予了高度认可，特别是他们对与年轻设计研究者之间的互动作出了正面反馈（P2、P3、P6）。P6在访谈中认可了参与式设计的意义，她认为"有研究愿意关注老年人，年轻的设计师们愿意花时间来和我们聊天，为了更好地了解老年人的生活习惯和想法，这一点本身就非常吸引我们来参加"。另外，"学习新知识"（O2）和"提升自己的认知"（P2）也是老年人愿意参加设计研究活动的主要动机。O2表示，"愿意来参加年轻人举办的活动，尤其是在活动中能够获得一些很有用的信息，多和年轻人交流，这样也可以让自己跟得上时代的发展"。这种代际沟通中所发生的信息和知识的传递是老年人普遍认可的参与式设计活动的优势，他们期望有更多在自身生活圈以外的社交联系，获得一些"更有价值的""非同龄、同层次的社群"的"新鲜""有趣"的新知识（P2）。

在这次工作坊中，P1和P3参与者是退休时间较短的"初老人群"，他们对参与式设计活动未来发展的多元社群表示了期望。P3提到，"我才刚退休不久，在目前的这个阶段，心理上没有所谓的'老年群体'的认同感"，认为需要空间让他们去表达和交流。而参与式设计工作坊中多角色的设置让有过设计研究活动经验的老年人有了更强的参与意愿和更积极的参与度。O1对于"观察员"身份非常有代入感，会更以设计研究团队的视角参与整场活动，她会使用"我们"作为主语来描述自己对活动组织的建议，并且非常细致入微，比如"我们这次活动中的水果零食可以用单独的盒子摆放在每位老年参与者的小桌板上"等。

O2对于自己"观察员"角色任务的描述是"从一个更大的视角来看待整个活动"，他在共创环节会自主地在活动会场走动以完成"观察员"的任务。他认为在征求老年人对产品意见的绘制共创地图环节，老年人的参与兴趣最高，并且愿意更积极主动地参与下一步的共创环节设计。共创地图为共创设计建立了基础，使老年人清晰地知道自己的任务并且和设计助理在设计前对设计方案形成了一致的理解，进一步促进了老年人对设计助理的信任。所以落实在设计操作上时，老年人虽然面对的是陌生的设计软件，但这并未对他们造成困扰，反而因为前期对设计方案的讨论，他们在设计环节"更有话可说""更有灵感"。共创环节的设计也激发了老年人积极的情绪，大量视觉元素的辅助，尤其是色彩鲜明的数字展示和纸质材料促进老年人表达自己的想法，同时在小助手的帮助下，依托电脑屏幕的设计软件进行创作对老年参与者来说操作负担较小，他们可以对一些感兴趣的元素进行放大、缩小等灵活操作，并对模块化的设计组件进行选取，同时可以很直观地看到根据自己想法设计的产品迭代后的样貌，让他们"很有成就感"（P6）。在展示环节，主持人将每组共创的UI界面作品投屏展示在大屏幕上，其他老年参与者会对作品中他们认可的部分主动发表想法，并自发讨论。这不仅提升了活动的互动性，也为设计研究团队提供了更真实、更有价值的数据。

在后期回访中，每一位参与者都接受了回访请求。P1在参与完活动后，对设计研究活动有了进一步了解，表示愿意将这样的活动分享给身边的朋友，想和他们一起参与这样有意义的活动。同时他也表示，现在老龄化这么严重，看到有研究机构愿意关注这个话题，让他对未来的老年生活更有信心。今后，如果活动地点在1小时行程以内，会非常乐意再次参与。另外O2表示，她在参与完关于跌倒主题的活动后，开始关注自己父亲在家中的行动，并将地板更换成了具有弹性的木质材料，这样在摔倒后能有一个缓冲作用。

总体而言，本次活动的所有老年参与者对参与体验都是满意的，他们也愿意成为研究团队的后续参与人员。这些反馈验证了OETP可持续模式的设想。在活动结束后两周，设计师们对老年参与者进行了设计反馈的回访，大部分老年人对迭代后的产品表示惊喜，当看到自己的建议被采纳和设计出来后，他们觉得参与更加有价值。老年人的评价与反馈支持了赋能性原则下的参与接触点内容，也肯定了引导性原则下的参与接触点内容。在回访过程中，关于证书发现了一个值得思考的问题，P4特地问了研究人员，证书等级的不同是否会影响活动报酬，这让我们对激励措施进行了更多的反思。尽管老年人强调他们并不看重报酬，但还是会在意每一位参与者之间的获益是否一致。这表明在设计激励措施时，需要更加公平和透明，确保每位参与者都能感受到平等的尊重和认可。

（2）参与接触点的易学性和可用性

在这次设计工作坊中，设计师们对参与接触点在实际活动中的可操作性进行了详细评价。活动的各个阶段都在作者研究团队的研究单位进行，这种设置为活动的顺利进行提供了稳定的环境。在老年参与者到达活动地点之前，每位小助手都佩戴好自己的名牌，并在写字楼入口处等待迎接各自负责的老年人。D1和D5反馈称，在带领老年人乘坐电梯上楼的过程中，他们能够与老年人自然地展开对话，并了解老年参与者的基本信息，如年龄、居住状况和出行状况。这一环节不仅让老年人感到被重视，还为后续活动与老年人建立了更加亲密的信任关系。

活动正式开始后，小助手们坐在老年人的侧后方，D2观察到，当主持人通过大屏幕PPT介绍活动流程时，老年参与者会同时翻开自己手中的活动手册，寻找与PPT相对应的内容。这种数字媒介与物理媒介的统一性在视觉激励方面帮助老年参与者更好地理解活动内容。尤其是与小助手交流较多的老年人（P1），在遇到不明白的地方时，会选择直接侧身小声询问小助手（D1），而不是翻阅手册。

在头脑风暴结束后的10分钟休息时间里，老年人在供应零食的休闲座椅区域继续探讨头脑风暴白板上的关键词。P5、D5和老年人仍在围绕头脑风暴白板上的关键词继续探讨，轻松友好的氛围激发了老年人延伸分享自身经历的社交意愿。尽管与小助手一对一成组的交流空间加速了彼此的了解，促进了老年人表达自己的想法，但D2也发现，P2因为手机使用的频率、能力和认知都有限，且缺乏设计研究活动的经验，对于一些问题和任务"没什么想法"。例如，对于"您对产品中的社交功能的看法"这一问题，P2难以通过小助手的提问给出有效信息，即使小助手通过场景构建方式进行引导，效果也不明显。在作品展示环节，P2看到其他老年参与者的展示时，会表达赞同和认可，并做出评价，从而给出意见反馈。D2认为，其他参与者的想法所产生的同辈角色间的朋辈激励可能对于此类老年参与者较为有效。因此，D2建议在时间较长的共创环节中，可以有机地安排小组之间的横向交流，而不仅仅是设计助理与老年人一对一的交流模式。

设计观察员认为，大部分老年人在活动过程中还是比较积极的，每位设计助理也较好地完成了自己的任务，并与所负责的老年人建立了友好的关系。DO2认为，头脑风暴很好地促进了设计助理与老年人之间的关系，为后续任务环节起到了良好的铺垫作用。然而，DO1认为，有些老年人因为和设计助理建立了友好关系，在回答一些问题时会有所顾忌，可能会说一些不真实的想法。这就需要设计助理结合老年人的实际操作行为，来判断和引导他们表达真实的想法。因此，过程影响要素的实现对设计助理的要求还是比较高的。

大多数设计研究者对于OETP方法的可操作性表示了认可。但也有一位设计助理表示，由于本次活动是通过人际认同实现的招募，如果通过信誉驱动招募时需要和不同利益相关者合作，会比较担心合作过程中的交涉问题。希望在指南中可以提供更多的交涉技巧（D4）。另外有两位设计助理表示虽然指南很全面，但是在面向不同课题时，如何将研究课题转化成活动可能会成为他们的担忧，如果指南中对设计方法有更多建议或许会有所帮助（D1、D3）。

通过本次活动，设计团队不仅在老年人参与设计的实践中获得了宝贵的经验，还在与老年人的互动中深化了对他们需求的理解。这些反馈和改进建议将有助于未来设计活动的优化，为更多老年人提供舒适、愉快的参与体验。同时，也为进一步推广OETP模式打下了坚实的基础。

（3）活动结果的有效性

从业人员在访谈中对这次参与式设计活动方法的反馈主要集中在共创环节。PI1和PI2都认为，在参与式设计活动中能够直观地看到老年人的想法和对产品的建议被快速地可视化，并呈现在界面设计文件中，这种方式极大地提高了从业人员对产品优化需求的理解。通过这种快速的可视化反馈机制，他们能够清晰地识别出产品需要改进的方面，包括色彩、文字和功能等细节。这种方式不仅加快了产品的迭代速度，还增强了开发团队对用户需求的把握能力。

工作坊结束后，从业人员向研究团队反馈说，他们已经结合此次工作坊的结果对产品进行了二次优化，并计划在一周后将二次优化后的产品结果反馈给参加过此次工作坊的老年人，以收集更多的反馈信息和测试数据。这样一来，老年人能够看到自己的建议和共创的成果真正应用在产品开发过程中。这种持续的反馈机制不仅提升了老年人参与的积极性，还增强了他们对产品的归属感和信任感。从业人员不仅认可参与式工作坊结果的重要性和有效性，还表达了希望在未来产品开发的不同阶段中，都通过参与式设计活动与老年人进行互动的期待。PI1特别提到，在整个过程中，小助手在共创环节为老年人提供了一定程度的能力补偿，这使得老年人能够呈现出相对完整的共创结果。让老年人在展示环节没有太多的压力，老年人也因此更自信、更充分地表达自己的观点。

然而，从业人员也指出，在整体工作坊流程中，除了头脑风暴环节、可用性测试的介绍环节和展示环节是集体讨论交流外，其余时间每位老年参与者更多的是与小助手进行一对一的沟通。虽然小助手有工作坊手册的指导，但每个人的交流风格不同，这可能会导致老年人对活动内容理解的偏差。PI1建议，在活动过程中可以增加一些小组聚集的环节，以培养群体归属感和共同的理解。例如，共创作品展示环节中的同辈交流提供了更多的互动激励，激发了彼此间的讨论。这一点与D2在可操作性上的建议相一致。总的来看，从业人员认为这次活动的整体产出是非常有效和启发性的。这种基于参与式设计的方法不仅提升了产品的用户体验，还为未来的产品开发提供了宝贵的参考。

5.3 专家评估

5.3.1 专家选择与评估内容

OETP方法的目标是帮助设计研究者更好地协同老年人参与设计研究过程，获得真实有效的数据，另一方面希望通过活动赋能老年参与者，让他们不仅获得活动报酬，也能够通过活动参与获得更多精神上的收获，提高他们对于这类活动的认知度与认可度，并愿意将这样的活动分享给周围的人，从而促进他们的社会参与。方法的构建涉及了服务设计、用户研究、社会设计以及设计理论研究等多领域的知识，因此分别邀请了服务设计研究专家主要评估构建思维的合理性、用户研究专家主要评估参与接触点的可用性、设计理论研究专家评估方法的学术性以及社会设计专家评估方法对于老年人社会参与的作用。最后还邀请了多年协同老年人参与各种社会活动的社工机构经营者评估这个方法面向老年人的可行性（表5.2）。

表5.2 专家列表

专家	专家基本信息	主要评估内容
专家1	个人信息： 高校教师，博士，拥有个人工作室，有多年与企业合作经验 研究方向： 交互设计，用户体验设计	活动方法的可用性、易学性和有效性
专家2	个人信息： 高校教师，博士后，研究生导师，有多年与企业合作的经验 研究方向： 人机交互，人因工程	面向活动方法评估的合理性与有效性
专家3	个人信息： 高校教师，副教授，博士，研究生导师 研究方向： 设计理论研究，设计史研究	对于方法推导、方法构建合理性的评估，评估方法的评估
专家4	个人信息： 高校教师，教授，博士生导师，研究生导师，有多年与企业合作经验 研究方向： 服务设计，战略设计，设计社会学	对于服务设计思维、接触点研究方面的评估
专家5	个人信息： 资深社会工作者，开设社工事务所，拥有多年面向老年人的社工经验	对于活动组织、接触点应用对老年人的有效性与合理性评估

5.3.2 专家评估过程

作者将评估内容整理成一份文件发给每一位专家阅读，在他们阅读完成后与他们预约访谈时间进行访谈。文件主要包含了四个内容。第一，致专家的信，首先感谢他们抽出宝贵的时间为OETP的方法进行评估，其次简略地介绍了评估内容与流程，留下个人联系方式，以便他们有问题可以及时与作者联系。另外还有一份参与评估同意书和对研究内容的保密协议。第二，OETP方法的概述，包括方法构建的目的、中心思想以及构建过程。第三，参与式评估过程的概述，包括为什么采用参与式评估、怎么开展评估过程以及评估结果。第四，专家评估的概述，专家评估的目的，每一位专家需要评估的内容。与每一位专家访谈时都进行录音与记录，随后将语音信息进行转录并编码分析。

5.3.3 专家访谈结果

根据五位专家的评估,将结果分为关于OETP方法构建过程及指南的评估、不同活动阶段下的参与接触点的评估、评估方法与评估建议三个部分进行阐释。

(1)关于OETP方法的构建过程及指南的评估

专家们都肯定了选题的意义、研究价值以及实践性,为面向老年人的参与式设计方法研究进行了实践方面的补充。专家2认为这个方法的研究过程不仅从横向将活动流程进行拆解,依据研究目标与设计理论合理梳理了横向流程的非线性关系,并且还对每一个阶段的纵向进行了深入的探讨,提出了具体的可操作性参与接触点建议,并且这些纵向的参与接触点之间也有合理的联系。专家3认为方法的研究过程不仅有理论支撑,也有案例研究和实证研究的支持和迭代,符合设计方法研究的范式。专家1和专家4认为在指南中可以增加一些案例,便于初次使用方法的研究者能够更好地开展活动。

(2)不同活动阶段下的参与接触点评估

专家们对开展阶段的参与接触点、表述与内容表示了肯定,认为三者的关联性很强,同时也易理解。但是对筹备阶段和影响阶段的可及性参与接触点与赋能性参与接触点内容,专家2和专家3提出了修正建议,认为可及性参与接触点中的渠道选择和活动策划两个名词并不符合参与接触点的概念,并且这两个名词之间缺乏联系性,没有很好地体现可及性原则。另外,赋能性参与接触点中的个人收获部分,与可及性存在类似的问题。专家建议将个人收获中的物质纪念与精神收益提升为一级标题取代个人收获,可以更好地呈现赋能性参与接触点的概念。也有专家认为,物质纪念的结果本身也是一种精神收益,因此建议优化精神收益的分类。专家4认为方法框架是根据诺曼的情感化设计理论推导的,反思层本身强调的就是收获,因此保持现有结构也合理,并且也容易理解和可操作。专家5对于筹备阶段中与社区的合作提出了许多实践经验,并且专家5还指出,在真正开展活动前,需要有更多的预设方案应对活动中的意外,比如根据活动内容可为老年参与者购买保险,以保障设计研究团队与参与者的安全。这些内容将在指南中进行补充。

(3)参与式评估方法与评估建议

专家们认为,虽然他们没有亲身参与观察实践过程,但从材料(文本记录、图像等)来看,OETP方法是具有合理性的。此外,多方利益相关者的评估内容也得到了专家认可。专家4建议,在条件允许的情况下可以邀请行为学专家观看录像,分析老年人在活动中的表现以及影响老年人行为的因素,是个体原因造成的还是方法造成的。这样做或许可以使评估更加客观和完整。

5.4 评估结果讨论与OETP模型的构建

5.4.1 设计师与专家的评估结果讨论

首先不管是参与式评估还是专家评估，设计师们与专家们都对OETP方法的实用性表示了肯定，其中设计师们希望指南中可以给出更详细的指导。专家们则对参与接触点总结的合理性给出了专业性建议。在参与式评估和专家评估中分别请9名设计师与5名专家对OETP指南的可用性进行打分。本研究中使用的可用性问卷是基于SUS系统可用性量表（system usability scale）进行调整的，这个量表最初是Brooke于1986年编制，可以科学地量化用户体验，并用于测量用户完成一系列任务场景后对产品或系统整体宏观的感知可用性测量。如图5.5所示，当样本数量为12~14时结果趋于直线，因此14可以被视为最小样本量。

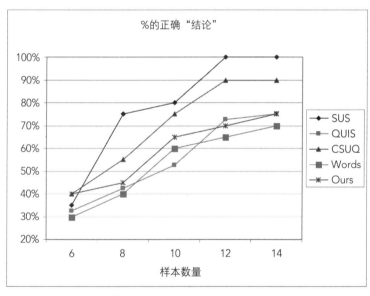

图5.5 基于不同大小随机子样本检验的数据

根据SUS量表的计分，可以看到方法可用性分值为75.9，在"好的"和"好极了"区间，属于可接受范围；方法易学性分值为67，在"可以"到"好的"区间，偏可接受的范围（图5.6）。结合访谈内容可以看到，无论是设计师还是专家都对方法的可用性表示了认可，然而在易学性上，设计师认为在筹备阶段招募老年人这个部分可能需要更多资源的积累与支持，同时还指出希望在指南中可以多增加案例讲解。还有设计师认为，这个指南不仅具有指导意义，在准备过程中也可以作为准备清单提醒自己注意一些参与接触点。专家认为，方法本身有易学性是肯定的，但是在具体与老年人实际相处时，还是需要经验积累与技巧培训。因为在与老年人协同合作时会出现很多突发事件，并不一定会按照计划进行，这时对于组织方的应变能力就提出了更高的要求，这种应变能力需要有专业人士的指导和自身的经验积累。

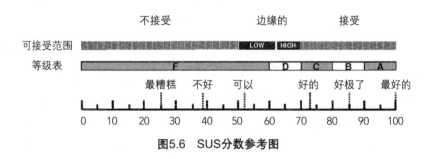

图5.6　SUS分数参考图

总的来说，专家们一致认为这个方法确实适合没有经验或经验比较少的设计师使用，但是对于他们来说，由于经验比较丰富，更多还是会根据自己的经验去实施相关活动，不过这个指南也可作为开展活动时的参考。对于参与接触点的三个原则，设计师与专家都认为可及性参与接触点中的渠道选择部分与组织团队本身的背景息息相关，知名度比较低的团队寻找合作途径时可能会有些困难。对于引导性原则，专家们强调了需要积累经验来应对一些突发情况。对于赋能性原则，专家们都表示了认可并且指出其非常重要，对于这种社会性的研究活动，可持续发展以及可行性至关重要。相对于多方利益相关者评估，专家评估较为客观。但因为专家并没有亲临现场，而是通过二手资料获取信息，在评估过程中或许会有信息不完整的情况。因此在访谈中，作者也会尝试询问受访者对于工作坊的理解以保证其准确性，并在必要时进行真实信息的补充。

5.4.2　面向老年人的OETP方法优化

根据专家们的建议，对可及性原则和赋能性原则下的参与接触点命名进行了修正。首先是将原有的可及性原则下的"渠道选择"与"活动策划"修正为"渠道合作"与"内容触达"。可及性原则强调的是目标参与群体是否可以接收和接受到活动信息。"接收"强调的是活动信息的传播是否符合老年人接收信息的习惯，比如信息传播的渠道是否是老年人经常使用和信任的。"接受"则是指活动信息中的内容是否是他们愿意参与的，比如活动的组织方、时间地点、具体内容等，在地理和心理上是否是他们能够接受的。为此将这两个类型重新命名为"渠道合作"和"内容触达"，保持原有概念中的含义，但加强了两个参与接触点类型之间的内在联系。

另一方面，赋能性原则中的个人收获在原有框架中分为物质纪念与精神收益两个要素。专家2与专家3认为，个人收获本身就具有赋能性的含义，因此这里建议用物质纪念与精神收益取代个人收获。物质纪念与精神收益主要是根据老年人认为的活动收获类型进行的概括。目前，OETP方法中的物质纪念与精神收益的概括来自理论研究、案例研究以及实证研究，在现有参与式设计研究中，参与式设计对参与者的赋能内容是支持的，但对于老年人的赋能内容并没有系统的总结。在案例研究中，研究者们提到，活动中的代际交流、活动报酬以及一些活动中任务产出的有形物品都受到老年人的欢迎。在实证研究中，作者着重对活动后的影响展开访谈，从易于研究者理解和可操作的视角出发，将具有可持续影响的收获类型分为"物质"与"精神"两类。这两种类型的收获都能够实现老年人的自我成长和体现个人价值。

基于此，将赋能性原则下的参与接触点从原本的个人收获调整为物质回报与精神收益。为了体现影响阶段的赋能含义以及内在联系性，对物质回报与精神收益的内容进行细化。物质回报分为活动报酬和物质纪念，前者是组织者对老年人付出的认可以及吸引他们参与活动必须准备的内容之一，后者是老年人完成任务后的收获以及开展任务时涉及的物品（照片、活动手册、开展任务的材料与工具等）。这些收获都是老年参与者个人成就的象征。这些都是以让他们将个人成就展示给身边人的"有形"媒介，同时也是他们与社交圈互动的媒介。这些收获为他们提升个人在社交圈内的影响起到了推动作用，这种提升也是老年人实现自我价值的一种方式。精神收益旨在"无形"的收获，分为社交拓展和自我成长。社交拓展一方面包含了老年人与社会的联系，另一方面包含了建立新社交圈的机会。自我成长主要涉及在活动中的获益与后续日常生活中的资讯、技能和知识，比如学会使用某一个社交软件，了解到有利于身体健康的知识等。根据马斯洛需求层次理论，人在归属感得到满足后才会对上一层级的尊重和自我实现产生需求，为此在这里我们将社交拓展放在了自我成长之前。在前期策划活动的时候就需要考虑赋能性原则下的参与接触点。

专家3特别指出，设计方法构建本身就是一个在不断迭代中完善的过程。为此，在未来可以将这个方法普及给有需要的研究者，通过更开放的手段，比如通过互联网传播获得使用者的反馈，进行持续迭代，完善OETP方法。由于研究时间和条件的限制，这种开放式的持续迭代工作将在今后的研究工作中展开。本书根据参与式评估与专家评估的结果迭代了OETP方法模型（图5.7），面向老年人的参与接触点方法指导框架（图5.8）以及指南（图5.9）也进行了更新。优化后的指南卡同第一版一样包含两个部分，第一部分的内容没有改动，在第二部分做了较大的调整。卡片中增加了更多的图标，辅助使用者理解文字内容。另外将各维度下要素的内容与贴士放在了同一页，以增强可读性与易学性，也对组织活动中容易忽略的细节补充了更详细的注意事项。

面向老年人的参与式设计

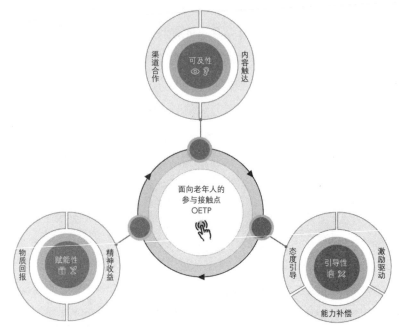

图5.7 面向老年人的参与接触点OETP方法模型

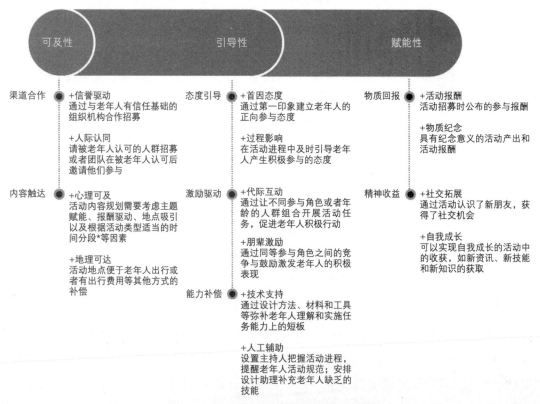

图5.8 面向老年人的参与接触点方法指导

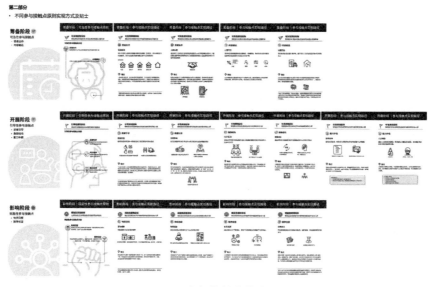

图5.9 参与接触点指南2.0

5.5 展望未来

参与式设计是一种基于"以用户为中心"思想的设计方法,最初是为了促进电脑专业人员与手工艺人(如铁匠和铜匠等)更好地建立联系而引入的,随后逐渐应用于用户研究领域。这个方法的出现,使设计研究者将对用户的态度从专家视角转向合作伙伴视角,共享各自的知识结构,更好地了解用户的真实需求并有效解决问题。随着信息技术的发展,参与式设计方法特别适用于对数字技术学习有困难的群体,例如儿童、残疾人以及老年人。

随着老龄人口的快速增长,数字鸿沟问题日益严重。本应为服务老年人而发展的数字化技术,却成为老年人日常生活的障碍,为其带来不便,这主要是因为年轻的设计研究者缺乏衰老的经历,不了解老年人的生理和心理变化,难以理解老年人的需求。为了解决这一问题,针对老年人使用的参与式设计方法逐渐成为趋势。然而,在实践过程中发现,老年人对参与式设计活动的态度比较消极、缺乏热情,不愿参与,即使前来参与也是被动地接受组织者的安排,不能很好地互动,参与度不高。尽管已有研究提及招募困难和协同过程中交流障碍的问题,但鲜有系统地提出解决这些问题的方法。此外,现有的参与式设计方法框架和使用建议几乎都是从西方社会背景总结而来,对中国应用场景的讨论非常有限。

因此,研究团队以中国城市老年居民为例,构建了面向老年人的参与式设计方法和操作指南。期望通过这个方法和指南,帮助设计研究者更好地组织老年人参与到设计研究活动中,让设计研究者真实地面对老年人,与他们建立紧密的联系,了解真实的需求,真正解决他们在使用数字化技术方面所面临的问题。

基于此,本书对参与式设计提出了参与接触点ETP概念,分析了不同活动阶段下的可及性、引导性以及赋能性参与接触点原则,提出了面向参与接触点的研究方法框架,这个框架可以应用到更广泛人群的参与接触点研究。

基于ETP框架通过理论研究与实践研究,总结了面向老年人的参与式设计的接触点方法,以确保他们的需求与体验得到充分的考虑。并且这个方法进一步补充和完善了我国社会背景下面向老年人的参与式设计方法理论。

本书为设计研究者提供了组织面向老年人的参与式设计活动指南,不仅可以指导初学者入门,同时也可以为较有经验的设计研究者提供参与接触点清单来参考。这个指南可以帮助设计研究者提高研究效率,同时在一定程度上减少研究成本。

OETP方法为老年人提供了一个社会参与途径,增加了他们接触新技术的机会,同时赋予他们为自己未来生活决策的权利。这些都能够推动积极老龄化的发展,并为解决老年人数字鸿沟问题提供有益参考。

以下是对本研究的反思与展望:

①研究对象的反思与展望:尽管我们意识到老年群体内部存在差异,但初期为了迅速扩大活动的影响力,借鉴国外组织的经验,选择了具有一定文化程度、身体活动能力较好的城市老年居民作为主要参与者。未来希望细化不同老年用户画像下的参与接触点。

②方法构建过程的反思与展望:在有限的时间和研究条件下,我们对OETP方法进行了两次迭代。在专家访谈中,专家们就方法的迭代问题进行了深入探讨,并指出设计方法本身就是在实践过程中不断迭代生成的,没有明确的节点。未来,计划通过互联网平台发布指南,以便更多的研究者共同使用、反馈和优化OETP方法。

③OETP方法评估的反思与展望:本研究选择了参与式评估与专家评估两种方法。在活动中为了让老年参与者保持最自然和轻松的状态,并未使用相关设备检测生理数据。因为老年人是非常敏感的群体,面对镜头、佩戴设备或者监测等这类严肃的研究氛围会产生负担和紧张,因此研究主要采用观察法和访谈法收集数据。在未来的研究中,将尝试探索更客观的方式收集数据,同时确保老年参与者能够感到舒适和放松,更全面地评估参与接触点的效果和影响。

④方法拓展应用的反思与展望:我们提出的参与接触点研究框架具有通用性,研究团队以我国城市老年居民为例进行了探索,形成OETP方法,ETP框架本身的研究思路可以拓展到其他国家的老年人群甚至更广泛的参与群体。专家评估中也指出,从理论视角来看,ETP框架在其他参与群体中的应用是合理的,但需要进一步的实践研究支持。未来,期望有机会能够开展面向更多人群的参与式设计接触点方法的研究。

附录1　参与接触点实现要素参考表

基于案例分析的可及性、引导性、赋能性参与接触点实现要素整理表A.1～表A.3，表中内容已在本书3.3节阐述。表中内容后面的编号为参考文献中的编号，以便查阅。

表A.1　可及性参与接触点要素内容

可及性参与接触点	要素	内容
渠道选择	信誉驱动	**通过被老年人认可的组织机构进行招募** 通过当地面向老年人的社会组织招募老年人 [56，57，58，26，59，60，61，62，63，64，65，66]
	人际认同	**建立信任关系后的招募** 提前建立联系，吸引参与[58，67，68]； 在招募老年人时，可以与这个群体中最积极的人保持联系，因为他们可能拉动其他人积极参与[69]； 在前期合作中获得的人际资源里进行招募[70]
活动策划	地点可达	**活动地点便于老年人前往** 便于老年人前往活动地点[71，66，25]； 研究内容与条件允许的情况下让参与者自行选择地点[72]
	主题赋能	**活动主题可以体现个人价值** 活动主题让参与者认为可以帮助到他人，对社会有益[73，74，60] **活动内容可以学习到新东西提升自我** 技术开发和技术学习类主题[65，72，75，63，76] **老年人偏好的主题内容** 个人故事、生活方式、社会参与、智慧生活、健康、手工艺等话题，更容易使老年人积极参与[75，4，60]； 可以看到社交机会[69，63]

表A.2　引导性参与接触点要素内容

引导性参与接触点	要素	内容
态度引导	首因态度	**尽可能在前期建立信任关系** 研究初期或者活动开始前在老年人熟悉的环境中建立信任关系，如家访[57, 64]，活动开始前应精心规划实际的流程（例如安排交通工具，发送提醒）[77] **活动中（迎接阶段）的信任关系递进** 布置舒适安全的环境[78, 79]； 提前布置好适合开展任务及支持老年人参与的活动房间[80, 66]； 成立常规小组，定期聚会玩游戏，让研究团队与参与者建立联系，熟络感情[77]； 基于世界咖啡馆特点的氛围营造[26, 73]； 通过闲聊与参与者建立更密切的联系，如向参与者介绍项目，为研究人员创造机会[79]； 选择熟悉的环境和安排熟悉的参与者[78, 73]
态度引导	过程影响	**设置破冰环节增进关系的同时引导老年人对活动的理解** 通过设置批评性会议、对话活动、游戏以及与活动主题相关的"热身"活动等破冰[56, 81, 71, 82, 80, 83, 65, 84, 77]； 头脑风暴是一种有效改善老年人和设计团队最初融洽关系的有效方法[80]； 通过个人物品的展示，分享故事和秘密，建立信任关系[84] **任务开展过程中引导老年人积极参与** 舒适、愉悦的环境支持老年人参与活动[69, 79]； 非正式活动形式[85, 69, 61]； 参与者与研究团队之间的平等、非等级互动有助于信任关系的推进[86, 66]； 规避不当用语，如"老年人"这个词[86]，讨论"对"与"错"[67, 61]； 消除对老年人的刻板印象，将他们视为积极的社会参与者[85]； 鼓励老年人分享个人经验与故事，推进平等友好关系的建立，提高参与度[63, 87, 66, 88]； 对老年人保持实时关注和耐心，给予积极的反馈，让老年人感觉到被重视[83, 86, 89, 60, 67, 66, 84] **休息环节设置** 准备咖啡和茶点，设置休息环节，为老年人提供更多社交机会，维持参与热情[58, 69, 66, 73, 25]
激励驱动	代际互动	**老年人心中的"重要"群体** 老年人熟悉的群体有助于鼓励、激励和调动老年人的积极参与行为[26, 66, 78] **通过不同参与角色的分组促进老年参与者交流** 利益相关者混合分组[83, 79]； 代际交流[89, 67, 79, 65, 66, 74, 88]； 研究者与参与者一对一组合[65, 74, 25]

引导性参与接触点	要素	内容
激励驱动	朋辈激励	**通过同等参与角色之间的竞争与鼓励影响老年参与者表达** 活动中朋辈参与者之间的交流、鼓励以及竞争,可以促进老年参与者的积极行动[78, 79, 67, 75]
能力补偿	技术支持	**辅助思考与理解的方法** 通过融合和发散的设计活动设置促进思考[88],如使用头脑风暴[80, 59, 67, 84]; 通过有人物和场景的故事,提供上下文帮助老年人理解和思考[56, 86, 79, 64, 65, 77, 84]; 通过可视化媒介(图像、影像等)建立活动中的共同语言[90, 91, 25]; 通过概念草图、低保真原型可视化具体的设计内容,让参与者看到、触碰到并产生互动,有助于提高他们对设计概念的体验[58, 86, 61, 79, 78]; 设计活动手册帮助参与者理解活动内容,开展任务,同时也能重复提醒他们活动规范[65, 74] **辅助动手操作的材料与形式** 准备丰富且个性化的材料供老年人选择和创作[186, 72, 65, 88]; 熟悉简单的设计材料与工具可以促使老年人积极操作[67, 66, 92, 84, 93]
	人工辅助	**主持人角色设置** 设置主持人控制和引导活动进程[59, 83, 67, 92, 73, 93, 25] **小助手角色设置** 研究人员帮助老年人记录想法,激发讨论以及可视化他们的想法,实现设计构思[57, 58, 25]; 研究人员引导老年人讨论和参与[56, 73, 94]

表A.3 赋能性参与接触点要素内容

赋能性参与接触点	要素	内容
个人收获	物质纪念	**活动纪念** 活动手册[74]
	精神收益	**自我成长** 参与活动感觉被赋予力量,增强了个人自信[89]; 贡献被认可[95]; 通过帮助他人感到自己有用[73]; 可以发声[57, 60],学习新技能[60]; 参与活动后在生活中关注特定方面,如健康问题、技术类产品[72] **社交拓展** 参与活动给予老年人社交机会[57, 85, 96]

附录2　OETP指南卡

基于参与式评估和专家评估对OETP进行了第二轮评估,优化了参与接触点,同时也迭代了指南卡内容,增加了更多实践案例与建议,具体内容如图B.1~图B.13所示。

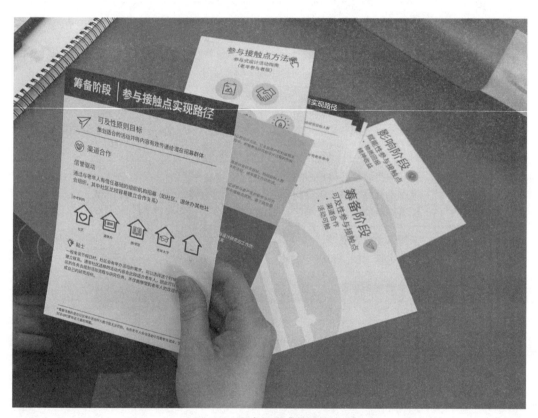

图 B.1　现实场景中的指南卡

图 B.2 指南卡第一张（正反）

图 B.3 指南卡第二张（正反）

面向老年人的参与式设计

筹备阶段
可及性参与接触点
- 渠道合作
- 内容触达

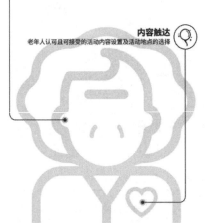

筹备阶段 | 可及性参与接触点原则

 可及性原则目标
策划适合的活动并将内容有效传递给潜在招募群体

可及性参与接触点内容

 渠道合作
选择被老年人认可以及可接触到的信息传播渠道或人群

内容触达
老年人认可且可接受的活动内容设置及活动地点的选择

图 B.4　可及性指南卡（1）

筹备阶段 | 参与接触点实现路径

 可及性原则目标
策划适合的活动并将内容有效传递给潜在招募群体

 渠道合作

信誉驱动
通过与老年人有信任基础的组织机构招募（如社区、退休办等其他社会组织，其中社区是比较容易建立合作关系的机构）

参考机构

社区　　退休办　　图书馆　　老年大学　　…

贴士
一般来说节假日时，社区会有举办活动的需求，可以选择这个时候提前建立联系。通常社区选择的活动内容比较适合老年人，因此可以尝试结合社区的要求去规划活动程序，不仅能够受到老年人的欢迎，也能有效完成自己的研究目标。

*需要注意的是，在社区举办活动时人数可能无法控制，有些老年人会在活动中后期参与进来，因此规划活动时要有这方面的预案。

筹备阶段 | 参与接触点实现路径

 可及性原则目标
策划适合的活动并将内容有效传递给潜在招募群体

 渠道合作

人际认同
通过老年人认可的人群邀请或者被老年人认可后邀请他们参与（如招募表现积极的老年人或者提前与老年人建立联系获得认可后再提出邀请）

获得信任

贴士
条件允许的情况下可以提前举办讲座与老年人建立联系，获得信任后询问他们是否愿意参与后期相关活动。还可以通过提前发放问卷，在问卷中让愿意参加活动的老年人留下联系方式。这两种方式不仅可以让老年人了解组织者背景，也能了解研究课题。

系列讲座　　　问卷调查

图 B.5　可及性指南卡（2）

筹备阶段｜参与接触点实现路径

可及性原则目标

策划适合的活动并将内容有效传递给潜在招募群体

内容触达

心理可及

活动内容规划需要考虑主题赋能、报酬驱动、地点吸引以及根据活动类型适当地对参与时间进行分段*等

• 技术产品学习
• 新技术产品测试
• 健康主题
• 个人故事分享
• …
主题
报酬
地点
时间

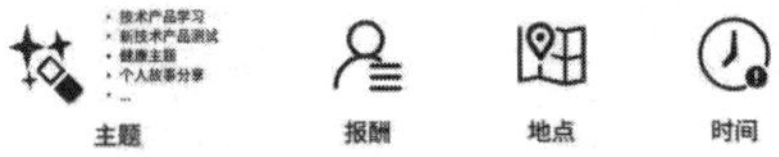

贴士

活动主题的设计要避免使用过于专业的研究术语，同时也要避免让参与者来做实验的话语。要营造有参与价值、有社会意义以及轻松的活动氛围。

筹备阶段｜参与接触点实现路径

可及性原则目标

策划适合的活动并将内容有效传递给潜在招募群体

内容触达

地理可达

活动地点要交通便利，便于老年人出行或者活动地点具有吸引力

贴士

活动地点交通不便的话可以提出为老年人叫出租车服务或者报销他们的路费。有时候具有观光属性的活动地点也是吸引老年人参与的因素之一，如在知名高校、研究机构或者公园等。

*老年人喜欢拍照留念，发布到社交媒体，活动内容和地点如果有他们想要记录的特点，也可以很好地吸引他们参加。另外基于活动内容和地点的特点，为保障老年参与者与设计研究团队的安全，建议为参与者购买保险，比如有运动项目或户外活动时。

图 B.6 可及性指南卡（3）

开展阶段

引导性参与接触点

- 态度引导
- 激励驱动
- 能力补偿

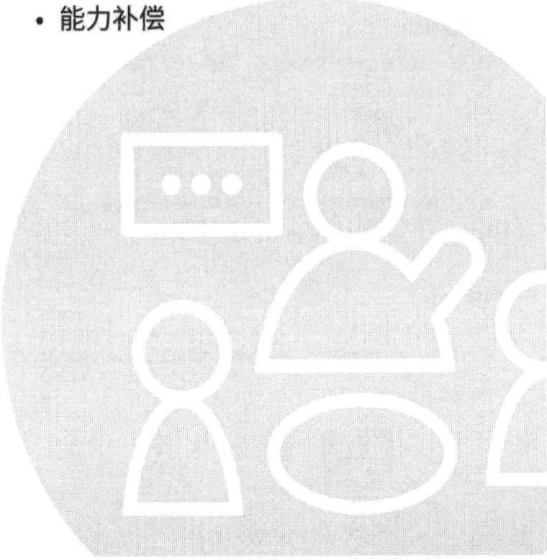

开展阶段｜引导性参与接触点原则

引导性原则目标

引导参与者理解任务并能够积极参与和完成

引导性参与接触点内容

态度引导
引导老年参与者对开展活动任务持有积极正向的态度
激励驱动
在活动中通过他人互动对老年参与者产生积极影响
能力补偿
让老年参与者对自己可以完成活动任务有信心

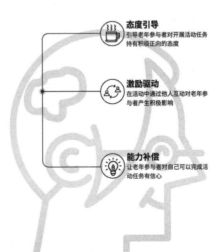

图 B.7 引导性指南卡（1）

面向老年人的参与式设计

| 开展阶段 | 参与接触点实现路径 |

引导性原则目标
引导参与者理解任务并能够积极参与和完成

态度引导

首因态度
通过构建良好的第一印象使老年人建立积极的参与态度

设置可见的安全和舒适的活动环境　　营造欢迎和支持的活动氛围

贴士

可以在活动前一天发送短信提醒他们参加活动的时间、地点和当日天气，询问他们有没有困难。还可以将活动场所附近的车站、比较醒目的建筑物信息和照片也发送给他们。另外当工作人员与老年人相互介绍时，可以交换彼此在活动中的昵称，拉近距离。

*过长的访谈或者问卷内容会让老年人感到疲劳，可以将一些简单基础的问题拆分到登记和等候的时间询问，这样不仅可以在活动正式开始前有交流的话题，帮助研究者了解老年人，也可以减少后期访谈压力。

| 开展阶段 | 参与接触点实现路径 |

引导性原则目标
引导参与者理解任务并能够积极参与和完成

态度引导

过程影响
在活动进程中及时引导老年人的正向参与态度或提前预设

设置增进参与者之间关系的环节　　运用交流技巧引导老年参与者的正向态度

贴士

有互动的破冰环节、活动中预设游戏和休息环节，可以增进参与者与组织者、其他参与者之间的关系，激励参与。活动中规避不当用语，如"老年"这个词，讨论"对"与"错"等。尊重和认可老年人的付出，对老年人保持实时和积极的反馈，适时鼓励老年人参与或者分享。

有互动的破冰内容

图 B.8　引导性指南卡（2）

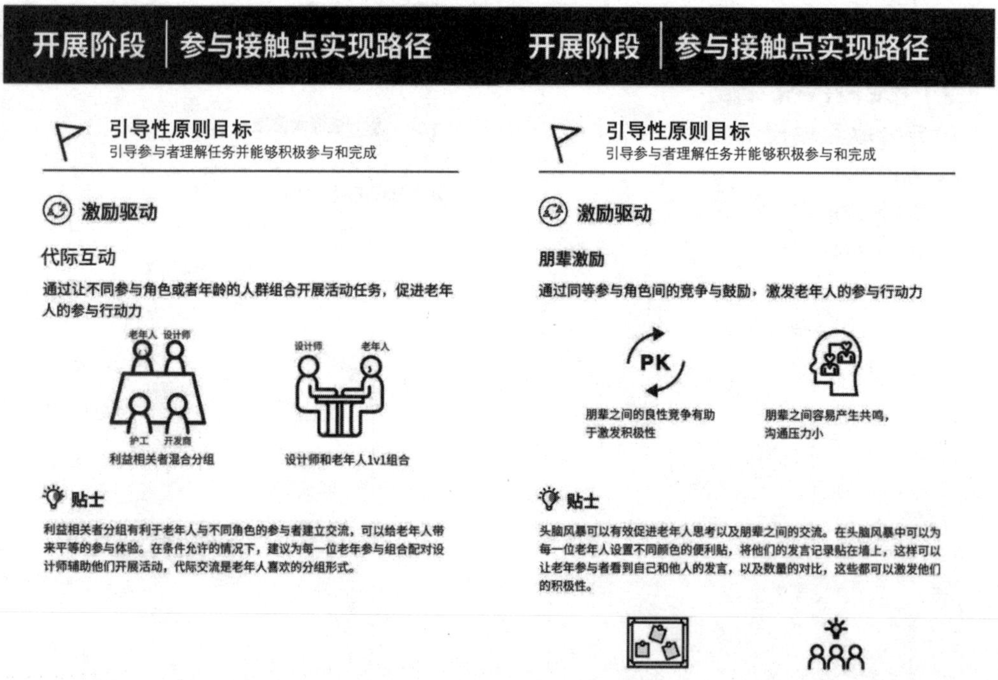

| 开展阶段 | 参与接触点实现路径 |

引导性原则目标
引导参与者理解任务并能够积极参与和完成

激励驱动

代际互动
通过让不同参与角色或者年龄的人群组合开展活动任务，促进老年人的参与行动力

利益相关者混合分组　　设计师和老年人1v1组合

贴士

利益相关者分组有利于老年人与不同角色的参与者建立交流，可以给老年人带来平等的参与体验。在条件允许的情况下，建议为每一位老年人参与组合配对设计师辅助他们开展活动，代际交流是老年人喜欢的分组形式。

| 开展阶段 | 参与接触点实现路径 |

引导性原则目标
引导参与者理解任务并能够积极参与和完成

激励驱动

朋辈激励
通过同等参与角色间的竞争与鼓励，激发老年人的参与行动力

朋辈之间的良性竞争有助于激发积极性　　朋辈之间容易产生共鸣，沟通压力小

贴士

头脑风暴可以有效促进老年人思考以及朋辈之间的交流。在头脑风暴中可以为每一位老年人设置不同颜色的便利贴，将他们的发言记录贴在墙上，这样可以让老年参与者看到自己和他人的发言，以及数量的对比，这些都可以激发他们的积极性。

图 B.9　引导性指南卡（3）

开展阶段 | 参与接触点实现路径

引导性原则目标
引导参与者理解任务并能够积极参与和完成

能力补偿

技术支持
通过设计方法、材料和工具等弥补老年参与者能力上的短板

辅助思考与理解的方法

辅助开展设计的材料与工具

贴士
视频和图像等都是可以促进老年人说、做和想的有效设计材料。活动手册是重要的材料之一，建议为每一位参与者准备，可以提醒和强调活动内容，也可能成为老年人认可的活动收获。

活动手册设计
- 与活动主题相关的资料（如手机使用技巧）
- 手册内容中含有设计任务，可以随着活动进程生成个人特色的成果

开展阶段 | 参与接触点实现路径

引导性原则目标
引导参与者理解任务并能够积极参与和完成

能力补偿

人工辅助
人工推动活动进程，帮助老年人理解活动任务，补充他们缺少的技术知识和设计技能

设置主持人

安排设计（技术）助理

贴士
设置主持人控制活动节奏，不断提醒和重复活动内容，也可以适时鼓励老年人发言。设计助理的安排可以可视化呈现老年人的想法，提高他们的参与意愿。

设计助理工作内容
- 帮助老年人进行活动任务的答疑
- 记录老年参与者观念
- 可视化老年参与者的想法
- 使用技术设备与老年人协同设计

图 B.10　引导性指南卡（4）

影响阶段

赋能性参与接触点
- 物质回报
- 精神收益

影响阶段 | 赋能性参与接触点原则

赋能性原则目标
让参与者在活动中提高自我效能实现双向赋能

赋能性参与接触点内容

物质回报
具有纪念意义的活动产出和活动报酬（如活动中的设计材料、活动手册、任务产出以及活动奖品等）

精神收益
实现老年人自我成长，拓展社交关系（如在活动中获取的新资讯、学到的新技能、得到的社交机会）

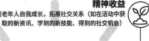

图 B.11　赋能性指南卡（1）

面向老年人的参与式设计

| 影响阶段 | 参与接触点实现路径 | 影响阶段 | 参与接触点实现路径 |

赋能性原则目标
让参与者在活动中提高自我效能实现双向赋能

 物质回报

活动报酬
活动招募时公布的活动酬劳

财务类活动报酬（如转账或者购物券）　生活用品或者纪念品（纪念衫、记事本等）

💡 **贴士**
活动结束后的报酬一定要与招募时的描述一致，每一位参与者的报酬也要保持一致。如果是给生活用品或者纪念品类的报酬，要考虑携带的便利性，过重、过大或者易碎的物质报酬不易老年人搬运。

*实物类报酬比较受老年人欢迎，因为可以用来展示给身边朋友、发布到社交媒体，满足个人成就感。

赋能性原则目标
让参与者在活动中提高自我效能实现双向赋能

 物质回报

物质纪念
具有纪念意义的活动任务产出以及活动奖励

参与者完成任务后获得的纪念品　　开展任务时使用的设计材料与工具

💡 **贴士**
活动任务的产出对于老年参与者来说是非常有意义的回报。这些产出是老年人通过自己的知识交换获得的，因此这些都是他们个人成就的体现（所以活动手册有时候也是很好的活动报酬）。

图 B.12　赋能性指南卡（2）

| 影响阶段 | 参与接触点实现路径 | 影响阶段 | 参与接触点实现路径 |

赋能性原则目标
让参与者在活动中提高自我效能实现双向赋能

 精神收益

社交拓展
通过活动认识了新朋友，获得了社交机会

获得社交机会　　　　　结交新朋友

💡 **贴士**
大多数老年人参与活动的目的也是希望有更多的社交机会。因此在符合研究目标的情况下，可以在活动中尽可能增强老年人之间交流的机会以及提供相应的场所，比如安排可以坐下交谈的休息区等满足他们的社交需求。

赋能性原则目标
让参与者在活动中提高自我效能实现双向赋能

精神收益

自我成长
可以实现自我成长，如活动中的新资讯、新技能和新知识的学习

新资讯的获取　　　　新技能与知识的学习

💡 **贴士**
活动中科普一些贴近生活且老年人感兴趣的新资讯，或者设置老年人感兴趣的课程，如健康讲座、智能手机使用等。活动中尽可能肯定老年人的付出也是对老年人自我成就的认可，活动后在条件允许的情况下可以向老年人反馈研究进程。许多老年人希望通过这样的形式了解到自己的贡献价值。

*老年人对于自己参加的研究课题的后续反馈是非常期待的，研究团队最好能在每场活动结束后给予老年参与者研究结果的反馈，这样不仅可以增强团队与参与者后续的联系，同时也能够加强老年人的自我成就感。

图 B.13　赋能性指南卡（3）

参考文献

[1] 谢立黎，王飞，胡康. 中国老年人社会参与模式及其对社会适应的影响[J]. 人口研究，2021，45（5）：49-63.

[2] 邱红，魏雅鑫. 我国老年人参与社会活动及影响因素分析[J]. 人口学刊，2020，42（5）：73-82.

[3] 林莹. "变老拖延症"，"遇见"中国老龄化群体[J]. 中国广告，2020（1）：71-72.

[4] Kensing F，Simonsen J，Bodker K. MUST：A method for participatory design[J]. Human-computer interaction，1998，13（2）：167-198.

[5] Timpka T，Sjoberg C. The voices of design：discourse in participatory information system development[J]. Mind，Culture，and Activity，1996，3（3）：185-202.

[6] Drain A，Sanders E B N. A collaboration system model for planning and evaluating participatory design projects[J]. International Journal of Design，2019，13（3）：39-52.

[7] Frauenberger C，Good J，Fitzpatrick G，et al. In pursuit of rigour and accountability in participatory design[J]. International journal of human-computer studies，2015，74：93-106.

[8] Hansen N B，Dindler C，Halskov K，et al. How participatory design works：mechanisms and effects[C]// Proceedings of the 31st Australian conference on human-computer-interaction. 2019：30-41.

[9] Rogers P J，Petrosino A，Huebner T A，et al. Program theory evaluation：practice，promise，and problems[J]. New directions for evaluation，2000（87）：5-13.

[10] 门亮. 参与式设计方法和模型[J]. 计算机技术与发展，2006，16（2）：163-166，170.

[11] Sanders E B N，Brandt E，Binder T. A framework for organizing the tools and techniques of participatory design[C]//Proceedings of the 11th biennial participatory design conference. 2010：195-198.

[12] 胡康，蔡文浩. 参与式设计方法的分类研究及其可视化[J]. 包装工程，2023，44（10）：181-192.

[13] Heintz M，Law E L C，Govaerts S，et al. Pdot：participatory design online tool[M]//CHI'14 Extended Abstracts on Human Factors in Computing Systems. 2014：2581-2586.

[14] Hussain S. Empowering marginalised children in developing countries through participatory design processes[J]. CoDesign，2010，6（2）：99-117.

[15] Brulé E，Spiel K. Negotiating gender and disability identities in participatory design[C]//Proceedings of the 9th international conference on communities & technologies-transforming communities. 2019：218-227.

[16] Lindsay S，Brittain K，Jackson D，et al. Empathy，participatory design and people with dementia[C]// Proceedings of the SIGCHI conference on Human factors in computing systems. 2012：521-530.

[17] 王争光. 基于移情理念的适老化娱乐产品设计研究[D]. 合肥：合肥工业大学，2021.

[18] 白雪锋，郑婕，周成玲，等. 基于Citespace知识图谱的中国适老化研究历程与趋势分析[J]. 中国老年学杂志，2021，41（20）：4561-4566.

[19] Duque E，Fonseca G，Vieira H，et al. A systematic literature review on user centered design and participatory design with older people[C]//Proceedings of the 18th Brazilian symposium on human factors in computing systems. 2019：1-11.

[20] Merkel S，Kucharski A. Participatory design in gerontechnology：a systematic literature review[J]. The Gerontologist，2019，59（1）：16-25.

[21] Baranyi R，Rainer S，Schlossarek S，et al. Visual health reminder：a reminder for medication intake and measuring blood pressure to support elderly people[C]//2016 IEEE International Conference on Healthcare Informatics（ICHI）. IEEE，2016：432-438.

[22] Sorgalla J，Schabsky P，Sachweh S，et al. Improving representativeness in participatory design processes with elderly[C]//Proceedings of the 2017 CHI Conference extended abstracts on human factors in computing systems. 2017：2107-2114.

[23] 王露. 以学科交叉和用户参与为特点的英国老龄服装设计研究模式[J]. 装饰，2012（5）：82-83.

[24] 杜家轩，曹鸣. 基于社区老年人创造力开发的参与式载体设计策略[J]. 设计，2016（20）：132-133.

[25] Brookfield K，Scott I，Tinker A，et al. Perspectives on "novel" techniques for designing age-friendly homes and neighborhoods with older adults[J]. International Journal of Environmental Research and Public Health，2020，17（5）：1800.

[26] Battersby L，Fang M L，Canham S L，et al. Co-creation methods：informing technology solutions for older adults[C]//Third International Conference，ITAP 2017. Human Aspects of IT for the Aged Population：Aging，Design and User Experience. Springer International，2017：77-89.

[27] Sanders E B N. Design research in 2006[J]. Design research quarterly，2006，1（1）：1-8.

[28] Grönman S，Lindfors E. The process models of design thinking：a literature review and consideration from the perspective of craft，design and technology education[J]. Techne Serien，2021，28（2）：110-118.

[29] Trajkova M，Martin-Hammond A. "Alexa is a toy"：exploring older adults' reasons for using，limiting，and abandoning echo[C]//Proceedings of the 2020 CHI conference on human factors in computing systems. 2020：1-13.

[30] Pirhonen J，Lolich L，Tuominen K，et al. "These devices have not been made for older people's needs" –Older adults' perceptions of digital technologies in Finland and Ireland[J]. Technology in Society，2020，62：101287.

[31] Pakanen M，Lappalainen T，Roinesalo P，et al. Exploring smart handbag concepts through co-design[C]// Proceedings of the 15th International Conference on Mobile and Ubiquitous Multimedia. 2016：37-48.

[32] Ruland C M，Starren J，Vatne T M. Participatory design with children in the development of a support system for patient-centered care in pediatric oncology[J]. Journal of biomedical informatics，2008，41（4）：624-635.

[33] Holmlid S. Participative，co-operative，emancipatory：from participatory design to service design[C]// First Nordic Conference on Service Design and Service Innovation. 2009：105-118.

[34] Holmlid S. Interaction design and service design：expanding a comparison of design disciplines[J]. Design Inquiries，2007（2）．

[35] Holmlid S. Participative，co-operative，emancipatory：from participatory design to service design[C]// First Nordic Conference on Service Design and Service Innovation. 2009：105.

[36] Saad-Sulonen J，De Götzen A，Morelli N，et al. Service design and participatory design：time to join forces?[C]//Proceedings of the 16th Participatory Design Conference 2020-Participation（s）Otherwise-Volume 2. 2020：76-81.

[37] 左铁峰. 服务设计语境下的产品形态架构研究[J]. 长春大学学报，2017，27（9）：108-112.

[38] Roto V，Väätäjä H，Law E，et al. Experience design for multiple customer touchpoints[C]//Proceedings of the 9th Nordic conference on human-computer interaction. 2016：1-3.

[39] 肖轶楠. 服务接触研究综述[J]. 吉首大学学报（社会科学版），2017，38（S1）：50-54.

[40] 邓成连. 触动服务接触点[J]. 装饰，2010（6）：13-17.

[41] Inversini A，Sit J，Pyle H T. Mapping mobile touchpoints in sport events[C]//Information and Communication Technologies in Tourism 2016：Proceedings of the International Conference in Bilbao，Spain，February 2-5，2016. Springer International Publishing，2016：535-547.

[42] Clatworthy S. Service design thinking[M]. Innovating for trust. Edward Elgar Publishing，2017：167-182.

[43] Lee K，Chung K，Nam K Y. Orchestrating designable touchpoints for service businesses[J]. Design management review，2013，24（3）：14-21.

[44] 茶山. 关于服务设计接触点的研究——以韩国公共服务设计中接触点的应用为中心[J]. 工业设计研究，2015（1）：111-116.

[45] 谢克生，王锟. 服务设计中的接触点：定义，研究现状与趋势[J]. 包装工程，2022，43（8）：137-148.

[46] 唐纳德·A. 诺曼. 设计心理学[M]. 何笑梅，欧秋杏，译. 北京：中信出版社，2003.

[47] Schneider H，Eiband M，Ullrich D，et al. Empowerment in HCI-A survey and framework[C]//Proceedings of the 2018 CHI Conference on Human Factors in Computing Systems. 2018：1-14.

[48] 唐钧，刘蔚玮. 中国老龄化发展的进程和认识误区[J]. 北京工业大学学报（社会科学版），2018，18（4）：8-18.

[49] 边恕. 老龄群体：不可忽视的社会生产力[J]. 理论与改革，2021（5）：140-151.

[50] 杜慧苗. 国际比较视域下的老年人力资源开发策略[J]. 经济研究导刊，2021（30）：87-89.

[51] 钱兰岚，王建涛. 服务"可及性"视角下的新时代公共文化服务体系建设路径研究[J]. 图书馆杂志，2022，41（3）：41-47.

[52] Ajzen I. The Theory of planned behavior[J]. Organizational Behavior and Human Decision Processes，1991，50（2）：179-211.

[53] Fogg B J. A behavior model for persuasive design[J]. Persuasive'09：Proceedings of the 4th International Conference on Persuasive Technology. New York（NY）：ACM Press，2009（40）：1-7.

[54] 董玉妹，董华. 设计赋能：语境与框架[J]. 南京艺术学院学报（美术与设计），2019（1）：174-179.

[55] Nielsen J，Molich R. Heuristic evaluation of user interfaces[C]//Proceedings of the SIGCHI conference on

Human factors in computing systems. 1990：249-256.

[56] Martin-Hammond A，Vemireddy S，Rao K. Engaging older adults in the participatory design of intelligent health search tools[C]//Proceedings of the 12th EAI International Conference on Pervasive Computing Technologies for Healthcare. 2018：280-284.

[57] Lee H R，Šabanović S，Chang W L，et al. Steps toward participatory design of social robots：mutual learning with older adults with depression[C]//Proceedings of the 2017 ACM/IEEE international conference on human-robot interaction. 2017：244-253.

[58] Kim S，Fadem S. Communication matters：exploring older adults'current use of patient portals[J]. International Journal of Medical Informatics，2018，120：126-136.

[59] LaMonica H M，Davenport T A，Roberts A E，et al. Understanding technology preferences and requirements for health information technologies designed to improve and maintain the mental health and well-being of older adults：participatory design study[J]. JMIR aging，2021，4（1）：e21461.

[60] Span M，Hettinga M，Groen-van de Ven L，et al. Involving people with dementia in developing an interactive web tool for shared decision-making：experiences with a participatory design approach[J]. Disability and rehabilitation，2018，40（12）：1410-1420.

[61] Muriana L M，Hornung H. Towards participatory prototyping with older adults with and without cognitive impairment：Challenges and lessons learned[C]//Human-Computer Interaction-INTERACT 2017：16th IFIP TC 13 International Conference. Springer International Publishing，2017：344-363.

[62] Wang S，Bolling K，Mao W，et al. Technology to support aging in place：Older adults' perspectives[C]//Healthcare. MDPI，2019，7（2）：60.

[63] Jarke J. Open government for all? Co-creating digital public services for older adults through data walks[J]. Online Information Review，2019，43（6）：1003-1020.

[64] Randall N，Šabanović S，Chang W. Engaging older adults with depression as co-designers of assistive in-home robots[C]//Proceedings of the 12th EAI international conference on pervasive computing technologies for healthcare. 2018：304-309.

[65] Binda J，Wang X，Carroll J M. Recruiting older adults in the wild：Reflections on challenges and lessons learned from research experience[C]//Proceedings of the 12th eai international conference on pervasive computing technologies for healthcare. 2018：290-293.

[66] Sakaguchi-Tang D K，Cunningham J L，Roldan W，et al. Co-design with older adults：examining and reflecting on collaboration with aging communities[J]. Proceedings of the ACM on Human-Computer Interaction，2021，5（CSCW2）：1-28.

[67] Harrington C N，Borgos-Rodriguez K，Piper A M. Engaging low-income African American older adults in health discussions through community-based design workshops[C]//Proceedings of the 2019 CHI conference on human factors in computing systems. 2019：1-15.

[68] 施媛，卓想，李丽. 在地老化策略下的乡村参与式老年住宅改造研究——以台湾省台南市安南区西港村A住宅改造为例[C]//中国城市规划学会，杭州市人民政府. 共享与品质——2018中国城市规划年会论文集（20住房建设规划）. 2018：265-273.

[69] Sengpiel M, Volkmann T, Jochems N. Considering older adults throughout the development process–The HCD+ approach[J]. Proceedings of the Human Factors and Ergonomics Society Europe, 2019: 5-15.

[70] Harrington C, Martin-Hammond A, Bray K E. Examining identity as a variable of health technology research for older adults: a systematic review[C]//Proceedings of the 2022 CHI Conference on Human Factors in Computing Systems. 2022: 1-24.

[71] Reddy A, Lester C A, Stone J A, et al. Applying participatory design to a pharmacy system intervention[J]. Research in Social and Administrative Pharmacy, 2019, 15（11）: 1358-1367.

[72] Pradhan A, Jelen B, Siek K A, et al. Understanding older adults' participation in design workshops[C]//Proceedings of the 2020 CHI Conference on Human Factors in Computing Systems. 2020: 1-15.

[73] Lund A, Holthe T, Halvorsrud L, et al. Involving older adults in technology research and development discussions through dialogue cafés[J]. Research Involvement and Engagement, 2021, 7（1）: 26.

[74] Liu Y, Zhong F. Elderly Life Inquiry Toolkit: Empathy Expanding in Elder-Friendly Technology Design[C]//International Conference on Human-Computer Interaction. Cham: Springer International Publishing. 2022: 337-352.

[75] Cabrita M, Tabak M, Vollenbroek-Hutten M M R. Older adults' attitudes toward ambulatory technology to support monitoring and coaching of healthy behaviors: qualitative study[J]. JMIR aging, 2019, 2（1）: e10476.

[76] 赵小炫, 王润森. 基于反思水平的情感化设计研究[J]. 电动工具, 2021（2）: 22-25.

[77] Havukainen M, Laine T H, Martikainen T, et al. A case study on co-designing digital games with older adults and children: game elements, assets, and challenges[J]. The Computer Games Journal, 2020, 9: 163-188.

[78] King A P. Participatory design with older adults: exploring the latent needs of young-old and middle-old in daily living using a universal design approach[C]//Advances in Design for Inclusion: Proceedings of the AHFE 2019 International Conference on Design for Inclusion and the AHFE 2019 International Conference on Human Factors for Apparel and Textile Engineering. Springer International Publishing. 2020: 149-160.

[79] Amaro A C, Rodrigues R, Oliveira L. Engaging older adults in participatory and intergenerational design teams and processes: a systematic review of the current investigation[J]. ESSACHESS–Journal for Communication Studies, 2020, 13（26）: 157-181.

[80] Kopeć W, Balcerzak B, Nielek R, et al. Older adults and hackathons: a qualitative study[C]//Proceedings of the 40th International Conference on Software Engineering. 2018: 702-703.

[81] Vandekerckhove P, De Mul M A, Bramer W M, et al. Generative participatory design methodology to develop electronic health interventions: systematic literature review[J]. Journal of medical Internet research, 2020, 22（4）: e13780.

[82] Brox E, Konstantinidis S T, Evertsen G. User-centered design of serious games for older adults following 3 years of experience with exergames for seniors: a study design[J]. JMIR serious games, 2017, 5（1）: e6254.

[83] Ahmed R, Toscos T, Ghahari R R, et al. Visualization of cardiac implantable electronic device data for

older adults using participatory design[J]. Applied clinical informatics, 2019, 10（4）: 707-718.

[84] Cajamarca G, Herskovic V, Lucero A, et al. A co-design approach to explore health data representation for older adults in Chile and Ecuador[C]//Proceedings of the 2022 ACM Designing Interactive Systems Conference. 2022: 1802-1817.

[85] Righi V, Sayago S, Rosales A, et al. Co-designing with a community of older learners for over 10 years by moving user-driven participation from the margin to the centre[J]. CoDesign, 2018, 14（1）: 32-44.

[86] Maaß S, Buchmüller S. The crucial role of cultural probes in participatory design for and with older adults[J]. i-com, 2018, 17（2）: 119-135.

[87] Baker S, Waycott J, Carrasco R, et al. Exploring the design of social VR experiences with older adults[C]//Proceedings of the 2019 on Designing Interactive Systems Conference. 2019: 303-315.

[88] Ostrowski A K, Breazeal C, Park H W. Long-term co-design guidelines: empowering older adults as co-designers of social robots[C]//2021 30th IEEE International Conference on Robot & Human Interactive Communication（RO-MAN）. IEEE, 2021: 1165-1172.

[89] Unbehaun D, Aal K, Vaziri D D, et al. Facilitating collaboration and social experiences with videogames in dementia: results and implications from a participatory design study[J]. Proceedings of the ACM on Human-Computer Interaction, 2018, 2（CSCW）: 1-23.

[90] 常方圆. 基于协同设计工作坊方式的APP用户体验研究与实践[J]. 包装工程, 2018, 39（22）: 282-287.

[91] 殷亮, 吴祐昕. 基于认知型社会资本的社区老年协同服务设计策略研究[J]. 包装工程, 2018, 39（2）: 13-16.

[92] Petsani D, Mantziari D, Zilidou V, et al. Co-design the future CAPTAIN system with older adults: focusing on the e-coaching dimensions[C]//Proceedings of the 12th ACM International Conference on PErvasive Technologies Related to Assistive Environments. 2019: 639-644.

[93] Subramanian S, Dahl Y, Vereijken B, et al. ExerTiles: a tangible interactive physiotherapy toolkit for balance training with older adults[C]//Proceedings of the 32nd Australian Conference on Human-Computer Interaction. 2020: 233-244.

[94] Franz R L, Baecker R, Truong K N. "I knew that, I was just testing you" Understanding Older Adults' Impression Management Tactics During Usability Studies[J]. ACM Transactions on Accessible Computing（TACCESS）, 2018, 11（3）: 1-23.

[95] Callari T C, Moody L, Saunders J, et al. Exploring participation needs and motivational requirements when engaging older adults in an emerging living lab[J]. Technology Innovation Management Review, 2019, 9（3）: 38-49.

[96] 邹佳佩, 刘振生. 城市低龄退休妇女的社会创新设计研究：以现代手工艺产品设计为案例[J]. 收藏, 2019（9）: 110-113.